NCPC
Próximos do Segundo Ano

Ricardo Carvalho Fraga
Coordenador

Cláudio Antônio Cassou Barbosa
Gilberto Souza dos Santos
Luis Carlos Pinto Gastal
Maria Madalena Telesca
Marcos Fagundes Salomão
Organizadores

NCPC
Próximos do Segundo Ano

EDITORA LTDA.
© Todos os direitos reservados

Rua Jaguaribe, 571
CEP 01224-003
São Paulo, SP – Brasil
Fone (11) 2167-1101
www.ltr.com.br
Dezembro, 2017

Versão impressa: LTr 5853.2 — ISBN: 978-85-361-9398-4

Versão digital: LTr 9281.1 — ISBN: 978-85-361-9495-0

Dados Internacionais de Catalogação na Publicação (CIP)
(Câmara Brasileira do Livro, SP, Brasil)

NCPC próximos do segundo ano / Ricardo Carvalho Fraga, coordenador ; Cláudio Antônio Cassou Barbosa... [*et al.*], organizadores. – São Paulo : LTr, 2017.

Outros organizadores: Luis Carlos Pinto Gastal, Maria Madalena Telesca, Marcos Fagundes Salomão.

Vários autores.
Bibliografia.

1. Direito do trabalho – Brasil 2. Direito processual do trabalho – Brasil 3. Justiça do trabalho – Brasil I. Fraga, Ricardo Carvalho. II. Barbosa, Cláudio Antônio Cassou. III. Gastal, Luis Carlos Pinto. IV. Telesca, Maria Madalena. V. Salomão, Marcos Fagundes.

17-08046   CDU-347.9:331(81)

Índice para catálogo sistemático:
1. Brasil : Direito processual do trabalho
347.9:331(81)

Sumário

Momento Atual – Saudação à Ministra Maria Helena Mallmann 7
   Presidente do TRT-RS Vania Maria Cunha Mattos

Introdução 11
   Ministra Maria Helena Mallmann

Apresentação 13
   João Ghisleni Filho

Decisão e Instrução – Arts. 515 do CPC de 1973 e 1.013 do CPC de 2015 15
   Ricardo Carvalho Fraga, Maria Madalena Telesca, Gilberto Souza dos Santos, Cláudio Antônio Cassou Barbosa e Marcos Fagundes Salomão

Novos Conceitos – Lei n. 13.015/2014 e NCPC 19
   Ricardo Carvalho Fraga, Cláudio Antônio Cassou Barbosa, Maria Madalena Telesca, Gilberto Souza dos Santos e Marcos Fagundes Salomão

Novo Código de Processo Civil – Primeiro Semestre 23
   Angela Rosi Almeida Chapper, Cláudio Antônio Cassou Barbosa, Maria Madalena Telesca e Ricardo Carvalho Fraga

NCPC e Ação Rescisória 27
   Ricardo Carvalho Fraga

Otimismo Escasso e Necessário – Futuro da Justiça e do Direito do Trabalho 29
   Ricardo Carvalho Fraga

Primeiro Ano do Novo Código de Processo Civil 33
   Ricardo Carvalho Fraga

NCPC – Novo Código de Processo Civil para Além do Primeiro Ano 37
   Luís Carlos Pinto Gastal e Ricardo Carvalho Fraga

Salas de Audiências por 60 Anos 39
   Roberto Carvalho Fraga e Ricardo Carvalho Fraga

Juízes e Advogados – Debates posteriores à Lei n. 13.015 e anteriores à vigência da Lei n. 13.105 41
    Luiz Alberto de Vargas e Ricardo Carvalho Fraga

A Ação Rescisória no Processo do Trabalho e o Novo CPC... 47
    Francisco Rossal de Araújo

A Fundamentação da Sentença no Novo CPC e a Matéria de Fato: uma Análise da Subsunção/Concreção Judicial.. 63
    Francisco Rossal de Araújo

Aspectos da Liquidação de Sentença Trabalhista a partir do Novo CPC 71
    Luiz Alberto de Vargas

Precedentes Judiciais com Eficácia Vinculante no Sistema Recursal Trabalhista de Acordo com o Novo CPC, a CLT e as Instruções Normativas do TST 79
    Alexei Almeida Chapper

O Princípio do Contraditório sob os Ventos da Mudança: Aproximações Críticas 91
    Guilherme Guimarães Feliciano

A Tutela Antidiscriminatória e a Súmula n. 443 do TST 103
    Hugo Carlos Scheuermann

ANEXOS

Reforma Trabalhista e Oito Documentos Atuais 113
    Ricardo Carvalho Fraga

Dias Após – Lei n. 13.467 e seus primeiros momentos.. 117
    Ricardo Carvalho Fraga

Espiral e História – Novos e ainda iniciais comentários à Lei n. 13.467, denominada reforma trabalhista... 119
    Ricardo Carvalho Fraga

MOMENTO ATUAL
Saudação à Ministra Maria Helena Mallmann

O tempo efetivamente é a medida de todas as coisas. Não raro as gerações se encontram e se entrecruzam num dinamismo constante e numa troca de experiências, porque esta é a beleza da vida.

A história individual de uma pessoa muitas vezes se mescla com a história das instituições. Não é por nada que nesta extensa galeria de presidentes do Tribunal Regional do Trabalho da 4ª Região, encontramos o alento necessário para atravessarmos o tempo tortuoso que nos foi destinado e, ao mesmo tempo, inserir uma mensagem para o futuro, para que as novas gerações, em especial os jovens de hoje e que no futuro irão dirigir esta instituição, tenham presente todos os fundamentos do que acreditamos.

Não há nada mais importante, nesta curta passagem que nos foi destinada, do que manter sempre perto a presença dos amigos, com quem trocamos sonhos, esperanças, frustrações e não raro um pouco de nós mesmos.

O meu caminho cruzou com o da hoje Ministra Maria Helena quando ela era ainda juíza substituta na então 14ª Junta de Conciliação e Julgamento de Porto Alegre, onde eu trabalhava como funcionária desse Tribunal. Foi nesta oportunidade que conheci os seus filhos – Tiago e Marcelo –, que, naquela época, eram dois meninos. Posteriormente, quando eu já ingressara na magistratura, fiquei lotada na Vara de Osório, onde a nossa Ministra era Titular. Foram anos de convivência muito estreita e em que nossos objetivos sempre foram comuns. E, para quem não sabe, o meu primeiro computador – CP-500 – foi antes de propriedade da nossa Ministra, que, naquela época, não era muito afeta aos desígnios da informática de resto ainda muito incipiente.

Fui do grupo que lançou Maria Helena Mallmann para Presidente da Associação dos Magistrados do Trabalho da IV Região, que exerceu de junho de 1990 a junho de 1992. E, por igual, estava no encontro da Associação dos Magistrados Trabalhistas em Belém do Pará quando Maria Helena foi indicada e posteriormente eleita Presidente, cargo que exerceu de maio de 1995 a maio de 1997.

Em 2007, fui convocada e integrei a então 3ª Turma deste Regional, naquela época composta pelos colegas Ricardo Carvalho Fraga, Luiz Alberto de Vargas e Beatriz Renck, sob a Presidência da Maria Helena, onde, por igual, travamos inúmeras e profundas discussões.

Posteriormente, quando já integrante da administração deste Tribunal, como Vice-Presidente de 2009 a 2011 e como Presidente de 2011 a 2013, a nossa Ministra Maria Helena, que sempre foi dotada de grande capacidade de administração, implementou dois marcos fundamentais nesta Região: a criação da Seção Especializada em Execução e o desenvolvimento do processo eletrônico, que possibilitaram a consolidação da jurisprudência em execução, o direcionamento ao primeiro grau e a agilização dos julgamentos.

A Seção Especializada em Execução teve a sua primeira sessão sob a Presidência de João Ghisleni Filho, em abril de 2012, e está em pleno funcionamento, hoje com oito integrantes.

O desenvolvimento do processo eletrônico e os mecanismos que foram implementados durante a sua gestão resultaram no aprimoramento da prestação jurisdicional, por possibilitarem ao titular da ação o acompanhamento do processo em tempo real, com a transparência de dados e impeditivo da manipulação de informações.

Registro ainda que Maria Helena, antes da sua promoção a Ministra do TST, em 23 de dezembro de 2014, atuava na Seção Especializada em Execução e na 10ª Turma deste Regional desde 13 de dezembro de 2013.

Não há dúvidas, portanto, que os nossos caminhos sempre foram muito próximos, e, hoje, eu tenho a felicidade de partilhar na Diretoria da AMATRA IV com o seu filho Tiago Mallmann Sulzbach, que, com muita competência, na prerrogativa de Secretário Geral da entidade, defende os princípios basilares e informadores não só do Direito do Trabalho como do Processo do Trabalho.

Para todos os jovens como ele, da qual a magistratura trabalhista é pródiga, e para os seus filhos e os filhos dos seus filhos, é que esta mensagem hoje é dirigida.

Os nossos valores sempre foram os do trabalho. Defendemos o trabalho digno e a preservação de direitos mínimos, frutos de árduas conquistas, os quais a Justiça do Trabalho teve participação fundamental.

Advirto que, quando foi promulgada a atual Constituição Federal de 05.Out.1988, muitos estranharam a inserção de vários direitos trabalhistas como férias, aviso-prévio proporcional, jornada de trabalho, trabalho noturno, gratificação natalina, dentre muitos outros previstos no art. 7º, porque estes eram da competência exclusiva de leis ordinárias e da própria CLT.

Hoje, quando vários dos dispositivos fundamentais foram arredados da CLT, engendrados pela reforma trabalhista, num tempo de muita improvisação e sem um mínimo de discussão com a sociedade, verificamos que, não fosse o art. 7º da Constituição Federal, a Justiça do Trabalho possivelmente não teria saída.

Em nenhum momento desvalorizamos as negociações coletivas entre as categoriais profissionais e econômicas, pois graças a estas muito se avançou na preservação de outros direitos não originalmente previstos na CLT ou legislação esparsa.

Foi em decorrência de diversas disposições insertas em diferentes dissídios e convenções coletivas – bastando que se analise as normas coletivas da década de oitenta –, que muito se avançou em termos de proteção, como, por exemplo, estabelecerem-se como direito constitucional o período de estabilidade de empregadas gestantes, assim como aos dirigentes sindicais, afora legislação que assegura estabilidade no emprego de trabalhadores vitimados por acidentes do trabalho ou doença profissional.

O que não se pode compartilhar neste momento é a prevalência do acordado em detrimento da lei, por ser notória a crise econômica e por carente o país de sindicatos fortes capazes de estabelecer limites contra a prevalência do capital sobre o trabalho.

No mundo atual, em que há predominância do capital volátil e especulativo em detrimento da atividade produtiva, não há como compactuar com as estranhas ideias que perpassam os rumos econômicos no Brasil da atualidade, como, por exemplo, a de que esta reforma trabalhista vá gerar praticamente mais de 14 milhões de empregos de forma imediata.

E para os que apostam na redução das lides trabalhistas com esta reforma, por igual, o resultado será absolutamente contrário, porque a grande maioria de ações hoje deriva do descumprimento de parcelas rescisórias – 54% – e porque os grandes litigantes – bancos oficiais e privados, multinacionais e o próprio Estado – detêm o maior contingente de ações em tramitação na Justiça do Trabalho de todo o país.

E, portanto, é preciso resistir, porque todos aqueles que votaram contra décadas de conquistas mínimas dos trabalhadores, no mínimo terão de responder no futuro. A resistência é o que compete neste momento à digna magistratura trabalhista, com base exclusivamente nos princípios constitucionais, porque estes são os que fundamentam a legalidade.

E com base nos ensinamentos sempre atuais do grande mestre PONTES DE MIRANDA – Introdução à Política Científica, Forense, lançado em 1924 e reeditado em 1983, p. 116-117:

> "A história das organizações sociais evolutiva descreve a mesma trajetória que a dos elementos que a compõem primeiro, a força que se exercita; depois, a força que se exibe sem se exercitar, o que supõe a consciência da eficácia; mais tarde a realização integral sem atuação *material* ou sequer *sugestiva* da força. No terreno do direito opera-se de modo tão característico a evolução, que muitas regras não só desaparecem dos códigos, como se integram nos próprios movimentos e estrutura da sociedade. Corrigido, como foi, o defeito de adaptação, torna-se desnecessário o preceito jurídico no que apresentava o caráter da norma imposta. A regra, então, não deixa de ser direito; o direito não é somente a norma coercitiva, exterior, opressiva, em função de adaptar a sociedade, isto é, sintoma de inadaptação, – é também a correção já feita, a harmonia conseguida, a estabilidade alcançada, a forma subconsciente de coexistência, o índice realizado do esforço *opressivo* depois que a evolução esvaziou de *opressão*.".

Por fim, neste dia em que se inaugura na galeria de presidentes o retrato de Maria Helena Mallmann, advirto que uns constroem a história, uns poucos a destroem, mas há alguns que a escrevem, exatamente para que não se perca o passado para o futuro.

A história será o verdadeiro limite da prevalência de tudo aquilo o que foi construído em favor de uma sociedade mais justa, solidária e com valores verdadeiramente democráticos e igualitários.

Espero que o futuro seja mais pleno do que o presente, e confio nos jovens que farão a parte que lhes está destinada neste momento crucial, para que, por igual, integrem esta galeria de gerações de homens e mulheres que construíram a verdadeira história deste Tribunal.

Muito obrigado.

VANIA MARIA CUNHA MATTOS
Presidente do TRT-RS

Introdução

Este conjunto de textos registra um momento importante da vida jurídica do País.

O NCPC aponta para a superação das soluções individuais. A legislação processual anterior já era insuficiente para a sociedade atual.

Outro dado relevante é a necessidade de harmonização com a Constituição. A exposição de motivos registra isto, com belas considerações. A prática confirmará ou não nossos avanços neste rumo, inclusive com um direito processual participativo e com à cooperação de todos os atores.

A uniformização e outras modificações na questão recursal são significativas. No direito processual do trabalho, mais ainda, houve o aperfeiçoamento quase contemporâneo da Lei n. 13.015. Lamentavelmente, neste subtema, perdeu-se a rica experiência de aproximadamente dois anos. A denominada reforma trabalhista de 2017 revogou os parágrafos terceiro a sexto do art. 896 da CLT, trazendo a figura da transcendência.

Pessoalmente, introduzo o leitor nestas leituras de diversos juízes que atuam e/ou atuaram na 3ª Turma do TRT/RS, a qual já tive a satisfação de presidir.

MARIA HELENA MALLMANN
Ministra do Tribunal Superior do Trabalho

Apresentação

Atendendo convite do querido amigo desembargador Ricardo Carvalho Fraga, cumpro a honrosa missão de apresentar ao leitor a presente obra coletiva que aborda temas envolvendo, especialmente o Novo Código de Processo Civil, Lei n. 13.015/2015, e alguns reflexos na área trabalhista, além de outros. O NCPC tramitou no Congresso Nacional durante seis anos tendo acolhido inúmeras críticas da comunidade jurídica formuladas ao longo dos 43 anos de vigência do CPC de 1973, o conhecido Código Buzaid. A legislação atual tornou o CPC mais simples numa busca incessante, priorizando sempre a decisão de resolução do conflito, denominado mérito. Nos seus primeiros 12 artigos insere a nova legislação em texto normativo mais amplo, ao prever, por exemplo, no art. 1º que "O processo civil será ordenado, disciplinado e interpretado conforme os valores e as normas fundamentais estabelecidos na Constituição da República Federativa do Brasil...", numa verdadeira "constitucionalização".

A maioria dos artigos que compõe a presente obra foi escrita por integrantes ou ex-integrantes da 3ª Turma do TRT da 4ª Região, que tive a honra de integrar e presidir por dois anos. O Desembargador Fraga, seu atual presidente, transformou a referida Turma num foro permanente, reunindo seus desembargadores e servidores vinculados aos respectivos gabinetes, e como convidados magistrados, advogados, professores e outros profissionais da área, sempre num profundo e produtivo debate. Outros juristas também colaboram com a obra trazendo suas experiências e conhecimentos.

O leitor poderá acompanhar em três artigos um balanço do NCPC nos seus primeiros 18 meses; dois sobre ação rescisória, bem como outros sobre instigantes assuntos, precedentes judiciais com eficácia vinculante no sistema recursal trabalhista; aspectos da liquidação de sentença; fundamentação da sentença e a matéria de fato; decisão e instrução; novos conceitos; futuro da Justiça e do Direito do Trabalho; juízes e advogados; experiência de sala de audiências; princípio do contraditório e a tutela antidiscriminatória e a Súmula n. 443 do TST.

Vivemos um momento grave da vida política brasileira, sendo que na área dos direitos sociais, enquanto elaboro essa apresentação, acaba de ser aprovada pelo Senado Federal, vindo da Câmara dos Deputados, profunda e controvertida reforma da legislação trabalhista, que terá reflexos em temas abordados nesta obra. Precisamos aguardar que a marcha inexorável do tempo revele a real intenção e alcance de tais modificações.

Tenha uma boa leitura.

JOÃO GHISLENI FILHO
Desembargador do Trabalho do TRT4 aposentado

Decisão e Instrução
Arts. 515 do CPC de 1973 e 1.013 do CPC de 2015[1]

Ricardo Carvalho Fraga
Maria Madalena Telesca
Gilberto Souza dos Santos
Cláudio Antônio Cassou Barbosa
Marcos Fagundes Salomão
Juízes Integrantes da 3ª Turma do TRT RS, ao final de 2014 e/ou início de 2015.

São conhecidas duas alterações no Código de Processo Civil de 1973, sendo uma de 2001 e outra de 2006. São lembradas, na Justiça do Trabalho, em número insuficiente de vezes, apesar da total compatibilidade. Tais alterações nos parágrafos do mesmo artigo estabelecem que:

> Art. 515. A apelação devolverá ao tribunal o conhecimento da matéria impugnada.
>
> § 1º Serão, porém, objeto de apreciação e julgamento pelo tribunal todas as questões suscitadas e discutidas no processo, ainda que a sentença não as tenha julgado por inteiro.
>
> § 2º Quando o pedido ou a defesa tiver mais de um fundamento e o juiz acolher apenas um deles, a apelação devolverá ao tribunal o conhecimento dos demais.
>
> § 3º Nos casos de extinção do processo sem julgamento do mérito (art. 267), o tribunal pode julgar desde logo a lide, se a causa versar questão exclusivamente de direito e estiver em condições de imediato julgamento. (Incluído pela Lei n. 10.352/2001)
>
> § 4º Constatando a ocorrência de nulidade sanável, o tribunal poderá determinar a realização ou renovação do ato processual, intimadas as partes; cumprida a diligência, sempre que possível prosseguirá o julgamento da apelação. (Incluído pela Lei n. 11.276/2006)

Em Porto Alegre, realizou-se, já em 2003, painel organizado pela Amatra RS.[2] Naquele momento, se conheceu os estudos de Estêvão Malett[3] e também de Luiz Ronan Neves Koury, Juiz do Trabalho em Minas Gerais.[4]

Mais adiante, se teve acesso ao estudo de Claudio Armando Couce de Menezes, Juiz do Trabalho no Espírito Santo. Tratava já de exemplificar algumas situações nas quais deveria ser adotada a regra do § 4º do mesmo art. 515 do CPC de 1973.[5]

---

(1) Este texto havia sido divulgado, em versão contemporânea ao CPC de 1973 e ao projeto que tramitava no Senado, na Revista Justiça do Trabalho, HS Editora, número de dezembro de 2014. Agora está atualizado, considerando o novo CPC.

(2) O Evento ocorreu no auditório do prédio das Varas de Porto Alegre. Participaram dos paineis Luiz Ronan Neves Koury e Ricardo Carvalho Fraga, estando na Presidência da Amatra RS, Paulo Schimidt.

(3) MALLET, Estêvão. *Reforma de sentença terminativa e julgamento imediato do mérito no processo do trabalho.* Revista LTr: *Legislação do Trabalho.* São Paulo, v. 67 n. 2 p. 137-146. fev. 2003.

(4) KOURY, Luiz Ronan Neves. Aplicação do art. 515, § 3º, do CPC na hipótese de extinção do processo com julgamento de mérito. *Revista do Tribunal Superior do Trabalho.* v. 69, n. 2 (jul./dez. 2003). Disponível em: <http://aplicacao.tst.jus.br/dspace/handle/1939/3951>. Também publicado como: Extinção do processo com julgamento do mérito: aplicação do art. 515, § 3º, do CPC na hipótese. *Revista Síntese de Direito Civil e Processual Civil.* v. 4, n. 24, p. 5-13, jul./ago. 2003.

(5) MENEZES, Claudio Armando Couce de. *Revista Síntese Trabalhista.*

Desde aquela data, até hoje, pouco mais se evoluiu na melhor compreensão do tema. Sabe-se, até mesmo, de Acórdão do Tribunal Superior do Trabalho no sentido da nulidade de julgamento que não observou o princípio do "*duplo grau de jurisdição*".[6]

Sobre o tema, do mencionado principio do "*duplo grau de jurisdição*", desde logo, recorde-se Nery da Silveira, para quem a garantia tem outra finalidade do que garantir "*dois julgamentos*".[7]

Neste momento, no novo de Código de Processo Civil[8], está previsto que:

> Art. 1.013. A apelação devolverá ao tribunal o conhecimento da matéria impugnada.
>
> § 1º Serão, porém, objeto de apreciação e julgamento pelo tribunal todas as questões suscitadas e discutidas no processo, ainda que não tenham sido solucionadas, desde que relativas ao capítulo impugnado.
>
> § 2º Quando o pedido ou a defesa tiver mais de um fundamento e o juiz acolher apenas um deles, a apelação devolverá ao tribunal o conhecimento dos demais.
>
> § 3º Se o processo estiver em condições de imediato julgamento, o tribunal deve decidir desde logo o mérito quando:
>
> I – reformar sentença fundada no art. 485;
>
> II – decretar a nulidade da sentença por não ser ela congruente com os limites do pedido ou da causa de pedir;198
>
> III – constatar a omissão no exame de um dos pedidos, hipótese em que poderá julgá-lo;
>
> IV – decretar a nulidade de sentença por falta de fundamentação.
>
> § 4º Quando reformar sentença que reconheça a decadência ou a prescrição, o tribunal, se possível, julgará o mérito, examinando as demais questões, sem determinar o retorno do processo ao juízo de primeiro grau.
>
> § 5º O capítulo da sentença que confirma, concede ou revoga a tutela provisória é impugnável na apelação.

O mencionado 485 e seguintes do novo CPC tratam da prescrição, da decadência, da perempção, da litispendência, da coisa julgada e de outras situações, em regulamentação bem mais detalhada e ampla do que os arts. 467 e 469 do atual CPC.

O exame comparativo do atual art. 515 e do novo art. l.013, certamente, merecerá maiores estudos e cuidado também na jurisprudência, seja civil ou trabalhista. Aqui, por ora, importa mais a análise do que se passou até agora, a verificação de onde estamos e os próximos passos, talvez, não mais tão tímidos.

O Juiz do Trabalho Benhur Silveira Claus, com colegas, organizou três estudos sobre a "*valorização*" da decisão de primeiro grau. Para tanto, buscou a melhor definição do que seja a "*função revisora*" dos tribunais.[9]

Em período um pouco anterior, outros três textos, produzidos nesta Região, examinaram temas afins. Trataram das diferenças entre sentença e acórdão, entre decisão judicial e legislação, entre as funções do juiz e do professor.[10]

No tema central deste texto, merece registro uma curiosa situação, não incomum. Casos existem de retorno para novo julgamento, em instância anterior, quando seria previsível uma decisão dos tribunais superiores no mesmo entendimento da primeira. Aqui, mais do que nunca, a regra do art. 515 § 3º do atual CPC é de aplicação, até mesmo "*por bom senso*".

Tantas são as divergências, que é possível, em determinados casos, haver um primeiro e terceiro julgamento no mesmo sentido, ao contrário do segundo. As variações são inúmeras, podendo existir concordância no segundo e quarto julgamento, em outro hipotético exemplo.

Recorde-se que existem, no processo do trabalho, casos com julgamentos no primeiro grau, no TRT, no TST e no STF, ou seja, quatro julgamentos. A variação de decisões idênticas e divergentes não é pequena.

---

(6) Entre outros, prováveis, menciona-se o Ac TST-RR 131100-32.2006.5.04.0002 de 02.03.2011.

(7) SILVEIRA, Nelson Nery da. *Teoria Geral dos Recursos*. São Paulo: RT, 2004. p. 434, entre outras.

(8) Projeto disponível em: <http://legis.senado.leg.br/mateweb/arquivos/mate-pdf/160741.pdf>. Acesso em: 26 fev. 2015.

(9) CLAUS, Ben-Hur Silveira; LORENZETTI, Ari Pedro; FIOREZE, Ricardo; ARAÚJO, Francisco Rossal de; COSTA, Ricardo Martins; AMARAL, Márcio Lima do. *A função revisora dos tribunais – a questão do método no julgamento dos recursos de natureza ordinária*. Publicado inicialmente pela Fundação Escola da Magistratura do Rio Grande do Sul (Femargs). CLAUS, Ben-Hur Silveira; LORENZETTI, Ari Pedro; FIOREZE, Ricardo; ARAÚJO, Francisco Rossal de; COSTA, Ricardo Martins; AMARAL, Márcio Lima do. *A função revisora dos tribunais – a questão da valorização das decisões de primeiro grau – uma proposta de lege ferenda: a sentença como primeiro voto no colegiado*. CLAUS, Ben-Hur Silveira. *A função revisora dos tribunais diante da sentença razoável*.

(10) Os três mencionados são: *Fatos e Jurisprudência*. Disponível em: <http://www.lavargas.com.br/fatos.html>. Acesso em: 18 nov. 2014; *Quais Súmulas?* Disponível em: <http://www.lavargas.com.br/quais.html>. Acesso em: 20 nov. 2014; *Juízes e Professores*. Disponível em: <http://www.lavargas.com.br/jp.html>. Acesso em: 19 nov. 2014. Os três foram. Os autores são Luiz Alberto de Vargas e Ricardo Carvalho Fraga. Os três textos, igualmente, foram publicados em algumas Revistas e livros. *Avanços do Direito do Trabalho*. Luiz Alberto de Vargas e Ricardo Carvalho Fraga (Coords.). São Paulo: LTr, 2005. *Novos Avanços do Direito do Trabalho*. Ricardo Carvalho Fraga e Luiz Alberto de Vargas (Coords.). São Paulo: LTr, 2011.

Sendo assim, torna-se quase impossível saber-se, de antemão, o rumo dos julgamentos posteriores ao primeiro. A relevância do que se trata nestas linhas se avoluma, nos dias atuais, por alguns motivos, mais amplos. O expressivo o número de controvérsias na jurisprudência é resultado de inúmeros fatores, inclusive para além da esfera jurídica, fora do alcance destas linhas.

O que antes era ocasional e excepcional, hoje, pode repetir-se com frequência muito maior, pela simples maior controvérsia jurisprudencial. A "*complexidade*" da realidade social dos dias atuais poderia, provavelmente, levar-nos a constatações não muito diversas.

Neste quadro, é cada vez difícil alcançar as "*certezas*". E, igualmente, outras tarefas tornam-se mais árduas. Por exemplo, fica menos clara, até mesmo, a diferença entre os momentos de instrução e de decisão.

A previsão do princípio da "*duração razoável do processo*", tal como previsto no inciso LXXVIII, do artigo quinto da Constituição, inserido pela EC n. 45/2004, eleva a urgência e relevância da busca de melhores soluções para os questionamentos antes assinalados.

A exata compreensão das possibilidades do exercício jurisdicional, em cada instância, a ser desempenhado em harmonia com as demais, trará benefícios a todos.

Novos Conceitos
Lei n. 13.015/2014 e NCPC

Ricardo Carvalho Fraga
Cláudio Antônio Cassou Barbosa
Maria Madalena Telesca
Gilberto Souza dos Santos
Marcos Fagundes Salomão

Integrantes da 3ª Turma do TRT RS, ao final de 2014 e/ou início de 2015. Contribuição, na pesquisa de doutrina e jurisprudência, de Marina Moraes de Oliveira Lopes, estagiária no TRT RS e aluna da UFRGS, bem como da servidora Cristina Martinez Cauduro Dreyssig.

1. INTRODUÇÃO

A nova sistemática processual, já presente na Justiça do Trabalho, apresenta novidades. A dimensão das modificações tem sido percebida, com o passar dos primeiros atos e as tentativas de regulamentação. A inovação, em muito, se assemelha ao que se terá, dentro de menos de um ano, no processo civil, com a entrada em vigor do Código de Processo Civil de 2015.

Essa sistemática de recursos trabalhistas, instituída pelos comandos da Lei n. 13.015, de 21 de julho de 2014, trouxe à Justiça do Trabalho, entre outros, dois conceitos próprios do *common law*: o *overruling* e o *distinguishing*. Tais inovações foram inseridas no meio juslaboral como métodos de aplicação do precedente judicial resultante do procedimento estabelecido no art. 896-C, §§ 16[1] e 17[2] da Consolidação das Leis do Trabalho (CLT).

A compreensão do tema demanda que se teçam algumas considerações iniciais acerca da referida Lei n. 13.015/2014. Desde logo, recorde-se que o Tribunal Superior do Trabalho, ao receber um recurso de revista que envolva matéria considerada repetitiva – isto é, fundada em questão de direito idêntica à de uma multiplicidade de outros recursos de revista – pode determinar o sobrestamento destes, na origem, até a prolação do acórdão resultante do julgamento do recurso paradigma (*leading case*).

Decidido o paradigma, todos os demais sobrestados ou terão seguimento denegado (hipótese de coincidência entre o acórdão recorrido e a tese jurídica firmada) ou serão novamente examinados pelo Tribunal de origem (hipótese de divergência entre o acórdão recorrido e o precedente consolidado)[3].

Feitas estas dilações, passa-se à análise mais aprofundada dos novos conceitos *overruling* e *distinguishing*[4].

---

(1) Art. 896-C, § 16, CLT: A decisão firmada em recurso repetitivo não será aplicada aos casos em que se demonstrar que a situação de fato ou de direito é distinta das presentes no processo julgado sob o rito dos recursos repetitivos. (Incluído pela Lei n. 13.015/2014)

(2) Art. 896-C, § 17, CLT: Caberá revisão da decisão firmada em julgamento de recursos repetitivos quando se alterar a situação econômica, social ou jurídica, caso em que será respeitada a segurança jurídica das relações firmadas sob a égide da decisão anterior, podendo o Tribunal Superior do Trabalho modular os efeitos da decisão que a tenha alterado. (Incluído pela Lei n. 13.015/2014)

(3) Art. 896-C, § 11, CLT: Publicado o acórdão do Tribunal Superior do Trabalho, os recursos de revista sobrestados na origem: I – terão seguimento denegado na hipótese de o acórdão recorrido coincidir com a orientação a respeito da matéria no Tribunal Superior do Trabalho; ou II – serão novamente examinados pelo Tribunal de origem na hipótese de o acórdão recorrido divergir da orientação do Tribunal Superior do Trabalho a respeito da matéria.

(4) Sobre estas duas figuras e duas semelhantes *in* BELMONTE, Alexandre Agra. "*A Nova Lei de Recursos Trabalhistas*: Lei n. 13.015/2014". São Paulo: LTr, 2015. p. 12-13.

Antes, porém, uma breve exposição do contexto histórico-jurídico de busca por celeridade processual em cujo meio foram tais institutos inseridos.

Cabe ressaltar que não é objeto destas linhas analisar com profundidade os requisitos a mais que existem no *caput* do art. 896-C, em relação ao art. 894, II, ambos da CLT. Desde logo, registre-se a presença da segunda palavra "ou", ao final[5].

2. DEBATE ANTERIOR SOBRE SÚMULAS

O debate anterior, ao tempo da denominada reforma do Poder Judiciário, Emenda Constitucional n. 45, de dezembro de 2004, sobre a conveniência ou não da adoção de súmulas, vinculantes, foi intenso. Recorda Hugo Cavalcanti Melo Filho que a magistratura brasileira, à época, inclusive apresentou "*proposta alternativa, a chamada 'súmula impeditiva de recursos'*"[6].

Muito se disse sobre as consequências para a própria independência dos juízes. Entre outros, lembra-se, com a participação de um dos atuais signatários, oportuno trecho de outro texto, que tentava superar as controvérsias daquele momento.

Paralelamente a este debate e, muitas vezes, confundindo-se com este, está a antiga polêmica a respeito da conveniência de uma uniformização jurisprudencial relativamente a questões amplamente já debatidas em sucessivos processos, tendo se consolidado uma posição predominante, pelo menos nas instâncias superiores. Tradicionalmente em tais casos, os Tribunais têm adotado as Súmulas de Jurisprudência, sinalizando à sociedade o provável resultado de demandas repetitivas, algo que, sem dúvida, contribui para o aumento da segurança jurídica[7].

Outra questão, bem próxima, na verdade, estava por ser resolvida e pouco se avançou nela: a necessidade de se alcançar a celeridade e, mesmo assim, julgar a peculiaridade de cada caso.

A juíza uruguaia Rossina Rossi traça uma "*adequada harmonia entre o tempo, fundamentação da sentença e efetividade da tutela*"[8]:

> *El proceso laboral requiere de la adecuada armonización de tres componentes: el tiempo, la legitimidad de la sentencia y la eficacia respecto de los derechos sustanciales.*
>
> *Dos son los sujetos responsables de tal armonización: el legislador, en su rol de creador de la herramienta procesal; el juez laboral cuando imprime al proceso creaciones de activismo judicial en búsqueda del éxito del proceso; cuando dicta una sentencia en tiempo y a tiempo de la naturaleza casi siempre alimentaria de las pretensiones que se debaten, cuando elabora para el caso concreto un sólido tejido argumental de hechos y de derecho que la explican, la justifican y entonces, la legitiman. Porque su decisión, en tiempo y a tiempo de las necesidades que resuelve, razonada y sólidamente fundada acortará distancias entre la letra fria del derecho objetivo y su realización práctica, operando entonces como garantia última de la eficacia del Derecho del Trabajo.*

Em resumo, se cuida de garantir o julgamento do caso trazido a exame, com suas eventuais peculiaridades.

Em argumentação mais ampla, recorde-se, até mesmo, com algum exagero, a Constituição, art. 5º, inciso LXXVII, que dita: "*a todos, no âmbito judicial e administrativo, são assegurados a razoável duração do processo e os meios que garantam a celeridade de sua tramitação*".

Enfim, sabe-se que a contribuição do instituto das súmulas vinculantes, ainda que possa ter ocorrido, não significou progresso definitivo rumo à almejada celeridade processual.

Mais distante dos objetivos destas linhas, registre-se o regime da "*repercussão geral*", criado pela EC n. 45/2004 e regulamentado pela Lei n. 11.418/2006 que acrescentou ao CPC de 1973 os arts. 543-A[9] e

---

(5) Art. 896-C, CLT. Quando houver multiplicidade de recursos de revista fundados em idêntica questão de direito, a questão poderá ser afetada à Seção Especializada em Dissídios Individuais ou ao Tribunal Pleno, por decisão da maioria simples de seus membros, mediante requerimento de um dos Ministros que compõem a Seção Especializada, considerando a relevância da matéria ou a existência de entendimentos divergentes entre os Ministros dessa Seção ou das Turmas do Tribunal.

(6) *A Reforma do Poder Judiciário Brasileiro*: motivações, quadro atual e perspectives; p. 84-5. Disponível em: <http://www.jf.jus.br/ojs2/index.php/revcej/article/viewFile/551/731>. Acesso em: 20 maio 2015.

(7) *Quais Súmulas?* Disponível em: <https://ricardocarvalhofraga.wordpress.com/category/quais-sumulas/>. Acesso em: 20 maio 2015. Divulgado, igualmente, em: *Avanços do Direito do Trabalho*, São Paulo: LTr.

(8) ROSSI, Rossina. *Revista Nacional da AMATRA 4*, junho de 2013, p. 7, relativa a palestra proferida por ocasião do 23º encontro dos juízes do RS, realizado na cidade de Rivera, Uruguai, em junho de 2013.

(9) Art. 543-A, CPC/73: O Supremo Tribunal Federal, em decisão irrecorrível, não conhecerá do recurso extraordinário, quando a questão constitucional nele versada não oferecer repercussão geral, nos termos deste art.. § 1º Para efeito da repercussão geral, será considerada a existência, ou não, de questões relevantes do ponto de vista econômico, político, social ou jurídico, que ultrapassem os interesses subjetivos da causa. § 2º

543-B[10]. Tal instituto igualmente não solucionou a ausência de celeridade de modo duradouro, ainda que possa ter contribuído, mais numericamente, para a presteza no julgamento de alguns casos.

Hoje, existem no Supremo Tribunal Federal (STF), centenas de questões apontadas como de repercussão geral, a serem julgadas. Em maio de 2015, a lista divulgada na página virtual oficial da Corte contava com trezentos e treze (313) temas com repercussão geral reconhecida e com mérito pendente de julgamento[11].

Na Justiça do Trabalho, tem-se o instituto da "transcendência", que não chegou a ser regulamentado. Nos dizeres de Amauri Mascaro Nascimento, Ives Gandra da Silva Martins Filho e Irany Ferrari:

> (...) o Min. Ronaldo Leal empenhou-se na regulamentação da Medida Provisória n. 2.225/01, que criou para o recurso de revista o critério de transcendência, como fator de seleção dos recursos que efetivamente mereceriam análise pela Corte Superior Trabalhista, dada sua relevância, à semelhança da 'repercussão geral' do recurso extraordinário, prevista constitucionalmente para o STF e regulamentada pela Lei n. 11.418/2006 (e nos arts. 322-329 do RISTF)[12].

Ante o exposto, o que se evidencia é um indicativo do Legislativo, ao longo de décadas, no sentido de regular os julgamentos no âmbito do Poder Judiciário, sob o fundamento da efetivação do princípio da razoável duração do processo já expresso na Constituição.

3. DISTINGUISHING

A ausência de identidade entre as questões discutidas no recurso *leading case* e aquelas que serão examinadas no recurso afetado sugere, num primeiro momento, que se afaste o precedente firmado, configurando, assim, o *distinguishing*.

Tal instituto afasta a aplicação da tese jurídica consolidada pelo TST no julgamento de recurso repetitivo em relação a determinado caso concreto. Não implica, portanto, a perda da força vinculante da orientação. Nesse passo, salienta Cláudio Brandão que "*o afastamento do precedente não implica o seu abandono*"[13].

Não se pode pensar, contudo, que qualquer distinção venha a permitir que se excepcione a tese jurídica consolidada, vez que a absoluta coincidência de circunstâncias fáticas entre os recursos escapa à realidade da imensa maioria dos processos levados à apreciação dos tribunais. Considerando esta conjuntura, eventual aplicação descriteriosa do *distinguishing* pode levar, até mesmo, à ineficácia da teoria do precedente judicial que ora se busca incluir no ordenamento jurídico brasileiro[14].

Assim, é razoável concluir que somente quando o caso concreto for tão diferente do paradigma, em razão de suas peculiaridades, a ponto de provocar flagrante injustiça a aplicação do precedente judicial é que terá cabimento o *distinguishing*. Nesta hipótese, a manutenção de acórdão contrário à tese jurídica firmada pelo TST será aceitável se o "órgão julgador demonstrar, fundamentadamente, a existência de distinção, em virtude de hipótese fática ou de questão jurídica não examinada,

---

O recorrente deverá demonstrar, em preliminar do recurso, para apreciação exclusiva do Supremo Tribunal Federal, a existência da repercussão geral. § 3º Haverá repercussão geral sempre que o recurso impugnar decisão contrária a súmula ou jurisprudência dominante do Tribunal. § 4º Se a Turma decidir pela existência da repercussão geral por, no mínimo, 4 (quatro) votos, ficará dispensada a remessa do recurso ao Plenário. § 5º Negada a existência da repercussão geral, a decisão valerá para todos os recursos sobre matéria idêntica, que serão indeferidos liminarmente, salvo revisão da tese, tudo nos termos do Regimento Interno do Supremo Tribunal Federal. § 6º O Relator poderá admitir, na análise da repercussão geral, a manifestação de terceiros, subscrita por procurador habilitado, nos termos do Regimento Interno do Supremo Tribunal Federal. § 7º A Súmula da decisão sobre a repercussão geral constará de ata, que será publicada no Diário Oficial e valerá como acórdão.

(10) Art. 543-B, CPC/73: Quando houver multiplicidade de recursos com fundamento em idêntica controvérsia, a análise da repercussão geral será processada nos termos do Regimento Interno do Supremo Tribunal Federal, observado o disposto neste art. § 1º Caberá ao Tribunal de origem selecionar um ou mais recursos representativos da controvérsia e encaminhá-los ao Supremo Tribunal Federal, sobrestando os demais até o pronunciamento definitivo da Corte. § 2º Negada a existência de repercussão geral, os recursos sobrestados considerar-se-ão automaticamente não admitidos. § 3º Julgado o mérito do recurso extraordinário, os recursos sobrestados serão apreciados pelos Tribunais, Turmas de Uniformização ou Turmas Recursais, que poderão declará-los prejudicados ou retratar-se. § 4º Mantida a decisão e admitido o recurso, poderá o Supremo Tribunal Federal, nos termos do Regimento Interno, cassar ou reformar, liminarmente, o acórdão contrário à orientação firmada. § 5º O Regimento Interno do Supremo Tribunal Federal disporá sobre as atribuições dos Ministros, das Turmas e de outros órgãos, na análise da repercussão geral.

(11) Temas com repercussão geral reconhecida e com mérito pendente de julgamento. Disponível em: <http://www.stf.jus.br/portal/cms/verTexto.asp?servico=jurisprudenciaRepercussaoGeral&pagina=listas_rg>. Acesso em: 21 maio 2015.

(12) FERRARI, Irany; MARTINS FILHO, Ives Gandra da Silva; NASCIMENTO, Amauri Mascaro. *História do Trabalho, do Direito do Trabalho e da Justiça do Trabalho*. 3. ed. São Paulo: LTr, 2011. p. 223.

(13) *Ibidem*, p. 176.

(14) Sobre o assunto, vide Roberto Freire Pimenta *in* BELMONTE, Alexandre Agra. *A Nova Lei de Recursos Trabalhistas*: Lei n. 13.015/2014. São Paulo: LTr, 2015. p. 65.

que justifique a solução adotada"[15]. Esta é inclusive a dicção do § 1º do art. 21 do Ato n. 491/SEGJUD.GP, de 23 de setembro de 2014 (ato que fixa parâmetros procedimentais à efetividade da Lei n. 13.015/2014)[16].

A ideia principal da aplicação do *distinguishing* é a realização da igualdade material e da justiça no caso concreto. Trata-se, pois, de instituto que se opera quando a solução padrão não se ajusta à medida do caso concreto. Isto é, quando o recurso sobrestado (em decorrência da afetação pelo TST da questão de direito em que se funda) apresenta caso particularizado por hipótese fática distinta ou questão jurídica não examinada no julgamento do recurso paradigma, o que exige a adoção de solução jurídica diversa da orientação fixada pelo TST.

4. OVERRULING

Nas palavras de Fredie Didier Jr., *overruling* é a *"superação de um precedente ou de um entendimento jurisprudencial"*[17]. No Brasil, essa revisão pode ocorrer de modo difuso ou concentrado, consistindo, neste último caso, na instauração de um procedimento autônomo para alterar determinado precedente consolidado no tribunal[18].

Segundo Francisco Ferreira Jorge Neto e Jouberto de Quadros Pessoa Cavalcante, a Lei n. 13.015/2014, que acresce à CLT o art. 896-C, § 17, estabelece uma espécie de *overruling* ao permitir *"a rejeição da tese anterior, diante da alteração da situação"*[19]. Possibilita, assim, a revisão de decisão firmada em julgamento de recursos repetitivos quando houver modificação da situação econômica, social ou jurídica.

Observe-se que a norma ainda resguarda a segurança jurídica, na medida em que preconiza a possibilidade de modulação dos efeitos do *overruling*. Nesse contexto, fica o TST autorizado a superar um precedente judicial e a declarar que a revisão produza efeitos somente *ex nunc*, conservando as relações jurídicas firmadas sob a égide do entendimento revisado pela Corte.

5. CONCLUSÃO

No direito processual do trabalho, com a Lei n. 13.015, já se tem a inovação que irá ocorrer no processo civil, com a entrada em vigor do futuro código. Aqui, se verão os primeiros acertos e desacertos[20].

Por ora, fácil é prever que a velocidade adequada da implementação das regulamentações é ponto relevante para a concretização dos acertos.

---

(15) BRANDÃO, Cláudio. *Reforma do Sistema Recursal Trabalhista*. Comentários à Lei n. 13.015/2014, p. 175.

(16) Art. 21, § 1º, Ato n. 491/SEGJUD.GP/2014: Para fundamentar a decisão de manutenção do entendimento, o órgão que proferiu o acórdão recorrido demonstrará fundamentadamente a existência de distinção, por se tratar de caso particularizado por hipótese fática distinta ou questão jurídica não examinada, a impor solução jurídica diversa.

(17) DIDIER JR, Fredie. *Overruling* incidental e concentrado. Disponível em: <http://www.frediedidier.com.br/editorial/editorial-166/>. Acesso em: 15 maio 2015.

(18) Fredie Didier Jr. exemplifica a situação com o pedido de revisão ou cancelamento de súmula vinculante conforme dispõe o art. 3º da Lei n. 11.417/2006 que, entre outras providências, regulamenta o art. 103-A da CRFB e altera a Lei n. 9.784/1999, disciplinando a edição, a revisão e o cancelamento de enunciado de súmula vinculante pelo STF. (DIDIER JR., Fredie. *Overruling incidental e concentrado*. Disponível em: <http://www.frediedidier.com.br/editorial/editorial-166/>. Acesso em: 15 maio 2015).

(19) NETO, Francisco Ferreira Jorge; CAVALCANTE, Jouberto de Quadros Pessoa. A Sistemática Recursal e suas inovações (Lei n. 13.015): O recurso de revista e de embargos no TST. *Justiça do Trabalho*. Ano 32. n. 374. fev. 2015. HS Editora, p. 26-7.

(20) Sobre as dificuldades e eventual morosidade, num primeiro momento, posterior a esta nova Lei, recorde-se a manifestação do Des. Francisco Rossal de Araújo, em três entrevistas, a saber: <https://www.youtube.com/watch?v=5_OwM4OPLVU>, bem como: <https://www.youtube.com/watch?v=GUxalUKET9w> e, mais especificamente, nos temas aqui examinados <https://www.youtube.com/watch?v=qhQ50ou-Jbc> para a TV do TRT de Santa Catarina. Acesso em: jun. 2015.

Novo Código de Processo Civil
Primeiro Semestre

Angela Rosi Almeida Chapper
Cláudio Antônio Cassou Barbosa
Maria Madalena Telesca
Ricardo Carvalho Fraga
Juízes que atuam na 3ª Turma do TRT/RS em Julho de 2016

1. INICIALMENTE

Primeiramente, registra-se que estas considerações foram possíveis após palestra do Juiz de Direito Ricardo Pippi Schmidt, em atividade da 3ª Turma do TRT/RS – Tribunal Regional do Trabalho da 4ª Região.

Algumas das ideias do mesmo Juiz e Professor estão expressas em texto claro e objetivo, divulgado em Boletim da AMB – Associação dos Magistrados do Brasil.

Em segundo lugar, outro registro sobre a organização destas linhas. Foram escritas após a participação de um dos autores em Semana Acadêmica, na Universidade de Caxias do Sul.

Agora, com os primeiros meses de vigência e pouco mais, de debates, já se permite evitar qualquer euforia inicial e, por outro lado, até mesmo, de certo modo, as preocupações mais duras, com a nova lei. Impõe-se a todos nós descobrir quais serão as novas possibilidades.

Desde logo, assinale-se que o sistema recursal da Justiça do Trabalho já está modificado, há mais de meio ano. É muito semelhante ao novo Código. Aliás, ambas as leis possuem numerações quase idênticas, ou seja, Leis ns. 13.015 e 13.105, com diferentes prazos para entrada em vigor.

Desde modo, adiante as considerações, ainda iniciais, sobre as alterações que se imaginam serem as mais relevantes. Ainda é cedo ou, ao menos, estas linhas não pretendem buscar uma qualificação geral e definitiva do novo Código. Nem mesmo a exposição de motivos chega a ser examinada com rigor, nestas primeiras linhas.

Desde logo, diga-se que dar concretude ao texto constitucional é tarefa muito mais elevada e estamos distante de cumpri-la, máxime quando ainda amarrados a soluções não coletivas para as lesões de massa.

Dizer que as garantias processuais necessitavam de afirmação é relevante, todavia, é pouco e insuficiente. Nestes dias, ainda temos milhões na extrema pobreza, distante da civilidade, nas beiras das grandes cidades. Até mesmo, o acesso ao Poder Judiciário não está solucionado.

Não se pode afirmar, por outro lado, ter havido retrocesso grave e generalizado. Mesmo a figura do juiz não resta enfraquecida, ainda que não tenha sido bem assinalada, no novo texto legal.

Adiante comentários sobre alguns artigos, cujo entendimento pode propiciar a melhor compreensão do conjunto. Antes disto, acima de tudo, são considerações que pretendem contribuir para a busca de soluções pontuais. Para tanto, talvez, sirvam as mais de oito horas, por dia, dedicadas aos processos trabalhistas, pelos autores, que atuam em mesma Turma do Tribunal Regional do Trabalho, no Rio Grande do Sul.

Desde logo, renova-se acreditar em um direito processual cada vez mais democrático ou participativo, até mesmo para se alcançar a sua efetividade.

2. SURPRESA

> Art. 9º Não se proferirá decisão contra uma das partes sem que ela seja previamente ouvida.
> Parágrafo único...

A Resolução n. 203, que aprovou a Instrução Normativa n. 39 do TST, lembrou julgamento do Tribunal das Relações de Portugal, de 2004, sobre situação na qual as partes tivessem dever de prever, ou seja:

> "A decisão surpresa apenas emerge quando ela comporte uma solução jurídica que, perante os factos controvertidos, as partes não tinham obrigação de prever".

Diz esta norma do TST, no § 1º do art. 4º:

> "Art. 4º Aplicam-se ao Processo do Trabalho as normas do CPC que regulam o princípio do contraditório, em especial os §§ 9º e 10, no que vedam a decisão surpresa.
> § 1º Entende-se por "decisão surpresa" a que, no julgamento final do mérito da causa, em qualquer grau de jurisdição, *aplicar fundamento jurídico ou embasar-se em fato não submetido* à *audiência prévia de uma ou de ambas as partes*".

Considerando que o art. 840 da CLT exige apenas um breve relato dos fatos nos quais se funda o pedido, a parte autora não é obrigada a expor os fundamentos de direito da sua pretensão. De igual forma, não há previsão de réplica no Processo do Trabalho, razão pela qual também não está obrigada a parte autora a manifestar-se sobre todas as teses jurídicas da contestação, podendo restringir-se aos documentos trazidos como prova.

Desta forma, considerando que o parágrafo primeiro da IN n. 39, supra citado, ao interpretar o que seria a *"decisão surpresa"* certamente não pretende o engessamento do ato de julgamento pela aplicação de norma legal ainda que não mencionada por qualquer das partes, parece-nos, num primeiro debate, ser possível afastar a exigência de audiência prévia quanto aos fundamentos jurídicos da sentença não explicitados na petição inicial e não refutados ao se manifestar sobre a defesa, por desconectada com o próprio Processo do Trabalho.

Nessa linha a interpretação do § 2º da IN n. 39:

> "Não se considera 'decisão surpresa' a que, à luz do ordenamento jurídico nacional e dos princípios que informam o Direito Processual do Trabalho, as partes tinham obrigação de prever, concernente às condições da ação, aos pressupostos de admissibilidade de recurso e aos pressupostos processuais, salvo disposição legal expressa em contrário."

Tal dispositivo, entretanto, parece vir de encontro ao disposto no art. 10 do NCPC, acaso lido em sua literalidade:

> "Art. 10. O juiz não pode decidir, em grau algum de jurisdição, com base em fundamento a respeito do qual não se tenha dado às partes oportunidade de se manifestar, ainda que se trate de matéria sobre a qual deva decidir de ofício".

Assim, visando o debate inicial e esclarecimentos acerca da matéria, em recente Fórum Nacional de Processo do Trabalho, realizado em março de 2016 na cidade de Curitiba, foram aprovados diversos Enunciados em relação à IN n. 39, onde se destaca o Enunciado n. 17 com o seguinte teor:

> *Enunciado n. 17. NCPC, Art. 10. Art. 769 DA CLT. PROIBIÇÃO DE FUNDAMENTO "SURPRESA", EM DECISÃO SEM PRÉVIO CONTRADITÓRIO. INAPLICABILIDADE NO PROCESSO DO TRABALHO. PREVALÊNCIA DA SIMPLICIDADE, CELERIDADE E INFORMALISMO. Não se aplica ao processo do trabalho o art. 10 do NCPC, que veda motivação diversa da utilizada pelas partes, ainda que se trate de matéria sobre a qual deva decidir de ofício. Prevalência dos princípios da simplicidade, da celeridade, da informalidade e do jus postulandi, norteadores do processo do trabalho. Resultado: aprovado unanimidade.*

Como se vê, a interpretação que fazemos, ao menos neste momento inicial, é a de que o § 2º da IN n. 39 torna de difícil aplicação ao Processo do Trabalho o disposto no art. 10 do NCPC.

Ademais, a prática na Justiça do Trabalho e, talvez, fora dela igualmente, tem modificado-se, com o aceleramento das relações sociais, em toda parte. É cada vez mais frequente que fatos posteriores ao ajuizamento sejam trazidos aos autos, ao longo do desenvolvimento dos atos processuais. Deste modo, por consequência, alguns fatos quase escapam do contraditório, sendo menor o número daqueles submetidos ao debate desde o início.

Outra situação, ainda mais frequente, por vezes, adia a descoberta dos fatos efetivamente controversos, a exigir manifestação de ambas as partes e, após, a judicial. O debate das teses mais elaboradas, por vezes, quase se esconde o debate sobre o caso específico em exame.

Certamente, a velocidade dos embates jurídicos nem sempre é a mesma daqueles travados na sociedade, longe dos tribunais. Este descompasso da velocidade dos avanços científicos e das evoluções sociais, por um lado, e, por outro lado, a ainda pequena celeridade de nossos processos, talvez, não fosse grave no passado. Hoje é. Evitar a surpresa e viabilizar a controvérsia, exigirá, bem mais do que antes, acertarmos o nosso ritmo.

Nós que atuamos na esfera do direito, no futuro, provavelmente, teremos menor temor da surpresa ou adotaremos ritmos mais próximos aos da sociedade toda. Recorde-se, em exemplo atual, o longo tempo que a jurisprudência majoritária dispensou para perceber que os tacógrafos, utilizados em caminhões desde muito, também servem para registro da jornada de trabalho. Foi necessário o texto legal dizer isto expressamente.

3. OMISSÃO E COMPATIBILIDADE

Art. 15. Na ausência de normas que regulem processos eleitorais, trabalhistas ou administrativos, as disposições deste Código lhes serão aplicadas supletiva e subsidiariamente.

A CLT – Consolidação das Leis do Trabalho tem dois requisitos, para a adoção das leis processuais civis. Recorre-se ao processo civil, comum, não especial, quando houver omissão e, além disto, existir compatibilidade, CLT art. 769.

A preservação da autonomia do processo do trabalho é tão relevante quanto a preservação de outros micro sistemas, tais como dos juizados especiais.

A própria Resolução n. 203 que aprovou a Instrução Normativa n. 39 do Tribunal Superior do Trabalho tem considerações sobre este tema, afirmando a atualidade e necessidade da preservação da autonomia do direito processual do trabalho.

Diz a regulamentação, do TST, no seu preâmbulo, que "*considerando o disposto no art. 1046, § 2º, do CPC, que expressamente preserva as "disposições especiais dos procedimentos regulados em outras leis", dentre as quais sobressaem as normas especiais que disciplinam o Direito Processual do Trabalho...*".

4. SENTENÇA ELEMENTOS

Art. 489. São elementos essenciais da sentença:

§ 1º Não se considera fundamentada qualquer decisão judicial, seja ela interlocutória, sentença ou acórdão, que:

I – se limitar à indicação, à reprodução ou à paráfrase de ato normativo, sem explicar sua relação com a causa ou a questão decidida;

II – empregar conceitos jurídicos indeterminados, sem explicar o motivo concreto de sua incidência no caso;

III – invocar motivos que se prestariam a justificar qualquer outra decisão;

IV – não enfrentar todos os argumentos deduzidos no processo capazes de, em tese, infirmar a conclusão adotada pelo julgador;

V – se limitar a invocar precedente ou enunciado de súmula, sem identificar seus fundamentos determinantes nem demonstrar que o caso sob julgamento se ajusta àqueles fundamentos;

VI – deixar de seguir enunciado de súmula, jurisprudência ou precedente invocado pela parte, sem demonstrar a existência de distinção no caso em julgamento ou a superação do entendimento.

Por relevante, recorde-se que a Resolução n. 203 que aprovou a Instrução Normativa n. 39 do Tribunal Superior do Trabalho relativizou a exigência quando se tratar de adoção dos entendimentos das súmulas, com matéria idêntica nos precedentes que lhe embasaram.

Registra-se o entendimento de Manoel Antonio Teixeira Filho sobre não aplicabilidade das exigências do art. 489 ao processo do trabalho. O mesmo autor, ao final de seus detalhados comentários a este artigo, apresenta a solução de que o tribunal poderá complementar os fundamentos, eventualmente faltantes, nos termos do art. 1.013 § 3º, IV.

Registre-se o estudo do Forum Permanente de Processualistas Civis, coordenados por Fredie Didier Junior:

Enunciado n. 307. (arts. 489, § 1º, 1.013, § 3º, IV) Reconhecida a insuficiência da sua fundamentação, o tribunal decretará a nulidade da sentença e, preenchidos os pressupostos do § 3º do art. 1.013, decidirá desde logo o mérito da causa. (Grupo: Competência e invalidades processuais)

5. NOVA DECISÃO DESDE LOGO

Art. 938. A questão preliminar suscitada no julgamento será decidida antes do mérito, deste não se conhecendo caso seja incompatível com a decisão.

§ 1º Constatada a ocorrência de vício sanável, inclusive aquele que possa ser conhecido de ofício, o relator determinará a realização ou a renovação do ato processual, no próprio tribunal ou em primeiro grau de jurisdição, intimadas as partes.

§ 2º Cumprida a diligência de que trata o § 1º, o relator, sempre que possível, prosseguirá no julgamento do recurso.

§ 3º Reconhecida a necessidade de produção de prova, o relator converterá o julgamento em diligência, que se realizará no tribunal ou em primeiro grau de jurisdição, decidindo-se o recurso após a conclusão da instrução.

§ 4º Quando não determinadas pelo relator, as providências indicadas nos §§ 1º e 3º poderão ser determinadas pelo órgão competente para julgamento do recurso.

A 3ª Turma do TRT RS, desde muito, em vários julgamentos, adotava o previsto no CPC/73, art. 515 § 3º. Quando era ultrapassada alguma preliminar, se avançava ao exame do mérito. O mesmo era adotado em outras Turmas do mesmo TRT RS.

Mais ainda, com frequência, na 3ª Turma do TRT RS, se adotava a regra do parágrafo seguinte, ou seja, o CPC/73, art. 515 § 4º. Quando havia necessidade de alguma complementação probatória, se determinava a sua realização, retornando os autos para prosseguimento do julgamento, no Tribunal, sem nova sentença.

Registre-se que havia alguma resistência, expressiva, no País, inclusive no TST, diante destas antigas disposições legais. Tanto o parágrafo terceiro e mais ainda o parágrafo quarto do antigo CPC foram pouco assimilados. Sobre o tema, estudo anterior, com lista dos escassos textos e reflexões, favoráveis.

Agora, as regras do antigo art. 515 estão "*desdobradas*" nos novos arts. 938, antes transcrito, e no 1.013. As novas disposições ressaltaram o poder do relator e, mais adiante, a necessidade de se alcançar a decisão de mérito, sem novas demoras.

Registre-se o estudo do Forum Permanente de Processualistas Civis, coordenados por Fredie Didier Junior:

> **Enunciado n. 199.** *(arts. 938, § 1º, e 15) No processo do trabalho, constatada a ocorrência de vício sanável, inclusive aquele que possa ser conhecido de ofício pelo órgão jurisdicional, o relator determinará a realização ou a renovação do ato processual, no próprio tribunal ou em primeiro grau, intimadas as partes; cumprida a diligência, sempre que possível, prosseguirá no julgamento do recurso. (Grupo: Impacto do CPC no Processo do Trabalho)*

6. AÇÃO RESCISÓRIA

> Art. 966. A decisão de mérito, transitada em julgado, pode ser rescindida quando:

> ...
> V – *violar manifestamente norma jurídica;*
> VI – *for fundada em prova cuja falsidade tenha sido apurada em processo criminal ou venha a ser demonstrada na própria ação rescisória;*

Apenas duas palavras substituídas trazem grandes modificações. Foi substituída "*lei*" por "*norma*" e "*documento*" novo por "*prova*" nova. Sobre o tema das ações rescisórias, com substituição destas duas palavras, estudo anterior.

7. EFICÁCIA EM DECISÕES SOBRE SERVIÇOS CONCEDIDOS

> Art. 985. Julgado o incidente, a tese jurídica será aplicada:
> § 2º Se o incidente tiver por objeto questão relativa a prestação de serviço concedido, permitido ou autorizado, o resultado do julgamento será comunicado ao órgão, ao ente ou à agência reguladora competente para fiscalização da efetiva aplicação, por parte dos entes sujeitos a regulação, da tese adotada.

Esta solução foi debatida na Escola da Ajuris. A decisão judicial deverá ser cumprida em casos futuros, neste caso de serviço concedido, permitido ou autorizado.

Trata-se de regra presente também no art. 1.040, inciso n. IV, igualmente, em oportuna e "*flagrante função normativa*", no dizer de Elaine Harzheim Macedo.

8. PRÓXIMOS DEBATES

Outros artigos, tais como o n. 139, 191, 219, 294, 334, 926, 942, 985 e 1.013, entre outros, merecem maior exame. Em outro momento, se pretende fazê-lo.

Repete-se que se impõe, de agora em diante, *descobrir quais serão as novas possibilidades*. Não é momento de se desprezar o novo, apenas por ser desconhecido. Apenas, ao longo do tempo, se ganhará maior convicção quanto ao exagero ou não da beleza da exposição de motivos do novo Código.

NCPC e Ação Rescisória

RICARDO CARVALHO FRAGA
Juiz e Desembargador do Trabalho no TRT/RS

Duas palavras trarão significativa modificação no tema. Não mais "*lei*" e sim "*norma*". Não mais "*documento*" e sim "*prova*".

Não apenas se cuidará das controvérsias sobre violação de "*lei*", mas, sim, de violação de "*norma*". Neste sentido é o novo artigo:

"966, inciso V: *violar manifestamente norma jurídica;*"

Não apenas se cuidará das conseqüências da descoberta de "*documento*" novo, mas, sim, de "*prova*" nova.

Neste sentido é o novo artigo:

"966, inciso VII: *obtiver o autor, posteriormente ao trânsito em julgado, prova nova, cuja existência ignorava ou de que não pode fazer uso, capaz, por si só, de lhe assegurar pronunciamento favorável;*"

A primeira das modificações, antes apontada, atende ao tempo atual. Diversos autores perceberam que a elaboração legislativa tem tido dificuldades em acompanhar a evolução da sociedade, cada vez mais veloz.

Chegou-se a dizer da insuficiência do processo legislativo, nos dias atuais. Eugenio Facchini Neto[1], por exemplo, apontou que "*o legislador está empenhado em uma corrida febril contra o relógio*". Que tem dificuldades diante das "*novas e urgentes necessidades da sociedade*".

Mais ainda, referindo-se ao bem de todos, salientou, que "*muitas vezes, tais necessidades não são suscetíveis de solução abstrata, genérica e permanente*" (p. 144). Desaparece ou torna-se pouco útil nosso anterior aprendizado de que as leis são previsões de todas as possíveis situações.

O expresso antes é muito, todavia, não é tudo. Muito mais grave são outras observações. Fala-se em "*crise regulatória do Estado*", em "*carência de representatividade*". Aponta-se que, em algumas situações, a lei atende "*conveniências parciais*" e que existe verdadeira "*incoerência do sistema*".[2]

Por estes e outros motivos, não somente a lei tem sido o embasamento de muitas decisões. Coerentemente, por outro lado, impõe-se que igualmente no tema da ação rescisória se examinem eventuais violações a estes outros embasamentos, ou seja, a qualquer "*norma*".

Sérgio Porto[3], entre nós, igualmente, já havia estudado o tema. Dizia, ao tempo do CPC de 1973, com visão lúcida que:

---

(1) FACCHINI NETO, Eugenio. O Judiciário no Mundo Contemporâneo. *Revista da Ajuris*, Ano XXXIV, n. 108, dez. 2007.
(2) Igualmente, Facchini Neto, 2007. p. 146.
(3) PORTO, Sergio Gilberto. *Ação Rescisórias Atípica*. São Paulo: Revista dos Tribunais, 2009.

> "a redação do art. 485 V, do CPC, é reminiscência de épocas em que se dava mais importância à letra da lei do que a qualquer outro elemento do sistema".

A amplitude da nova disposição será conhecida, no futuro.

A segunda modificação supera limitação que não se justificava. Não apenas a obtenção de "*documento*" novo, mas, também, de outra "*prova*" nova poderá ser examinada.

Nesta segunda modificação, cuidou-se estabelecer mais de um prazo. Existirá o prazo para tal descoberta da prova nova e o prazo para sua utilização. São os novos arts. 966, inciso VII combinado com o 975, § 2º. Em outros Países, tal como Espanha, já existe esta previsão de prazos distintos.

Em breve, mais se compreenderá o alcance destas e outras novas disposições.

Desde logo, no tema da ação rescisória, recorda-se o antes expresso por Pontes de Miranda[4], no sentido de que:

"*conseguiu melhorar*"

"*melhor concepção que se encontra no mundo*"

"*direito processual civil italiano, cujo instituto não tem o nível científico da ação rescisória do direito brasileiro*"

"*sistema jurídico brasileiro, que – por circunstâncias históricas e culturais favoráveis – é um dos melhores do mundo e em não poucos lugares, em muitos, supera a todos*"

"*o sistema jurídico brasileiro merece louvor e o orgulho do povo que o recebeu e que o manteve, sem que haja outro sistema que a ele se iguale*"

"*citação de doutrina de sistema jurídico inferior ao nosso*"

"*sistema jurídico brasileiro, com certa originalidade e elegância, a ação rescisória das decisões*"

Se nosso aprendizado anterior, seja o contemporâneo ao CPC de 1939 ou de 1973, mereceu tais reconhecimentos, muito mais poderá o futuro.

---

(4) PONTES DE MIRANDA. Tratado da Ação Rescisória. Campinas: Bookseller, 2003.

Otimismo Escasso e Necessário
Futuro da Justiça e do Direito do Trabalho

RICARDO CARVALHO FRAGA
Juiz e Desembargador do Trabalho no TRT/RS

1. GERAL

Habitualmente, quanto maior a escassez, maior a necessidade daquilo que falta. Nos dias atuais, o "*otimismo*" é um exemplo de sentimento escasso e necessário.

A procura mais apaixonada e as análises mais cuidadosas haverão de permitir que se alcance este sentimento.

Algumas propostas, ainda que tenham encaminhamento não visível, também podem ser lembradas.

Entre nós, em algum seminário organizado pela Ordem dos Advogados do Brasil, no centro do País, se ouviu falar em eleições parlamentares, realizada em dois turnos, sendo o primeiro para votação em partidos políticos e o segundo para votação nos nomes dos candidatos, aí já sabendo-se da possibilidade de cada partido.

No 10º Encontro Institucional Tribunal Regional do Trabalho do Rio Grande do Sul, realizado em 2015 em Canela/Gramado, Joaquim Falcão, na sua palestra, mencionou a possibilidade de se pensar em iniciativa popular para definição da pauta do Supremo Tribunal Federal ou, no mínimo, inclusão de alguns temas na mesma.

2. DIREITO DO TRABALHO

Sayonara Grillo Coutinho Leonardo da Silva foi palestrante no 11º Encontro Institucional do Tribunal Regional do Trabalho do Rio Grande do Sul, em outubro de 2016. Relendo os escritos da Desembargadora no Tribunal Regional do Trabalho do Rio de Janeiro, percebe-se sua lucidez ao dizer que:

> "*Em face da sofisficação das técnicas de fiscalização do trabalhador pela empresa e da crescente exigência de adesão pessoal aos valores empresariais (...) amplicação do conteúdo do Direito do Trabalho se apresenta, neste sentido, como um refinamento normativo com o objetivo de "moderação e racionalização do poder patronal".*

Márcio Túlio Viana e Elaine Nassif, de modo não muito diverso, igualmente, constataram que:

> "*No que diz respeito ao seu conteúdo civilista, o Direito do Trabalho se expande; não se flexibiliza; não recua; não transige. Ao contrário, parece cada vez mais forte e coerente. É o caso, por exemplo, do combate às discriminações, assédios ou invasões de privacidade*".

Hector Hugo Barbagelata apresenta considerações semelhantes e, inclusive mais amplas, sobre o futuro:

> "*Sin embargo, desde el momento que ha quedado consagrada la integración de Derecho Laboral ao sistema de los derechos humanos, se puede continuar dessarrollando la nueva lectura de sus principio, com amplias proyecciones al futuro*".

Por certo, os avanços generalizados têm maior dificuldade de aceitação. Em outro texto lembrou-se de Denis Salas, juiz de menores na França, e co-autor em diversos estudos com Antoine Garapon, não apenas sobre a justiça criminal. Ali, assinalou-se que:

> *"Pode-se acrescentar que os 'acertos' igualmente são perigosos, acaso sirvam de estímulo à construção de uma sociedade com regras superiores, na qual a inclusão seja mais do que simples tolerância e, sim, a completa modificação da realidade que exclui. O 'bem' é perigoso, segundo alguns. É motivo de intranqüilidade, exatamente, porque não está previsto para ser habitual, nos dias atuais".*

No tema dos acidentes e doenças do trabalho, em exemplo mais perceptível, são urgentes as confirmações de alguns avanços. No Brasil, a superação das subnotificações tornou-se menos distante com o conceito de NTEP – Nexo Técnico Epidemiológico. Trata-se da utilização dos recursos das estatísticas oficiais da previdência pública, nos termos do art. 21-A, inserido na Lei n. 8.213.

Ainda neste tema, os documentos internacionais podem em muito auxiliar. Entre eles, está a CIF – Classificação Internacional das Funcionalidades.

3. LEI N. 13.015 E NOVO CÓDIGO DE PROCESSO CIVIL – LEI N. 13.105

Examinando as primeiras versões do Novo Código de Processo Civil, se disse, até mesmo, que:

> *"A responsabilidade da decisão judicial não pode ser transferida do juiz para qualquer outro, mas a construção desta haverá de ser democrática, a níveis hoje pouco compreensíveis. O processo deve ter aprimorado seu conteúdo 'participativo'. Alguns aprendizados da mediação e mesmo da conciliação, provavelmente, são o início deste novo e futuro patamar. Provavelmente, tais avanços ainda não possam estar presentes no próximo CPC. Fica para o que lhe suceder."*

Em conjunto com os colegas que atuavam na mesma Turma do Tribunal Regional do Trabalho do Rio Grande do Sul, em junho de 2016, com algumas expectativas e boa disposição, afirmamos que:

> *"Repete-se que se impõe, de agora em diante, descobrir quais serão as novas possibilidades. Não é momento de se desprezar o novo, apenas por ser desconhecido. Apenas, ao longo do tempo, se ganhará maior convicção quanto ao exagero ou não da beleza da exposição de motivos do novo Código".*

A busca de aspectos positivos consta, também, em outros textos anteriores dos integrantes da mesma 3ª Turma Tribunal Regional do Trabalho RS, sobre o Novo Código de Processo Civil e a Lei n. 13.015, a qual antecipou, de modo semelhante e talvez aprimorado, as modificações recursais, na Justiça do Trabalho.

Chegamos, agora, especialmente nos temas processuais recursais, mais próximos das soluções do direito norte-americano, trazendo séculos de experiência diversa, da Europa Continental. Os conceitos de *"lei"* e *"interpretação"*, bem como, agora, ainda mais, de *"razões da decisão"* e *"exame do caso concreto"* serão alvos de novos debates.

Em toda nova uniformização, com pretensão de se constituir *"precedente"*, haverá de se ter três atenções. Por óbvio, salvo exceções, deve-se consagrar a jurisprudência já majoritária. Deve-se elaborar clara orientação para a comunidade jurídica, e, se possível, para a sociedade toda. Deve-se, sem encerrar o debate para casos diversos futuros, não ser a nova uniformização, por si só, ela mesma, a instauradora de novas controvérsias.

Percebe-se, pois, que chegamos a esta situação diferente, de maior proximidade com o direito norte-americano, trazendo, além dos aprendizados anteriores, do velho Continente, outros institutos intermediários, ou seja, as *"súmulas"*.

Todo cuidado e dedicação serão úteis. Trata-se de construir e fazer funcionar um sistema com combinações peculiares e, provavelmente, inéditas. As alterações são muitas, ainda que não visíveis na primeira leitura.

Em tema anterior, de controle da constitucionalidade, já havíamos adotado posição híbrida, entre Europa e Estados Unidos da América, com os dois modos coexistindo, ou seja concentrado e difuso.

4. ALGUNS JULGAMENTOS NO STF EM 2016 E O FUTURO DO JUDICIÁRIO

Quanto a estrutura do Poder Judiciário, haverá de se encontrar a melhor organização e democracia interna na administração de todos tribunais, até mesmo de suas pautas.

Já são próximos a dez os julgamentos do Supremo Tribunal Federal, em matéria trabalhista, no ano de 2016, ainda em curso, quando se escrevem estas linhas. Sabe-se que existem muitos outros, com andamento processual um pouco menos célere.

Para além das matérias trabalhistas, outro dado é relevante. É bem elevado o número de decisões individuais, no Supremo Tribunal Federal.

É intenso o grau de polêmica e questionamentos que estes julgamentos e decisões monocráticas suscitam e, certamente, ainda irão suscitar.

Ademais, o atual sistema recursal, trazido pelo Novo Código de Processo Civil e, na Justiça do Trabalho, um pouco antes, pela Lei n. 13.015, foram implementados com alguns debates inconclusos.

Desde a reforma do Judiciário, Lei Complementar n. 45, com a adoção das súmulas vinculantes, se controverte sobre os supostos benefícios com a "*concentração de poderes*" e a alegada "*melhor eficiência das cúpulas*".

Desconcentração de poderes, pluralidade, transparência, eficiência, participação, convencimento, direito processual constitucionalizado, são diversos itens a serem equacionados para que se alcance a coesão do Poder Judiciário e a eficácia dos julgamentos.

Neste quadro, que se desenvolve, a manutenção e construção de uma coesão maior, no Judiciário, haverá de ser atingida com redobrado esforço daqueles que acreditam nestas possibilidades.

Nos diversos julgamentos, anteriores e posteriores, aos do Supremo Tribunal Federal, há de se cuidar para que os noticiários da imprensa leiga e suas primeiras manchetes não consigam impedir os exames dos casos concretos, futuros. Há de se vencer toda inibição e, se for o caso, quando cabíveis, realizar as eventuais futuras "*distinções*", até mesmo, em sede de ações rescisórias.

Primeiro Ano do Novo Código de Processo Civil[1]

RICARDO CARVALHO FRAGA
Juiz e Desembargador do Trabalho no TRT/RS

1. INTRODUÇÃO

Vamos *"combinar"* de nos *"acostumar"* a *"interpretar"* a *"lei"* de modo *"uniforme"*.

O leitor que seja mais exigente – perguntaria o que se entende por *"combinar"*, *"acostumar"*, *"interpretar"*, *"lei"* e *"uniforme"*.

Desde já, é visível a grandiosidade dos temas, muito além das possibilidades destas linhas. Talvez, até mesmo, além das nossas atuais capacidades de alcançar uma compreensão com nitidez satisfatória. Ou, de modo, menos otimista, estamos no rumo mais adequado? Ou, escolhemos tarefas de concretização possíveis, já hoje?

Vejamos, o que a experiência deste pouco tempo de convívio com o novo Código de Processo Civil – NCPC nos ensinou. Inicialmente, assinale-se que, na Justiça do Trabalho, tivemos as alterações processuais recursais, antes dos demais ramos do Poder Judiciário. Trata-se da Lei n. 13.015, sobre a qual se aponta, comparativamente com o NCPC: a) tem muita semelhança; b) teve tramitação legislativa mais rápida; c) entrou em vigência antes.

Fredie Didier Júnior chegou a dizer que esta Lei n. 13.015 tem maior aprimoramento do que o NCPC, Lei n. 13.105, na questão que disciplina, ou seja, os recursos.[2]

2. COSTUMES E LEI

Augusto Cesar Leite de Carvalho lembra que *"o novo sistema recursal não colhe a prevalência de normas consuetudinárias, pois, isto sim, significaria grande retrocesso"*.[3] Primeira constatação, tranquilizadora: não se trata de abandonar a *"lei"* e buscar a prevalência dos *"costumes"*.

Constatação tranquilizadora no parágrafo anterior, todavia, não suficiente. A incompletude da *"lei"* no tempo atual é conhecida de todos. Na Justiça do Trabalho, o exemplo mais visível, provavelmente, seja o relativo ao repouso semanal, *"preferencialmente"* aos domingos.[4] O então deputado federal, constituinte, Nelson Jobim, em mais de uma oportunidade relatou que qualquer expressão mais clara e exata teria dificuldade de ser aprovada,

---

(1) Artigo publicado, antes, em Espaço Vital. Disponível em: <http://www.espacovital.com.br>.

(2) Palestra de Fredie Didier Junior, perante a Escola do Tribunal Regional do Trabalho de Santa Catarina, em abril de 2015. Disponível em: <https://www.youtube.com/watch?v=Hv3Oel0Wm9M>. Acesso em: 25 jul. 2016.

(3) CARVALHO, Augusto Cesar Leite de. Admissibilidade de Recursos no novo CPC e sua Repercussão no Processo do Trabalho. In: BELMONTE, Alexandre Agra; DUARTE, Bento Herculano; SILVA, Bruno Freire e. *O Novo CPC Aplicado ao Processo do Trabalho*. São Paulo: LTr, 2016. p. 175.

(4) CONSTITUIÇÃO. Artigo sétimo, inciso n. XV.

naquele momento de intensos e acirrados debates sobre o artigo sétimo da Constituição de 1988.

Outras insuficiências tem a *"lei"*, no estudo de alguns. Eugenio Fachini Neto chega a assinalar, com aguda percepção, que em algumas situações *"a intervenção legislativa apresenta-se parcial e descontínua, dando ao juiz mais uma vez a ocasião e a necessidade de recorrer a uma obra de interpretação criativa, ou, pelo menos, integrativa"* e que a *"máquina legislativa é pesada; frequentemente é demasiadamente lenta para satisfazer tempestivamente as novas e urgentes necessidades da sociedade. Além disso, muitas vezes tais necessidades não são suscetíveis de solução abstrata, genérica e permanente, qualidades estas que usualmente caracterizam a resposta legislativa. Esta situação de impasse faz com que aumentem as funções judiciárias"*.[5]

3. LEI E CERTEZA

As diferenças entre os sistemas da *common law* e *civil law* tem se modificado, inclusive com diversas expectativas de atuações dos juízes, valendo a lembrança do estudo de Antoine Garapon.[6]

Elpidio Donizetti, que foi integrante da Comissão de Juristas nomeada pelo Senado, para elaboração do NCPC, aponta que os juízes dos países que adotam o *civil law* tem menor *"faculdade criadora"*.

Apesar disto, diz que *"a lei pode ser interpretada de vários modos"* e isto *"não se mostra suficiente a assegurar aos jurisdicionados a mínima segurança jurídica que se espera de um Estado Democrático de Direito"*.[7]

Acreditamos que as considerações anteriores não se relacionam ao debate, igualmente necessário, sobre o inciso XXXV, do artigo quinto, da Constituição, quanto a inafastabilidade de atuação do Poder Judiciário. Acreditamos, sim, que muitas das incontáveis manifestações sobre *"segurança"* dizem respeito, tão somente, à atuação dos juízes. Revelador deste cuidado é previsão de que se evitem decisões surpresas.[8] Desde logo, diga-se que não se pode alegar "surpresa" diante do que era previsível, conforme Acórdão do Tribunal Constitucional de Portugal, lembrado em norma do Tribunal Superior do Trabalho.[9]

A retirada da palavra *"livre"*, quando trata da apreciação da prova pelos juízes, no art. 371, é providência que passará para a história, como iniciativa destituída de conteúdo. Aliás, sabe-se, que *"na história não convém imaginar esquemas evolutivos, ou tendências irreversíveis, ou ligações demasiado abstratas e estruturais entre eventos"*, na observação mais ampla de José Reinaldo de Lima Lopes.[10]

Exatamente, este mesmo autor, no exame da evolução do Direito Penal, em tempos mais anteriores, afirmou que *"...a uniformização do processo se impôs. Ela apareceu como formalismo em alguns casos: o sistema de provas legais, que se introduziu no processo medieval e que perdurou até as reformas dos séculos XVIII e XIX"*.[11]

As linhas anteriores tratam, como se percebe, do formidável avanço que a *"prova taxada"* representou na Idade Média. Hoje, estamos em momento bem mais avançado e o debate já não é o mesmo, smj. Agora conhecemos os conceitos de *"livre convencimento"*, *"persuasão racional"*.[12]

Fábio Rodrigues Gomes, Juiz no Rio de Janeiro, utiliza duas expressões mais incisivas sobre a ausência desta palavra *"livremente"* no atual art. 371, mencionado.[13]

---

(5) FACCHINI NETO, Eugenio. O Judiciário no Mundo Contemporâneo. *Revista da Ajuris*. Porto Alegre: Ano XXXIV, n. 108. dez./2007. Mencionando Nicolò Trocker, *La responsabilità del giudice*. R.T.D.P.C., 1982, p. 1292. e M. Cappelletti, *Liberté individuelle et justice sociale dans le procès civil italien*. Rev. int. dr. comp., v. 23, 1971, p. 551.

(6) GARAPON, Antoine; PAPAPOULOS, Ioannis. *Julgar nos Estados Unidos e na França*. Rio de Janeiro: Lumen, 2008.

(7) DONIZETTI, Elpidio. In: *A Força dos Precedentes no Novo Código de Processo Civil*. In: *O Novo CPC e o Processo do Trabalho* – estudos em homenagem ao Ministro Walmir Oliveira da Costa. Sérgio Pinto Martins (Coord.). São Paulo: Atlas, 1ª tiragem nov./2015 e 2ª tiragem, mar./2016. p. 47.

(8) NCPC art. 10.

(9) Resolução n. 203 do Tribunal Superior do Trabalho que aprovou a Instrução Normativa n. 39. Disponível em: <http://www.tst.jus.br/documents/10157/429ac88e-9b78-41e5-ae28-2a5f8a27f1fe>.

(10) LOPES, José Reinaldo de Lima. In :WOLKMER, Antônio Carlos (Org.). *Fundamentos de História do Direito*. Capítulo *Uma introdução à História Social e Política do Processo*. Belo Horizonte: Del Rey, 2015. p. 559.

(11) LOPES, José Reinaldo de Lima. In: WOLKMER, Antônio Carlos (Org.). *Fundamentos de História do Direito*. Capítulo *Uma introdução à História Social e Política do Processo*. Belo Horizonte: Del Rey, 2015. p. 546.

(12) Estes dois conceitos são analisados de modo um pouco diverso por Eduardo Couture in *Fundamentos do Direito Processual Civil*. Campinas: Red Livros, 1983, p. 189. Outros ensinamentos do mesmo autor do Uruguai, em apresentação de palestra de Carnelutti, disponibilizada pelo Prof. José Maria Tesheiner in <http://www.tex.pro.br/index.php/especial/palestras-audio-e-video>. Acesso em: dez. 2016.

(13) GOMES, Fabio Rodrigues. In: *Provas, Verdades e Justiça*: premissas para o novo CPC, para o processo do trabalho e além". In: BELMONTE, Alexandre Agra; DUARTE, Bento Herculano; SILVA, Bruno Freire e. *O Novo CPC Aplicado ao Processo do Trabalho*. São Paulo: LTr, 2016. p. 115-116.

Lenio Streck tenta justificar com considerações, bem mais distantes, já no âmbito da filosofia.[14]

O subtítulo destas linhas é *"Lei e Certeza"*. Levado pelos registros das leituras mais recentes, fomos levados a outro subtema, ou seja, *"Juízes e Certeza"*. Não era nossa intenção. Será a destes e outros autores? Alguma linha já foi escrita ou rascunhada sobre um quarto sistema de exame da prova, para além dos conhecidos de *"prova tarifada"*, *"livre convencimento"* e *"persuasão racional"*?

4. CONCLUSÃO

É relevante sempre lembrarmos que, além do conhecimento sobre as experiências de outros países e sistemas jurídicos, ...De fato, essa discussão jamais pode ser feita em abstrato ou mesmo à luz de uma tradição jurídica – *common law* ou *civil law* –, mas considerando a institucionalidade vigente em cada país, pois mesmo aqueles filiados a uma mesma tradição apresentam peculiaridades internas.[15]

Certo ineditismo, por óbvio, faz avolumar-se a dificuldade inicial, sobretudo nos temas recursais, conforme alerta, agora, Nelson Nery Junior.[16]

Por ora, impõe-se a leitura com boa vontade[17], cuidando-se das devidas *"distinções"* e *"superações"* para que se consiga descobrir novos caminhos e novas práticas a serem implementadas[18].

---

(14) STRECK, Lenio. Em seus comentários ao verbete relativo ao art. 371 do NCPC Comentado. Editora Saraiva.

(15) SOUSA, Diego Crevelin de. In: *O que deve ser dito sobre (e enfrentado n)a compreensão de precedentes dos hermeneutas?* Disponível em: <http://emporiododireito.com.br/o-que-deve-ser-dito-sobre-e-enfrentado-na-compreensao-de-precedentes-dos-hermeneutas/>. Acesso em: dez. 2016.

(16) Entrevista de Nelson Nery Junior. Disponível em: <http://jota.info/justica/nucleo-duro-novo-cpc-e-inconstitucional-diz-jurista-21122016>. Acesso em: dez. 2016.

(17) Três textos com colegas de mesma 3ª Turma, no Tribunal Regional do Trabalho, do Rio Grande do Sul, ou seja: – *DECISÃO E INSTRUÇÃO – art. 515 do CPC de 1973 e 1013 do CPC de 2015*, de Ricardo Carvalho Fraga, Maria Madalena Telesca, Gilberto Souza dos Santos, Cláudio Antônio Cassou Barbosa e Marcos Fagundes Salomão. Disponível no site da Associação Nacional dos Magistrados do Trabalho – ANAMATRA, <http://www.anamatra.org.br/index.php/artigos/decisao-e-instrucao>. Acesso em: maio 2016; *Novos Conceitos – Lei n. 13.015/2014 e futuro CPC*, de Ricardo Carvalho Fraga, Cláudio Antônio Cassou Barbosa, Maria Madalena Telesca, Gilberto Souza dos Santos e Marcos Fagundes Salomão. Disponível em: <http://www.anamatra.org.br/uploads/article/novosconceitos.pdf>. Acesso em: maio 2016; *Novo Código de Processo Civil – NCPC – Primeiro Semestre*, de Angela Rosi Almeida Chapper; Cláudio Antônio Cassou Barbosa; Maria Madalena Telesca; Ricardo Carvalho Fraga. Disponível em: <http://www.anamatra.org.br/index.php/artigos/novo-codigo-de-processo-civil-ncpc-primeiro-semestre>. Acesso em: jan. 2017.

(18) Além dos textos com colegas de mesma 3ª Turma, TRT RS, antes mencionados, outros dois textos individuais, ou seja: *CPC futuro e Ação Rescisória*. Disponível no site da AJURIS: <http://www.ajuris.org.br/2015/04/15/cpc-futuro-e-acao-rescisoria/>. Acesso em: maio 2016 ; *Otimismo escasso e necessário – futuro da Justiça e do Direito do Trabalho*. Disponível em: <http://www.anamatra.org.br/index.php/artigos/otimismo-escasso-e-necessario-futuro-da-justica-e-do-direito-do-trabalho>. Acesso em: jan. 2017.

NCPC – Novo Código de Processo Civil para Além do Primeiro Ano

Luís Carlos Pinto Gastal
Juiz do Trabalho/RS

Ricardo Carvalho Fraga
Juiz e Desembargador do Trabalho no TRT/RS

Já há afirmativas de que o Brasil está no "*meio caminho*" entre "*civil law*" e "*common law*", notadamente na questão recursal.[1]

Neste novo momento, entre a lei e jurisprudência, muitos revelam pensar que a primeira (a lei) tem dificuldades maiores de interpretação e unificação, ou ao menos, mais visíveis, do que a segunda (a jurisprudência), que já nasceria quase unificada, salvo entendimentos minoritários.[2]

Mais do que antes, afloram as preocupações com os poderes dos juízes. São lembrados, de modo concomitante, os princípios da "*legalidade*" e, também, do "*devido processo legal*".[3]

Ora, ao adentrarmos em novos debates, muito teremos que aprender. Desde logo, registre-se certo dado que pode ter relevância. Nos EUA, "*os Tribunais tendem a superar com maior facilidade os precedentes do que na Inglaterra*".[4] Ainda é cedo para saber-se o rumo aqui.

Acaso, o objetivo novo e de todos seja a segurança e previsibilidade, imagine-se que o "*conceito de segurança jurídica pode, ainda, ser bem amplo*".[5]

Segurança, previsibilidade, justiça, acesso à Justiça são temas que se entrelaçam. Segurança sem acesso à Justiça é um caminho falso, inseguro e antidemocrático.

Ao examinar a nova figura do IRDR – incidente de resolução de demandas repetitivas – não haveremos de esquecer a relevância da escolha do(s) caso(s) selecionado(s)[6], particularmente quanto à amplitude.

Entre tantos temas novos ou velhos, com nova roupagem, o conceito da inafastabilidade da jurisdição merecerá maior cuidado. O item XXXV do art. 5º da Constituição é claro, ou seja, "*a lei não excluirá da apreciação do Poder Judiciário lesão ou ameaça a direito*".

O número de processos judiciais no país é elevado, mas não podemos esquecer que existe legitimidade para uma demanda ainda maior, decorrente das questões sociais não resolvidas.

---

(1) MANCUSO, Rodolfo de Camargo. *O NCPC – Questões Controvertidas*. São Paulo: Atlas e Gen, 2015. p. 418-420.
(2) MANCUSO, Rodolfo de Camargo. *O NCPC – Questões Controvertidas*. São Paulo: Atlas e Gen, 2015. p. 397.
(3) TUCCI, José Rogério Cruz e. Contra o Processo Autoritário. *O NCPC – Questões Controvertidas*. São Paulo: Atlas e Gen, 2015. p. 267-268.
(4) KREBS, Hélio Ricardo Diniz. *Sistema de Precedentes e Direitos Fundamentais*. São Paulo: Revista dos Tribunais, 2015. p. 221.
(5) ALEMÃO, Ivan. *O Novo CPC, a Justiça do Trabalho e a Segurança Jurídica*, no Boletim da Amatra do Rio de Janeiro, n. 54, nov. de 2016, p. 12-19.
(6) SILVA, Paulo Eduardo Alves da. *O NCPC – Questões Controvertidas*. São Paulo: Atlas e Gen, 2015. p. 302.

Curiosamente, certo estudo, sob o título "Inafastabilidade da jurisdição", trata, acima de tudo, dos temas conciliação, arbitragem e mediação, talvez, em reconhecimento, quase explícito, das atuais dificuldades e insuficiências da estrutura do Poder Judiciário.[7]

Nestes outros temas, desde já, registre-se que a conciliação, no direito do trabalho, tem peculiaridades. Aqui, não se pode esquecer a *"experiência das Comissões de Conciliação Prévia, que se mostrou desastrosa em todos os sentidos"*.[8]

A maior clareza sobre os novos momentos há de ser alcançada, ao mesmo tempo, que consigamos compreender o passado e, mais ainda, o passado recente. O desfazimento de relações sociais autoritárias ainda sugere a necessidade de mediação judicial.

Entre outros tantos dados a merecer melhor exame está o veto sobre a coletivização prevista, inicialmente, no NCPC.[9] Existe, sim, a necessidade de se voltar ao tema, das soluções coletivas, especialmente, no direito processual do trabalho[10], onde com maior clareza se sabe que o tema coletivização não se confunde com a uniformização de jurisprudência.

O Poder Judiciário deve ser repensado em sua atuação e estrutura. A valorização dos juízes de primeiro grau é um dos pontos a ser alcançado. Todos os atores do processo têm papel a cumprir. Aqui, sabe-se que toda mudança da cultura jurídica é difícil.[11]

Os rumos apontados e os novos caminhos a serem construídos com o NCPC ainda estão por serem descobertos.[12] Este primeiro ano é apenas um primeiro aprendizado.

---

(7) SILVA, Paulo Eduardo Alves da. *O NCPC – Questões Controvertidas*. São Paulo: Atlas e Gen, 2015. p. 304.

(8) ALKMIM, Gustavo Tadeu. *Entrevista no Boletim da Amatra do Rio de Janeiro*, n. 54, nov. 2016, p. 28-31.

(9) COSTA, Susana Henriques da MP. *O NCPC – Questões Controvertidas*. São Paulo: Atlas e Gen, 2015.

(10) LIMA, Thadeu Augimeri de Goes. *Do processo individual ao processo coletivo*. Disponível em: <https://jus.com.br/artigos/55870/do-processo-individual-ao-processo-coletivo>. Acesso em: fev. 2017.

(11) PRITSCH, Cesar Zucatti. Standards de Revisão Recursal – uma solução da *common law* para a valorização das decisões de primeiro grau no Brasil. In: *A Função Revisora dos Tribunais – por uma nova racionalidade recursal*. Ben-Hur Silveira Claus (Coord.). São Paulo: LTr, 2016. p. 58-79 e, igualmente, *The Brazilian Appellate Procedure Through Common Law Lenses: How American Standards of Review May Help Improve Brazilian Civil Procedure*. Disponível em: <https://works.bepress.com/cesar_zucattipritsch/1/.VRPu_vsDCss.twitter>. Acesso em: mar. 2017.

(12) Outras considerações pessoais e coletivas. FRAGA, Ricardo Carvalho. *Primeiro ano do novo Código de Processo Civil*. Disponível em: <https://ricardocarvalhofraga.wordpress.com/> e, igualmente, disponível em: <http://www.espacovital.com.br/publicacao-34706-primeiro-ano-do-novo-codigo-de-processo-civil>. Acesso em: fev. 2017. Ali, nas notas ao final, estão mencionados outros textos pessoais, em número de dois, e coletivos, em número de três, sendo estes com colegas da mesma 3ª Turma do TRT-RS.

Salas de Audiências por 60 Anos

ROBERTO CARVALHO FRAGA
Juiz de Direito

RICARDO CARVALHO FRAGA
Juiz do Trabalho no TRT RS

Aproximadamente vinte anos, multiplicado por três juízes, é o tempo vivido em salas de audiências. Referimo-nos ao trabalho dos dois signatários e do Pai, agora, há meio ano, menos próximo fisicamente.

Em sessenta anos, alguns aprendizados diferenciados e alguns, muito fortes, comuns. O primeiro deles é a extrema convicção de que o *"advogado é indispensável à administração da justiça"*, nos exatos termos do art. 133 da Constituição. Para tal constatação, provavelmente, tenha sido relevante, também, o tempo de advocacia do Pai, antes da magistratura, por muitos anos, e depois, por pouco tempo.

Pensamos, aqui, não apenas na realização dos atos processuais, mas, também, no contato mais próximo com as partes. É dele, advogado, este papel. Quanto mais se avança na construção de um juiz presente e próximo da sociedade, mais ainda, se necessita deste outro relevante personagem que faz este elo ou *"link"* com a parte, em linguagem mais atual.

Seria demasiado ingênuo acreditar que a legitimidade da atuação do Judiciário resulta da ameaça, bem distante, do uso da força de outros Órgãos do Estado. Resulta, sim e acima de tudo, da atuação, minimamente harmoniosa, de todos os profissionais envolvidos com o exercício da jurisdição. O Código de Processo de Portugal chega a expressar o *"princípio da colaboração"*, alcançando igualmente as próprias partes.

Émile Durkheim, em seus escritos de 1897, assinalou que *"não há sociedades se só existem indivíduos"*. Esta constatação, que é contemporânea aos primeiros estudos da Sociologia, cada vez, mais necessita ser absorvida pelas nossas práticas processuais. Sabemos da imperiosidade de superar a visão "individualista" do atual Código de Processo Civil.

A Carta de Princípios do novo CPC já apontou esta necessidade. Inclusive cria o instituto, provisoriamente denominado de *"incidente de coletivização"*. Certamente, muito avançaremos. Desde logo, aguardamos as audiências públicas da mencionada Comissão, estando anunciada para abril, em Porto Alegre.

No específico das decisões judiciais, notadamente as sentenças, e no tema da organização do Judiciário, outros avanços são desejados e merecem destaque, especialmente quando meditamos sobre os sessenta anos, antes lembrados. São debates para além das novas regras processuais, já visíveis.

O ato decisório, cada vez, necessita não apenas de explicitação da motivação. As partes desejam e, em alguma medida, podem colaborar mais proximamente. Recorde-se que, em outras áreas, ao invés de *"professor"* e *"mestre"*, são utilizadas expressões como *"facilitador"* e *"orientador"*, por exemplo.

A responsabilidade da decisão judicial não pode ser transferida do juiz para qualquer outro, mas a construção desta haverá de ser democrática, a níveis hoje pouco compreensíveis. O processo deve ter aprimorado seu conteúdo "*participativo*". Alguns aprendizados da mediação e mesmo da conciliação, provavelmente, são o início deste novo e futuro patamar. Provavelmente, tais avanços ainda não possam estar presentes no próximo CPC. Fica para o que lhe suceder.

Outro tema, ainda não totalmente claro para todos, tem urgência maior. Uma sociedade melhor organizada haverá de ter maior número de profissionais do Direito atuando, inclusive como juízes. Não se pode caminhar, demasiadamente, para uma concentração de decisões. É ilusório e profundamente antidemocrático imaginar uma sociedade com poucos processos, pouquíssimos juízes e quase nenhum advogado.

Nós todos estamos capacitados, sim, para debater judicialmente nossas controvérsias e estas existirão ainda por longo período. Estamos bem distantes de uma paz total.

Juízes e Advogados[1]
Debates posteriores à Lei n. 13.015 e anteriores à vigência da Lei n. 13.105

Luiz Alberto de Vargas
FALTA DESCRIÇÃO DO AUTOR

Ricardo Carvalho Fraga
FALTA DESCRIÇÃO DO AUTOR

"Da mihi factum, dabo tibi jus"[2].

1. QUESTÕES ANTERIORES

Em três textos anteriores, se buscou fazer algumas distinções relevantes, nem sempre bem nítidas. Num primeiro, se apontou a finalidade de uma sentença de primeiro grau e um acórdão de segundo grau, cabendo a este uma mais intensa análise das questões *"de direito"*, ou melhor, cabendo a este uma análise mais intensa sobre as possíveis outras interpretações jurídicas, aceitando as mesmas premissas fáticas da sentença de primeiro grau.

Num segundo texto, tentou-se ver a finalidade de um julgamento singular e o estabelecimento de aprendizados sumuláveis. Estes representariam um acréscimo no conhecimento jurídico da comunidade, ainda que não levado para registro em lei.

Num terceiro texto, examinou-se as diferentes atuações dos juízes na construção da solução de determinado caso e dos professores, estes na elaboração de teorias, anteriores ou prévias aos julgamentos, na tentativa de alcançar a coerência do sistema jurídico.[3]

Muito próximo do primeiro dos textos antes mencionado, estão os estudos sobre a exata função revisora dos tribunais. Nestes, sob a coordenação de BenHur Silveira Claus, outros colegas indagam da necessidade de valorização das decisões de primeiro grau.[4]

---

(1) Artigo publicado anteriormente, aqui revisado.

(2) a) Narra-me os fatos e eu te darei o Direito <http://www.jusbrasil.com.br/topicos/295427/damihifactumdabotibijus>. Como curiosidade, em pesquisa de jurisprudência que utilizaram esta frase, foram encontrados 11 documentos: <http://www.legjur.com/jurisprudencia/busca?q=dameosfatosetedareiodireito&op=com>. b) O princípio da ampla tutela jurisdicional e o dever do juiz de apreciar todas as questões. BrunoDi Marino <http://www.migalhas.com.br/dePeso/16,MI4200,81042O+principio+da+ampla+tutela+jurisdicional+e+o+dever+do+juiz+de>. c) Jurisprudência sobre dá-me os fatos e te darei o direito – 11 documentos encontrados. Acessados em agosto de 2015.

(3) Os três textos mencionados são: "**Fatos e Jurisprudência**". Disponível em: <http://www.lavargas.com.br/fatos.html>. Acesso em: 18 nov. 2014; "**Quais Súmulas?**". Disponível em: <http://www.lavargas.com.br/quais.html>. Acesso em: 20 nov. 2014; e "**Juízes e Professores**". Disponível em: <http://www.lavargas.com.br/jp.html>. Acesso em: 19 nov. 2014. Os autores são Luiz Alberto de Vargas e Ricardo Carvalho Fraga. Os três textos, igualmente, foram publicados em algumas Revistas e livros "**Avanços do Direito do Trabalho**", Coordenador Luiz Alberto de Vargas e Ricardo Carvalho Fraga. São Paulo: LTr, 2005 e "**Novos Avanços do Direito do Trabalho**", Coordenador Ricardo Carvalho Fraga e Luiz Alberto de Vargas. São Paulo: LTr, 2011.

(4) "A função revisora dos tribunais – a questão do método no julgamento dos recursos de natureza ordinária" de BenHur Silveira Claus, Ari Pedro Lorenzetti, Ricardo Fioreze, Francisco Rossal de Araújo, Ricardo Martins Costa e Márcio Lima do Amaral, publicado inicialmente pela Femargs – Fundação Escola da Magistratura do Rio Grande do Sul. "A função revisora dos tribunais – a questão da valorização das decisões de primeiro grau – uma proposta *de lege ferenda*: a sentença como primeiro voto no colegiado", dos mesmos seis autores. "A função revisora dos tribunais diante da sentença razoável", de BenHur Silveira Claus.

Neste atual texto, pretende-se debater questões que dizem respeito ao relacionamento juiz-advogado em face de modificações legislativas recentes no processo do trabalho e do aumento das demandas trabalhistas.

2. NOVA REALIDADE, NA ESFERA JURÍDICA

Há cerca de oitenta anos, nos tumultuados anos entre duas guerras mundiais, Calamandrei apresentou seu célebre texto "*Eles os Juízes vistos por um Advogado*", em que lançava luzes sobre as complexas relações entre juízes e advogados. (CALAMANDREI, Piero. *Eles os Juízes vistos por um Advogado*. São Paulo: Martins Fontes, 2000). Há de se reconhecer que, desde então, apesar de terem sido escrito muitos outros trabalhos a respeito do tema, tal obra continua atual e do debate atual se pode dizer que tem produzido muito mais calor do que luz.

Veja-se, a esse respeito, os novos debates que surgem a respeito da Lei n. 13.015, que alterou a sistemática de recursos, no âmbito da Justiça do Trabalho, e a Lei n. 13.105, que estabelece o novo Código de Processo Civil, com sistema recursal não muito distinto ou mesmo semelhante.

Os primeiros momentos de tais alterações legislativas, já vividos inicialmente, na Justiça do Trabalho, dizem respeito às necessárias previsões dos detalhamentos, nos regimentos dos tribunais. No TST, já são conhecidas as primeiras normas, tais como o Ato n. 491 de setembro de 2014, além de outro.[5]

Em ambos os temas, juízes e advogados aparecem em posições diversas. Para os juízes, a alteração processual aparece claramente como uma solução para o excesso de recursos de revista que tramitam no TST, enquanto, para os advogados, há o risco de julgamentos sumários, sem exame da peculiaridade do caso ou, até mesmo, de eventual engessamento da jurisprudência. Quanto ao novo código de processo civil, proclamam os advogados que se trata de uma grande vitória das propostas das entidades da classe das advocacia, enquanto que as entidades da classe da magistratura trabalhista não escondem sua preocupação com o desvirtuamento de princípios específicos do processo trabalhista. Registre-se, já neste momento inicial, a manifestação do STF sobre a ordem cronológica para os julgamentos, após provocação da AMB (<http://www.amb.com.br/novo/?p=25991>).

Exageros à parte, uma análise mais cuidadosa dos problemas imediatos, pode demonstrar que ambos os lados tem ponderáveis razões a seu favor de suas teses.

Dados do Conselho Nacional de Justiça (CNJ) demonstram que os juízes brasileiros tem um dos mais elevados índices de processos por juiz e que, a despeito dos esforços pela elevação da produtividade, a taxa de congestionamento nos tribunais, especialmente os superiores, elevam-se a cada ano. Conforme dados de 2013 (<http://www.acessoajustica.gov.br/>), o Brasil tem 8 juízes para cada 100.000 habitantes, o que os torna os juízes mais produtivos do mundo já que cada juiz brasileiro produz, em média, 1.616 sentenças por ano, contra a média de 959 dos juízes italiano, 689 dos espanhóis e 397 dos portugueses. Ou seja, claramente **julga-se demais** e, principalmente, tem-se elevado índice de recursos. Não parece, assim, estranho que medidas algo drásticas tenham sido propostas pelos magistrados, como eliminação de recursos e aumento do valor de depósitos recursais.

Já os advogados empenham-se em sustentar exatamente o contrário: a necessidade de maior protagonismo do papel do advogado no processo, a moderação da atuação do juiz (princípio da nãosurpresa no processo) e uma intensificação do dever de motivação na decisão judicial. Tais medidas são reivindicadas ainda que, em tese, impliquem em um aumento no tempo de tramitação dos processos. Ou seja: claramente pede-se que se proporcione mais a produção da prova e que as decisões sejam mais fundamentadas e, por tanto, que se julgue **melhor e com mais detalhamento.**

Como se disse, ambos parecem ter razão. Sem algumas medidas, simplificadoras do processo e de uniformização da jurisprudência, ainda que algo limitadoras de um mais amplíssimo direito de recorrer, o aumento incessante do número de processos ajuizados tende a tornar ainda menos célere a Justiça do Trabalho em alguns anos. Por outro lado, quando se espera que o juiz tenha a responsabilidade de apreciar milhares de processos e prolatar centenas de decisões por ano, certamente não se desconhece que a qualidade da prestação jurisdicional pode diminuir em proporção inversa ao incremento da carga de trabalho. Estamos ainda longe de encontrar o equilíbrio entre a necessidade de resolver rapidamente milhões de processos por ano e a de prestar uma jurisdição individualizada que garanta ao cidadão um amplo direito de defesa.

Apesar de tudo, alguns consensos parecem existir: há um número excessivo de processos no país, muito além da estrutura e dos recursos humanos existentes no Poder Judiciário pra resolvê-los; o crescimento incessante

---

(5) TST, Ato n. 491/Segjud.GP, de 23 de setembro de 2014 e Resolução n. 195 de 2 de março de 2015 que aprovou a Instrução Normativa n. 37. No TRT/RS já existe a Resolução Administrativa n. 24 de 13 de julho de 2015. Entre os TRTs, registra-se haver maior detalhamento no TRT/BA, 5ª Região.

dos custos com o Poder Judiciário para ampliação de seus serviços mostra-se ainda insuficiente, ainda que tenha chegado a valores bastante significativos, talvez atingindo seus possíveis limites orçamentários. Paradoxalmente, ainda que não existam pesquisas recentes a esse respeito, a sensação geral é a de que um grande número de lesões a direitos trabalhistas não chega ao judiciário[6], de modo que, caso tal *"demanda reprimida"* se transformasse em processos, o congestionamento da Justiça do Trabalho seria consideravelmente maior.

De forma pouco racional – possivelmente decorrente da grande angústia vivenciada tanto por juízes como por advogados, com tal impasse, ambos parecem abdicar de uma visão mais ampla, que incorpore o ponto de vista alheio e busque soluções compartilhadas, para atribuir ao "outro" a culpa pela frustrações que tal avalanche de processos e tal pressão social cria, derrotando os melhores e mais denodados esforços pessoais e coletivos.

Algumas dificuldades na relação entre advogados e juízes têm sido constatadas no dia-a-dia e, talvez, possam ser explicadas parcialmente por visões unilaterais, sem que se logre obter um fórum adequado para um debate amplo a respeito de soluções para o que se tem chamado o *"congestionamento"* do judiciário. O que parece certo é que pouco se obtém quando se radicaliza a discussão, transformando-a em um improdutivo "cabo de guerra" em que cada parte busca posições mais vantajosas, criando-se um clima de competição que solapa os melhores esforços para uma saída consensual, a única que, efetivamente, pode enfrentar o aumento incessante da demanda e os novos desafios decorrentes de uma sociedade cada vez mais diversificada e complexa.

3. QUESTÕES NOVAS[7]

No momento crítico de avaliação das duas novas leis, antes mencionadas, Leis ns. 13.015 e 13.105, e suas possíveis repercussões no processo do trabalho, estarão melhores aqueles que melhor compreenderem o verdadeiro motivo de tantas divergências e tantas demandas, em um pais complexo e com rol de conhecidos litigantes habituais.

Nos dias atuais, aponte-se o esforço da Associação dos Magistrados Brasileiros, no tema, ou seja, *"Com pesquisa inédita, AMB mapeia os setores que mais usam a Justiça e as causas do congestionamento judicial"*.[8]

O que se destaca em tal estudo é que o Poder Judiciário tem sido utilizado indevidamente por um número bastante reduzido de grandes litigantes, normalmente poderosas organizações privadas e pelo próprio Estado para postergar o devido cumprimento das normas legais, o que representa um alto custo social e econômico para a sociedade como um todo. Em relação aos custos econômicos, há de se considerar não apenas os gastos orçamentários com a máquina judiciária, mas também os custos particulares dos lesados em seu direito que se obrigam a litigar em processos judiciais para verem atendidos direitos que pouco tem de controvérsia jurídica, tratando-se de simples desobediência às normas vigentes.

Em relação a esses custos particulares, dos mais importantes são os custos com advogado, que, ao menos no que diz respeito à Justiça do Trabalho, são quase que integralmente suportados pelo próprio lesado na forma de honorários contratuais, tendo-se em conta que, no processo do trabalho, são muito limitadas as possibilidades de condenação em honorários sucumbenciais e, quando esta acontece, os percentuais deferidos sobre o valor da causa são reduzidos, muitas vezes sequer cobrindo os custos que o advogado teve para atuar no processo.

Quanto aos chamados "grandes litigantes", propostas de ações conjuntas têm sido apresentadas pela AMB e pela Anamatra. Mais do que investigar sobre os responsáveis, além dos litigantes habituais, pelo atual expressivo número de processos, deve-se buscar o motivo primeiro para tal número. Aliás, para chegarmos a uma sociedade civilizada ainda precisaremos de mais judiciário e o amplo acesso a este ainda é um processo incompleto. De um ponto de vista teórico, competiria ao Estado e não apenas ao Judiciário, tornar medidas efetivas para que as leis fossem cumpridas e estas lesões sequer acontecessem, evitando-se na origem a existência de demandas excessivas. Sendo inviável evitar as lesões, seria possível pensar em mecanismos alternativos, patrocinados e incentivados pelo poderes públicos, para que esses conflitos tivessem solução mais pronta e efetiva. Citam-se os debates liderados pelo CNJ em torno de mecanismos alternativos à solução dos conflitos, como a mediação. A esse respeito, é posição histórica destes autores quanto à incompatibilidade da arbitragem e à inconveniência da conciliação extrajudicial em conflitos individuais do trabalho. Porém a mediação, enquanto

---

(6) Ou será que naqueles contratos não trazidos ao conhecimento judicial, o limite da jornada terá sido respeitado, em primeiro e mais simples exemplo.

(7) Sobre o conceito de litigantes habituais, recorde-se a doutrina de Mauro Capelletti.

(8) Notícia disponível em: <http://novo.amb.com.br/?p=23006>. Acesso em: agosto de 2015.

não-obrigatória e com ampla possibilidade de revisão judicial, pode, efetivamente, ser um meio de desafogar o Judiciário sem fazer periclitar direitos. A conciliação é apontada também pelo novo CPC como uma das medidas para enfrentar o grande número de ações judiciais.

Não necessariamente tais iniciativas devem ser entendidas, de um ponto de vista corporativo, como uma limitação ao mercado de trabalho dos advogados. Não se trata de restringir a participação dos advogados nos conflitos, mas tão-somente de deslocar sua atuação de uma até então exclusiva esfera judicial, para um campo mais alargado, da negociação direta entre os litigantes, da advocacia de partido, da consultoria e da assistência técnica à mediação. Trata-se, assim, de repensar a advocacia e, também, de repensar o Judiciário e, com ele, a advocacia e a magistratura.

Sendo inevitável que estas lesões sejam reparadas pelo Judiciário, certamente deve-se pensar para além de ressarcimento integral, que não apenas restitua o direito sonegado, mas inclua reparações materiais e morais ao lesionado incluindo todos os custos do processo. Além disso, a condenação deve incluir o que se tem denominado "*punitive demages*", ou seja, um valor econômico, necessariamente mais elevado, que sirva como desestímulo ao contumaz litigante à prática de novas lesões.

Tudo ainda está em debate e ainda longe de encontrar solução para o excesso de demandas decorrentes de lesões missivas. O que parece possível afirmar, nesse momento, com alguma convicção, é de que não é razoável que, até que tais soluções apareçam, a sociedade aceite que se transfira para o próprio cidadão lesado ou para o profissional advogado que o assiste parte dos custos com a demanda judicial, quando estes deveriam ser suportados pelos que deram motivo para a existência da demanda.

Por outro lado, sem envolver todos os poderes públicos não há como pedir ao Judiciário que encontre soluções para centenas de milhares de conflitos causados exatamente pela omissão e pela ineficiência do Estado em amparar o cidadão, assegurando os direitos que lhe promete o ordenamento jurídico e, em especial, a Constituição.

4. REPENSANDO O JUDICIÁRIO

A uniformização dos entendimentos jurisprudenciais é necessária e, todavia, é tão somente um subtema em debate muito mais amplo. Trata-se de verificar, na prática, as inúmeras consequências do amplo acesso ao Poder Judiciário, iniciado há mais tempo, com as necessárias compreensões sobre as diversas atuações dos profissionais do direito, preferencialmente, complementares.

A própria legitimidade do Estado depende de sua capacidade de dar respostas às numerosas e crescentes demandas da sociedade, cada vez mais exigente e, antes disto, com necessidades inadiáveis. A organização do Poder Judiciário há de ser repensada. Não serve mais, se é que serviu em momento anterior, uma estrutura pouco ágil e pouco participativa, externa e internamente.

Em muitas esferas da organização do Estado, a democracia participativa passou a ser possível e necessária. Sem uma ampla participação da sociedade, não se consegue cumprir algumas tarefas. Não é diferente no Judiciário.

Ora, se muitos de nós já compreendem a possibilidade e necessidade da democracia, externa e interna, nos temas do Judiciário, é de verificar inclusive a oportunidade de novas compreensões nas questões processuais, propriamente ditas.

Na análise comparativa dos sistemas da *common law* e germânico, percebe-se grande e, todavia, não crescente distinção. Ao examinar a França e os Estados Unidos, é observada certa "*continuidade*" neste último. É dito que, na França, o "*julgamento é um texto autosuficiente, cujos efeitos estão confinados no tempo*".[9]

Nos Estados Unidos, ao contrário, o julgamento "*tende mais a corrigir e a reconstruir de modo viável uma relação jurídica na duração do que compensar um dano específico e quantificável do passado*". Dito de outro modo, entre nós, seja França, Brasil ou demais Países, da Europa Continental ainda se tem a crença no julgamento como ato que se segue, sem contratempos, à lei.

Acreditam, ainda muitos, que tudo já estava previsto e que a elaboração das soluções apenas completa uma harmonia. Não notam que ainda muito ou tudo precisa ser construído, a partir do caso concreto e para além deste. É possível, até mesmo, imaginar-se uma "*nova deontologia profissional do magistrado, na qual a figura do juiz seria vista mais como órgão da sociedade civil do que do Estado*".[10]

O juiz já tem sido chamado, a exercer um "*autêntico contrapoder*", dizendo-se de modo mais explícito e talvez um pouco resumido.[11] Neste quadro, mais difícil, torna-se o exercício das atividades jurídicas, sejam

---

(9) GARAPON, Antoine; PAPAPOULOS, Ioannis. "*Julgar nos Estados Unidos e na França – cultura jurídica francesa e comnon Law em uma perspectiva comparada*". Rio de Janeiro: Lumen Juris, 2008. p. 190.

(10) FACCHINI NETO, Eugenio. O Judiciário no Mundo Contemporâneo. *Revista da Ajuris*, Ano XXXIV, n. 108, Dezembro de 2007. p. 157.

(11) Igualmente, Facchini Neto, 2007. p. 161.

judiciais ou correlatas. Mais difíceis, sim, independentemente, de serem mais eficazes ou não.

A existência de *"outros centros de poder"* já foi notada, há bastante tempo.[12] Este autor analisava a origem das diversas *"pressões exercidas"* sobre os juízes. Repete-se que existem diversos núcleos de poder agindo na sociedade, independentemente, de ser algo positivo ou negativo, do ponto de vista democrático ou de aperfeiçoamento institucional. As eventuais distorções, até mesmo, para longe do texto constitucional, são muito indesejáveis e igualmente, por outro lado, nem tanto, imprevistas.

Havendo tais forças sociais e seus movimentos, implícitos ou não, pensando-se no aperfeiçoamento institucional, é pouco defensável a concentração de poderes nas cúpulas do Poder Judiciário. Desde muito, foi dito que *"todos os juízes, e não apenas alguns"* devem controlar os poderes.[13]

Do ponto de vista democrático, assinale-se a relevância social da participação das partes no processo, através dos vários profissionais, que ali atuam. Existe verdadeira construção coletiva das soluções. Não se duvida que estamos em momento de criação, sim, das soluções.

Em certas controvérsias levadas ao exame judicial, talvez, seja útil para todos um *"bombardeo de opiniones y puntos de vista"*, (Daniel Sandoval Cervantes, 2009).[14] Com esta orientação e preocupações mais gerais, torna-se difícil aceitar como solução muito positiva, por exemplo, o previsto no art. 285-A do Código de Processo Civil de 1973, mantido, ainda que bastante modificado, no Código de Processo Civil, de 2016, art. 332. A eventual utilização desta norma, no máximo, deve ocorrer *"de modo extremamente comedido"*.[15]

Recorde-se que a Ordem dos Advogados do Brasil, na sua petição inicial na correspondente Ação Direta de Inconstitucionalidade contra a Lei n. 11.2777, de 2006, que inseriu este artigo, chegou a indicar que estar-se-ia diante de figura estranha, a qual poderia ser chamada de *"sentença vinculante"*. Há de ser preservado o devido processo legal, o contraditório e a ampla defesa, certamente.

5. REPENSANDO A MAGISTRATURA

Tratando da figura do juiz, primeiramente, foi dito que *"el Juez es, por encima de todo, una parte sustancial en la creación del Derecho"*.[16] Cada vez mais, exige-se dos juízes que tenham criatividade e estejam atentos à realidade, com utilização de *"muitas antenas"*[17] ou, mesmo, devem, em determinadas circunstâncias terem *dinâmico atrevimento"*.[18]

Ao contrário do que se tanto se diz, como crítica de um "ativismo" nascido de um ambição de protagonismo, sendo mais apropriado dizer-se que os juízes estão sendo "empurrados" para uma posição mais ativa e comprometida com as expectativas sociais pela pressão avassaladora da própria cidadania que, em um enxurrada de milhões de processos anuais, sacodem as expectativas clássicas de uma magistratura essencialmente passiva e receptiva, placidamente pensada como um ponto alto da autorreflexão social, imaginariamente situada em um torre de marfim acima e além dos tormentosos conflitos terrenos. Se, para Calamendrei, tratava-se chamar à atenção do juiz-torre de marfim para as dramáticas repercussões mundanas de suas teorias, agora se trata de exigir que o juiz decididamente aja, com força e algum destemor, no centro de agudos conflitos sociais, muitas vezes não satisfatoriamente resolvidos, nem pelo administrador, nem mesmo pelo legislador.

A ausência da inovação, em muitas situações é negativamente comprometedora. Em essência, *"também o conservadorismo judiciário, e não apenas o ativismo, pode em certas situações e circunstâncias constituir uma forma de compromisso partidário, de parcialidade portanto, e por isso de derrogação daquelas "virtudes" – uma verdade que às vezes é necessário lembrar recordar aos juízes, sobretudo aos dos tribunais superiores"*.[19]

Mais recentemente, o sistema recursal na Justiça do Trabalho modificou-se em muito, com a Lei n. 13.015, havendo semelhança ao previsto no Código de Processo Civil de 2016, Lei n. 13.105. Desde logo, bem próximo

---

(12) CAPPELLETTI, Mauro. *Juízes Legisladores*. Porto Alegre: Sergio Antonio Fabris Editor, 1993 com reimpressão em 1999, p. 33.

(13) Cappelletti, 1999. p. 49.

(14) CERVANTES, Daniel Sandoval. No deje que el derecho lo domine, es usted el que debe dominar el derecho. *Revista de Derechos Humanos y Estudios Sociales*, ano 1, n. 2, julio-diciembre, 2009.

(15) WAMBIER, Luiz Rodrigues; WAMBIER, Teresa Arruda Alvim; MEDINA, José Miguel Garcia. *Breves Comentários a Nova Sistemática Processual Civil*. São Paulo: Revista dos Tribunais, 2006. p. 71.

(16) PALLÍN, José Antonio Martín. ¿Para qué sirven los jueces? El País, 28.11.2010, Introdução.

(17) CAPPELLETTI, Mauro. *Juízes Irresponsáveis?* Porto Alegre: Sergio Antonio Fabris Editor, 1989. p. 92.

(18) Cappelletti, 1999. p. 92.

(19) Cappelletti, 1999, mesma. p. 92.

das preocupações das presentes linhas, apontem-se os "*novos conceitos overruling e distinguishing*".[20]

Entretanto, a descoberta tardia da jurisprudência casuística americana não se faz no contexto de um "redescoberta do específico", mas justamente em meio a um colossal apelo pela resolução pronta de conflitos repetitivos que, por estarem no Judiciário (quando teoricamente seriam muito melhor resolvidos pelos outros poderes da República), terminam por desembocar no Judiciário e ali encontram a derradeira promessa de solução, exigindo do Judiciário, para além da referida criatividade, discernimento e clarividência políticas que, possivelmente, não socorreram autoridades administrativas e legislativas que precederam o judiciário na análise desses conflitos.

Se o juiz passa a ser uma peça da engrenagem da máquina estatal de prestação de serviços públicos, o advogado se torna um agente social que intermedeia o cidadão e as políticas públicas, tendo sido ambos, juiz e advogado, arrastados a papéis bem diversos do modelo tradicionalmente pensado e classicamente relatado por Calamandrei.

6. REPENSANDO A ADVOCACIA

No passado e, muito mais, no presente e futuro, será imperioso que os advogados estejam integrados na sociedade, como um todo, cientes das possibilidades das diversas soluções, e profundamente conhecedores da situação peculiar de seus clientes neste contexto. A compreensão da realidade mais ampla auxilia na percepção do que seja peculiar a um ou outro caso.

Aos juízes, muito mais do que antes, os ouvidos serão tão ou mais úteis do que boca. Parece urgente um debate amplo e elevado entre a magistrados e advogados, em que se perceba que os problemas cotidianos que afligem a ambos decorrem de um excesso de processos que comprometem uma mais célere e melhor prestação jurisdicional, ao mesmo tempo que comprometem e tendem a inviabilizar a atuação profissional do advogado. Não se logrará a solução de qualquer destes problemas sem um esforço coletivo que envolva toda a comunidade trabalhista.

Durante estes últimos setenta anos de existência a Justiça do Trabalho sempre respondeu a todas as crises e até mesmo às ameaças de extinção reinventando-se e encontrando formas criativas para melhorar e ampliar a prestação jurisdicional, com o que concorreram de forma imprescindível seus magistrados, advogados, servidores e auxiliares. Assim ocorreu em 1988, na promulgação da nova Constituição, na Reforma do Judiciário, na implantação do sumaríssimo, na ampliação de competência e, agora, no processo eletrônico e na uniformização da jurisprudência e nos debates do novo CPC.

Hoje, não são poucos os temas classificados como "*relevantes*", pelo Supremo Tribunal Federal.[21] Não se pode acreditar que todos os juízes e advogados tenham participação direta nos debates processuais em todos este temas. Nem mesmo, se espera que existam "*audiências públicas*" para todos os temas.

Não se tem a expectativa de que todos opinem sobre todas as controvérsias jurídicas. Todavia, se busca demonstrar que os dias atuais não são mais compatíveis com debates restritos. Mais ainda, alguém há de apontar que, próximos aos temas mais relevantes, existem outros com alguma diversidade. Também estes merecem exame judicial. Recorde-se a relevância da previsão de que "*a lei não excluirá da apreciação do Poder Judiciário lesão ou ameaça a direito*".[22]

7. CONCLUSÕES

a) num primeiro momento das vigências das Leis ns. 13.015 e 13.015, relevante atenção será com as cabíveis regulamentações dos procedimentos recursais, seja com dedicação apressada ou não; talvez seja possível, em meio a tais debates, criar um ambiente propício para uma discussão aberta e franca entre magistrados e advogados que tenha por rumo um judiciário mais democrático, mais eficiente e melhor aparelhado para enfrentar maiores e mais exigentes demandas;

b) num segundo momento, o envolvimento de toda sociedade, em especial dos demais poderes, será essencial para a solução das demandas repetitivas e para o congestionamento do Judiciário;

c) por fim, repensar as atuações dos juízes e dos advogados, compreendendo que ambos são essenciais ao funcionamento da Justiça.

---

(20) "Novos Conceitos – Lei n. 13.015/2014 e futuro CPC", de Ricardo Carvalho Fraga, Claudio Antonio Cassou Barbosa, Maria Madalena Telesca, Gilberto Souza dos Santos e Marcos Fagundes Salomão. Texto disponível, entre outros, em: <http://www.amatra4.org.br/images/stories/pdf/T3_Novos_Conceitos.pdf>, bem como em: <http://www.ajuris.org.br/2015/07/03/novosconceitoslei130152014efuturocpc/>. Acessos em: agosto de 2015.

(21) Os temas com repercussão geral reconhecida e com mérito pendente de julgamento estão disponíveis em: <http://www.stf.jus.br/portal/cms/verTexto.asp?servico=jurisprudenciaRe percussaoGeral&pagina=listas_rg>. Acesso em: 21 maio 2015.

(22) Constituição, art. 5º, inciso XXXV.

A Ação Rescisória no Processo do Trabalho e o Novo CPC

Francisco Rossal de Araújo
Desembargador Federal do Trabalho – TRT 4ª Região.
Professor de Direito do Trabalho e
Processo do Trabalho na Universidade Federal do Rio Grande do Sul (UFRGS)

INTRODUÇÃO

Desconstituir a coisa julgada é o objetivo da ação rescisória e, por isso, elemento central de sua definição. Tendo em vista esta característica, a ação rescisória conecta-se com o tema da segurança jurídica, pois, pendente de ação rescisória, a prestação jurisdicional ainda pode ser modificada. Por este mesmo motivo, a ação rescisória tem traços em comum com o tema dos recursos.

O objetivo deste estudo é mapear os principais temas relacionados com a ação rescisória no âmbito da jurisdição trabalhista, apresentando uma visão atualizada do tema, de acordo com as diretrizes traçadas pelo novo CPC (Lei n. 13.105/2015) e sua aplicação subsidiária/supletiva ao Processo do Trabalho. Na primeira parte, serão estudados o conceito e as principais características deste instituto. A seguir, serão analisadas as hipóteses de rescindibilidade, tais como previstas no art. 966 do CPC. Após, será abordada a legitimidade e, em seguida, os requisitos formais, competência e procedimento.

1. CONCEITO E CARACTERÍSTICAS

A ação rescisória é aquela que visa a desconstituir a coisa julgada. É uma relativização do princípio da Segurança Jurídica e, por essa razão, sua proposição somente é admitida em hipóteses excepcionais, quando existirem graves vícios na decisão impugnada.

A ação rescisória não é recurso. Para ser recurso são necessárias três características: abordagem de *error in judicando* e *error in procedendo*, ser exercido na mesma relação processual e adiar a coisa julgada. A ação rescisória é uma ação autônoma, que é exercida após a materialização da coisa julgada e em processo diferente daquele em que foi prolatada a decisão rescindenda. Pode atacar tanto um *error in procedendo* (infringência do Juiz encarregado de dirigir o processo de qualquer norma procedimental que ponha em risco a relação jurídico processual) quanto *error in judicando* (vício de fundo, de natureza substancial, que provoca a injustiça do ato processual). Não visa adiar a coisa julgada, mas desconstituí-la.

As hipóteses de rescisão da sentença de mérito, são taxativas e enunciadas no art. 966, CPC.

A ação rescisória tem dois objetivos: rescindir a coisa julgada (declaração) e promover novo julgamento. É um instrumento para a tutela do direito justo e do processo justo. Não constitui instrumento para a tutela da ordem jurídica, mesmo quando fundada em ofensa à norma jurídica. Portanto, pertence ao campo da tutela dos direitos em particular, e não ao âmbito da tutela em dimensão geral. Em outras palavras, não serve para reexaminar a prova e corrigir a justiça da decisão. É uma medida excepcional e seu fundamento é restrito às hipóteses taxativas do art. 966, do CPC.

Nesse sentido, no Processo do Trabalho, diferencia-se do recurso de revista e, no Processo Civil, diferencia-se do recurso especial. Embora com este comungue um dos pressupostos, a violação de dispositivo literal de lei, o que faz aproximar a jurisprudência neste ponto específico. Entretanto, a ação rescisória tem como objetivo o caso concreto e o recurso de revista e o recurso especial, por seu turno, têm como objetivo a interpretação objetiva do direito e sua respectiva homogeneização pela corte extraordinária.

Em um sistema de precedentes, como quer institui o novo CPC (arts. 926 e 927) e em harmonia com a Constituição (arts. 102, III e 105, III), podem ocorrer, em um dado momento, interpretações diversas de alguma norma constitucional ou legal. Por essa razão, não constitui motivo para ação rescisória para desconstituir coisa julgada, quando ao tempo do julgamento, havia controvérsia na jurisprudência sobre a questão enfrentada.

Um exemplo dessa perspectiva, são as Súmulas n. 343, do STF e n. 83, do TST:

> *Súmula n. 343 STF – Não cabe ação rescisória por ofensa a literal disposição de lei, quando a decisão rescindenda se tiver baseado em texto legal de interpretação controvertida nos tribunais.*
>
> *Súmula n. 83 do TST – AÇÃO RESCISÓRIA. MATÉRIA CONTROVERTIDA (incorporada a Orientação Jurisprudencial n. 77 da SBDI-2) – Res. n. 137/2005, DJ 22, 23 e 24.08.2005*
>
> *I – Não procede pedido formulado na ação rescisória por violação literal de lei se a decisão rescindenda estiver baseada em texto legal infraconstitucional de interpretação controvertida nos Tribunais. (ex-Súmula n. 83 – alterada pela Res. n. 121/2003, DJ 21.11.2003)*
>
> *II – O marco divisor quanto a ser, ou não, controvertida, nos Tribunais, a interpretação dos dispositivos legais citados na ação rescisória é a data da inclusão, na Orientação Jurisprudencial do TST, da matéria discutida. (ex-OJ n. 77 da SBDI-2 – inserida em 13.03.2002)*

Também não se confunde a ação rescisória com o recurso de revista no Processo do Trabalho no que tange ao pressuposto de admissibilidade previsto nos arts. 896, *a* e *b*, da CLT, ou seja, a divergência jurisprudencial. A ação rescisória não é admitida para analisar confronto de jurisprudência entre tribunais de diferentes regiões ou entre TRTs e o TST. Nesse sentido, a Súmula n. 413, do TST:

> *Súmula n. 413 do TST – AÇÃO RESCISÓRIA. SENTENÇA DE MÉRITO. VIOLAÇÃO DO Art. 896, "A", DA CLT (nova redação em decorrência do CPC de 2015) – Res. n. 209/2016, DEJT divulgado em 01, 02 e 03.07.2016.*
>
> *É incabível ação rescisória, por violação do art. 896, a, da CLT, contra decisão transitada em julgado sob a égide do CPC de 1973 que não conhece de recurso de revista, com base em divergência jurisprudencial, pois não se cuidava de sentença de mérito (art. 485 do CPC de 1973). (ex-OJ n. 47 da SBDI-2 – inserida em 20.11.2000)*

A decisão deve ser de mérito. Para que seja sentença de mérito, tem de observar alguns requisitos de existência (jurisdição do juiz, petição inicial, capacidade postulatória, e citação do réu), requisitos de validade (juiz não impedido, juiz que não seja absolutamente incompetente, petição inicial apta, citação regular do réu, inexistência de coisa julga, litispendência ou perempção) e condições da ação (legitimidade de parte e interesse de agir).

Somente pode ser objeto de rescisão, acórdão que conhece do recurso, isto é, que lhe julga o mérito, provendo ou negando provimento. A decisão que julga o mérito do recurso substitui a decisão recorrida (art. 1.008, do CPC). Nesse caso, não há substituição da sentença pelo recurso. Por essa razão, se o acórdão não for conhecido, dele não cabe ação rescisória. Caberá da sentença de mérito que permanece intacta.

Sobre decisão de mérito e pronunciamento explícito a respeito da matéria debatida na rescisória, ver Súmula n. 298, TST:

> *Súmula n. 298 do TST – AÇÃO RESCISÓRIA. VIOLAÇÃO A DISPOSIÇÃO DE LEI. PRONUNCIAMENTO EXPLÍCITO (Redação alterada pelo Tribunal Pleno na sessão realizada em 6.2.2012) – Res. n. 177/2012, DEJT divulgado em 13, 14 e 15.02.2012*
>
> *I – A conclusão acerca da ocorrência de violação literal a disposição de lei pressupõe pronunciamento explícito, na sentença rescindenda, sobre a matéria veiculada.*
>
> *II – O pronunciamento explícito exigido em ação rescisória diz respeito à matéria e ao enfoque específico da tese debatida na ação, e não, necessariamente, ao dispositivo legal tido por violado. Basta que o conteúdo da norma reputada violada haja sido abordado na decisão rescindenda para que se considere preenchido o pressuposto.*
>
> *III – Para efeito de ação rescisória, considera-se pronunciada explicitamente a matéria tratada na sentença quando, examinando remessa de ofício, o Tribunal simplesmente a confirma.*
>
> *IV – A sentença meramente homologatória, que silencia sobre os motivos de convencimento do juiz, não se mostra rescindível, por ausência de pronunciamento explícito.*
>
> *V – Não é absoluta a exigência de pronunciamento explícito na ação rescisória, ainda que esta tenha por*

fundamento violação de dispositivo de lei. Assim, prescindível o pronunciamento explícito quando o vício nasce no próprio julgamento, como se dá com a sentença "extra, citra e ultra petita".

A Súmula n. 192, do TST, relaciona o exame do mérito da causa com a competência para julgamento da ação rescisória. A referência ao art. 512 do CPC/1973 (itens III e IV da Súmula), agora está no art. 921 do CPC/2015. O texto é o seguinte:

Súmula n. 192 do TST – AÇÃO RESCISÓRIA. COMPETÊNCIA (atualizada em decorrência do CPC de 2015) – Res. n. 212/2016, DEJT divulgado em 20, 21 e 22.09.2016

I – Se não houver o conhecimento de recurso de revista ou de embargos, a competência para julgar ação que vise a rescindir a decisão de mérito é do Tribunal Regional do Trabalho, ressalvado o disposto no item II.

II – Acórdão rescindendo do Tribunal Superior do Trabalho que não conhece de recurso de embargos ou de revista, analisando arguição de violação de dispositivo de lei material ou decidindo em consonância com súmula de direito material ou com iterativa, notória e atual jurisprudência de direito material da Seção de Dissídios Individuais (Súmula n. 333), examina o mérito da causa, cabendo ação rescisória da competência do Tribunal Superior do Trabalho. (ex-Súmula n. 192 – alterada pela Res. n. 121/2003, DJ 21.11.2003)

III – Sob a égide do art. 512 do CPC de 1973, é juridicamente impossível o pedido explícito de desconstituição de sentença quando substituída por acórdão do Tribunal Regional ou superveniente sentença homologatória de acordo que puser fim ao litígio.

IV – Na vigência do CPC de 1973, é manifesta a impossibilidade jurídica do pedido de rescisão de julgado proferido em agravo de instrumento que, limitando-se a aferir o eventual desacerto do juízo negativo de admissibilidade do recurso de revista, não substitui o acórdão regional, na forma do art. 512 do CPC. (ex-OJ n. 105 da SBDI-2 – DJ 29.04.2003)

V – A decisão proferida pela SBDI, em agravo regimental, calcada na Súmula n. 333, substitui acórdão de Turma do TST, porque emite juízo de mérito, comportando, em tese, o corte rescisório. (ex-OJ n. 133 da SBDI-2 – DJ 04.05.2004).

Também podem ser objeto de ação rescisória decisões que, embora não sendo de mérito, impeçam a sua posterior discussão ou a sua rediscussão de maneira definitiva (art. 966, § 2º, CPC). Assim, nas hipóteses de decisão sobre litispendência, coisa julgada, perempção, intransmissibilidade da ação em virtude de morte da parte, homologação de desistência e perempção, caberá a ação rescisória.

Outros exemplos dessa discussão podem ser encontrados nas Súmulas n. 411 e 412 do TST:

Súmula n. 411 do TST – AÇÃO RESCISÓRIA. SENTENÇA DE MÉRITO. DECISÃO DE TRIBUNAL REGIONAL DO TRABALHO EM AGRAVO REGIMENTAL CONFIRMANDO DECISÃO MONOCRÁTICA DO RELATOR QUE, APLICANDO A SÚMULA N. 83 DO TST, INDEFERIU A PETIÇÃO INICIAL DA AÇÃO RESCISÓRIA. CABIMENTO (conversão da Orientação Jurisprudencial n. 43 da SBDI-2) – Res. n. 137/2005, DJ 22, 23 e 24.08.2005

Se a decisão recorrida, em agravo regimental, aprecia a matéria na fundamentação, sob o enfoque das Súmulas ns. 83 do TST e 343 do STF, constitui sentença de mérito, ainda que haja resultado no indeferimento da petição inicial e na extinção do processo sem julgamento do mérito. Sujeita-se, assim, à reforma pelo TST, a decisão do Tribunal que, invocando controvérsia na interpretação da lei, indefere a petição inicial de ação rescisória. (ex-OJ n. 43 da SBDI-2 – inserida em 20.09.2000)

Súmula n. 412 do TST – AÇÃO RESCISÓRIA. SENTENÇA DE MÉRITO. QUESTÃO PROCESSUAL (conversão da Orientação Jurisprudencial n. 46 da SBDI-2) – Res. n. 137/2005, DJ 22, 23 e 24.08.2005

Pode uma questão processual ser objeto de rescisão desde que consista em pressuposto de validade de uma sentença de mérito. (ex-OJ n. 46 da SBDI-2 – inserida em 20.09.2000)

Em tese, é possível ação rescisória de ação rescisória. Entretanto, o vício a ser apontado nesse caso, deve ser na ação rescisória atacada, e não na sentença rescindenda original. Nesse sentido, ver Súmula n. 400, do TST:

Súmula n. 400 do TST – AÇÃO RESCISÓRIA DE AÇÃO RESCISÓRIA. VIOLAÇÃO MANIFESTA DE NORMA JURÍDICA. INDICAÇÃO DA MESMA NORMA JURÍDICA APONTADA NA RESCISÓRIA PRIMITIVA (MESMO DISPOSITIVO DE LEI SOB O CPC DE 1973). (Nova redação em decorrência do CPC de 2015) – Res. n. 208/2016, DEJT divulgado em 22, 25 e 26.04.2016

Em se tratando de rescisória de rescisória, o vício apontado deve nascer na decisão rescindenda, não se admitindo a rediscussão do acerto do julgamento da rescisória anterior. Assim, não procede rescisória calcada no inciso V do art. 966 do CPC de 2015 (art. 485, V, do CPC de 1973) para discussão, por má aplicação da mesma norma jurídica, tida por violada na rescisória anterior, bem como para arguição de questões inerentes à ação rescisória primitiva. (ex-OJ n. 95 da SBDI-2 – inserida em 27.09.2002 e alterada DJ 16.04.2004)

A ação rescisória pode ser parcial (art. 966, § 3º, CPC).

Os atos de disposição de direitos, sejam praticados pelas partes ou outros participantes, homologados em Juízo, bem como os atos homologatórios praticados no curso da execução, pelo sistema do novo CPC, são objeto de ação anulatória, e não mais ação rescisória (art. 966, § 4º). Como consequência do art. 966, § 4º, do CPC, deverá ser revista a posição das Súmulas n. 100, V, e 259 do TST, que afirma que os acordos trabalhistas somente poderão ser atacados por ação rescisória. O texto mencionado é o seguinte:

> *Súmula n. 100 do TST – AÇÃO RESCISÓRIA. DECADÊNCIA (incorporadas as Orientações Jurisprudenciais ns. 13, 16, 79, 102, 104, 122 e 145 da SBDI-2) – Res. n. 137/2005, DJ 22, 23 e 24.08.2005*
>
> ...
>
> *V – O acordo homologado judicialmente tem força de decisão irrecorrível, na forma do art. 831 da CLT. Assim sendo, o termo conciliatório transita em julgado na data da sua homologação judicial. (ex-OJ n. 104 da SBDI-2 – DJ 29.04.2003)*
>
> ..."
>
> *Súmula n. 259 do TST – TERMO DE CONCILIAÇÃO. AÇÃO RESCISÓRIA (mantida) – Res. n. 121/2003, DJ 19, 20 e 21.11.2003*
>
> *Só por ação rescisória é impugnável o termo de conciliação previsto no parágrafo único do art. 831 da CLT.*

As hipóteses legais de cabimento estão no art. 966, do CPC, cujo texto é o seguinte:

> *Art. 966. A decisão de mérito, transitada em julgado, pode ser rescindida quando:*
>
> *I – se verificar que foi proferida por força de prevaricação, concussão ou corrupção do juiz;*
>
> *II – for proferida por juiz impedido ou por juízo absolutamente incompetente;*
>
> *III – resultar de dolo ou coação da parte vencedora em detrimento da parte vencida ou, ainda, de simulação ou colusão entre as partes, a fim de fraudar a lei;*
>
> *IV – ofender a coisa julgada;*
>
> *V – violar manifestamente norma jurídica;*
>
> *VI – for fundada em prova cuja falsidade tenha sido apurada em processo criminal ou venha a ser demonstrada na própria ação rescisória;*
>
> *VII – obtiver o autor, posteriormente ao trânsito em julgado, prova nova cuja existência ignorava ou de que não pôde fazer uso, capaz, por si só, de lhe assegurar pronunciamento favorável;*
>
> *VIII – for fundada em erro de fato verificável do exame dos autos.*
>
> *§ 1º Há erro de fato quando a decisão rescindenda admitir fato inexistente ou quando considerar inexistente fato efetivamente ocorrido, sendo indispensável, em ambos os casos, que o fato não represente ponto controvertido sobre o qual o juiz deveria ter se pronunciado.*
>
> *§ 2º Nas hipóteses previstas nos incisos do caput, será rescindível a decisão transitada em julgado que, embora não seja de mérito, impeça:*
>
> *I – nova propositura da demanda; ou*
>
> *II – admissibilidade do recurso correspondente.*
>
> *§ 3º A ação rescisória pode ter por objeto apenas 1 (um) capítulo da decisão.*
>
> *§ 4º Os atos de disposição de direitos, praticados pelas partes ou por outros participantes do processo e homologados pelo juízo, bem como os atos homologatórios praticados no curso da execução, estão sujeitos à anulação, nos termos da lei.*

2. HIPÓTESES DE RESCINDIBILIDADE DA SENTENÇA

1) Art. 966, inciso I – Prevaricação (art. 319, CP), concussão (art. 316, CP) e corrupção passiva (art. 317, CP) do Juiz

A ação rescisória poderá ser ajuizada por prevaricação, concussão ou corrupção passiva do Juiz. Não se exige que o Juiz tenha sido previamente condenado em processo criminal e a apuração dos fatos pode ser feita na própria ação rescisória (art. 972, CPC). Havendo ação penal em curso, a possibilidade de suspender a ação rescisória obedece ao disposto no art. 315, CPC.

Os tipos penais são assim descritos no Código Penal:

> *Prevaricação*
>
> *Art. 319 – Retardar ou deixar de praticar, indevidamente, ato de ofício, ou praticá-lo contra disposição expressa de lei, para satisfazer interesse ou sentimento pessoal:*
>
> *Pena – detenção, de três meses a um ano, e multa.*
>
> *Concussão*
>
> *Art. 316 – Exigir, para si ou para outrem, direta ou indiretamente, ainda que fora da função ou antes de assumi-la, mas em razão dela, vantagem indevida:*
>
> *Pena – reclusão, de dois a oito anos, e multa.*
>
> *Corrupção passiva*
>
> *Art. 317 – Solicitar ou receber, para si ou para outrem, direta ou indiretamente, ainda que fora da função ou antes de assumi-la, mas em razão dela, vantagem indevida, ou aceitar promessa de tal vantagem:*
>
> *Pena – reclusão, de 2 (dois) a 12 (doze) anos, e multa. (Redação dada pela Lei n. 10.763, de 12.11.2003)*

> § 1º – A pena é aumentada de um terço, se, em consequência da vantagem ou promessa, o funcionário retarda ou deixa de praticar qualquer ato de ofício ou o pratica infringindo dever funcional.
>
> § 2º – Se o funcionário pratica, deixa de praticar ou retarda ato de ofício, com infração de dever funcional, cedendo a pedido ou influência de outrem:
>
> Pena – detenção, de três meses a um ano, ou multa.

Se o crime for objeto de apuração na ação rescisória, deverá o Ministério Público ser comunicado para a instauração da respectiva ação penal.

2) Art. 966, inciso II – Impedimento ou incompetência absoluta do Juiz prolator da sentença

Sentenças prolatadas por Juiz impedido ou absolutamente incompetente são nulas. Reputa-se tão grave o defeito que, mesmo transitadas em julgado, é possível rescindi-las.

A lei veda a atuação do Juiz nos casos de impedimento. Trata-se de uma presunção absoluta. Os casos de impedimento estão dispostos no art. 144, CPC. O texto legal é o seguinte:

> Art. 144. Há impedimento do juiz, sendo-lhe vedado exercer suas funções no processo:
>
> I – em que interveio como mandatário da parte, oficiou como perito, funcionou como membro do Ministério Público ou prestou depoimento como testemunha;
>
> II – de que conheceu em outro grau de jurisdição, tendo proferido decisão;
>
> III – quando nele estiver postulando, como defensor público, advogado ou membro do Ministério Público, seu cônjuge ou companheiro, ou qualquer parente, consanguíneo ou afim, em linha reta ou colateral, até o terceiro grau, inclusive;
>
> IV – quando for parte no processo ele próprio, seu cônjuge ou companheiro, ou parente, consanguíneo ou afim, em linha reta ou colateral, até o terceiro grau, inclusive;
>
> V – quando for sócio ou membro de direção ou de administração de pessoa jurídica parte no processo;
>
> VI – quando for herdeiro presuntivo, donatário ou empregador de qualquer das partes;
>
> VII – em que figure como parte instituição de ensino com a qual tenha relação de emprego ou decorrente de contrato de prestação de serviços;
>
> VIII – em que figure como parte cliente do escritório de advocacia de seu cônjuge, companheiro ou parente, consanguíneo ou afim, em linha reta ou colateral, até o terceiro grau, inclusive, mesmo que patrocinado por advogado de outro escritório;
>
> IX – quando promover ação contra a parte ou seu advogado.
>
> § 1º Na hipótese do inciso III, o impedimento só se verifica quando o defensor público, o advogado ou o membro do Ministério Público já integrava o processo antes do início da atividade judicante do juiz.
>
> § 2º É vedada a criação de fato superveniente a fim de caracterizar impedimento do juiz.
>
> § 3º O impedimento previsto no inciso III também se verifica no caso de mandato conferido a membro de escritório de advocacia que tenha em seus quadros advogado que individualmente ostente a condição nele prevista, mesmo que não intervenha diretamente no processo.

A competência absoluta está disciplinada no art. 64, CPC. A competência material e funcional são de natureza absoluta, ligadas ao interesse público. Devem ser pronunciadas de ofício pelo Juiz e podem ser arguidas a qualquer tempo e grau de jurisdição (art. 485, IV, § 3º, e art. 337, II e § 5º, CPC). São pressupostos processuais de validade do processo.

No Processo do Trabalho, a competência em razão da matéria é disciplinada pelo art. 114 da Constituição e pelo art. 652, CLT. O texto constitucional é o seguinte:

> Art. 114. Compete à Justiça do Trabalho processar e julgar: (Redação dada pela Emenda Constitucional n. 45, de 2004)
>
> I – as ações oriundas da relação de trabalho, abrangidos os entes de direito público externo e da administração pública direta e indireta da União, dos Estados, do Distrito Federal e dos Municípios; (Incluído pela Emenda Constitucional n. 45, de 2004)
>
> II – as ações que envolvam exercício do direito de greve; (Incluído pela Emenda Constitucional n. 45, de 2004)
>
> III – as ações sobre representação sindical, entre sindicatos, entre sindicatos e trabalhadores, e entre sindicatos e empregadores; (Incluído pela Emenda Constitucional n. 45, de 2004)
>
> IV – os mandados de segurança, habeas corpus e habeas data, quando o ato questionado envolver matéria sujeita à sua jurisdição; (Incluído pela Emenda Constitucional n. 45, de 2004)
>
> V – os conflitos de competência entre órgãos com jurisdição trabalhista, ressalvado o disposto no art. 102, I, o; (Incluído pela Emenda Constitucional n. 45, de 2004)
>
> VI – as ações de indenização por dano moral ou patrimonial, decorrentes da relação de trabalho; (Incluído pela Emenda Constitucional n. 45, de 2004)
>
> VII – as ações relativas às penalidades administrativas impostas aos empregadores pelos órgãos de fiscalização das relações de trabalho; (Incluído pela Emenda Constitucional n. 45, de 2004)

VIII – a execução, de ofício, das contribuições sociais previstas no art. 195, I, a , e II, e seus acréscimos legais, decorrentes das sentenças que proferir; (Incluído pela Emenda Constitucional n. 45, de 2004)

IX – outras controvérsias decorrentes da relação de trabalho, na forma da lei. (Incluído pela Emenda Constitucional n. 45, de 2004)

§ 1º Frustrada a negociação coletiva, as partes poderão eleger árbitros.

§ 2º Recusando-se qualquer das partes à negociação coletiva ou à arbitragem, é facultado às mesmas, de comum acordo, ajuizar dissídio coletivo de natureza econômica, podendo a Justiça do Trabalho decidir o conflito, respeitadas as disposições mínimas legais de proteção ao trabalho, bem como as convencionadas anteriormente. (Redação dada pela Emenda Constitucional n. 45, de 2004)

§ 3º Em caso de greve em atividade essencial, com possibilidade de lesão do interesse público, o Ministério Público do Trabalho poderá ajuizar dissídio coletivo, competindo à Justiça do Trabalho decidir o conflito. (Redação dada pela Emenda Constitucional n. 45, de 2004)

O art. 652 da CLT tem a seguinte redação:

Art. 652 – Compete às Juntas de Conciliação e Julgamento: (Vide Constituição Federal de 1988)

a) conciliar e julgar:

I – os dissídios em que se pretenda o reconhecimento da estabilidade de empregado;

II – os dissídios concernentes a remuneração, férias e indenizações por motivo de rescisão do contrato individual de trabalho;

III – os dissídios resultantes de contratos de empreitadas em que o empreiteiro seja operário ou artífice;

IV – os demais dissídios concernentes ao contrato individual de trabalho;

b) processar e julgar os inquéritos para apuração de falta grave;

c) julgar os embargos opostos às suas próprias decisões;

d) impor multas e demais penalidades relativas aos atos de sua competência; (Redação dada pelo Decreto-lei n. 6.353, de 20.03.1944)

e) (Suprimida pelo Decreto-lei n. 6.353, de 20.03.1944)

V – as ações entre trabalhadores portuários e os operadores portuários ou o Órgão Gestor de Mão-de-Obra – OGMO decorrentes da relação de trabalho; (Incluído pela Medida Provisória n. 2.164-41, de 2001)

Parágrafo único – Terão preferência para julgamento os dissídios sobre pagamento de salário e aqueles que derivarem da falência do empregador, podendo o Presidente da Junta, a pedido do interessado, constituir processo em separado, sempre que a reclamação também versar sobre outros assuntos. (Vide Constituição Federal de 1988)

A suspeição do Juiz (art. 145, CPC), não é elencada como situação passível de ação rescisória. Trata-se de uma nulidade relativa, sujeita à preclusão. Tampouco as hipóteses de competência relativa (competência territorial e pelo valor da causa) que, se não alegadas, prorrogam a competência (art. 65, CPC).

3) Art. 966, inciso III – Dolo, coação, colusão ou simulação, com objetivo de fraude à lei

Agir dolosamente é induzir outra pessoa em erro, com intenção de prejudicar. O dolo é causa de anulabilidade do negócio jurídico. O dolo de que trata o art. 966, III, CPC, não é o dolo material (arts. 145 a 150, CC), mas sim o dolo processual (art. 5º, 77 e 80, do CPC). Exige-se nexo de causalidade entre o comportamento doloso (induzir alguém a erro com intenção de prejudicar) e o pronunciamento jurisdicional prejudicial.

Sobre o dolo em ação rescisória no Processo do Trabalho, ver Súmula n. 403, do TST:

> *Súmula n. 403 do TST – AÇÃO RESCISÓRIA. DOLO DA PARTE VENCEDORA EM DETRIMENTO DA VENCIDA. Art. 485, III, DO CPC (conversão das Orientações Jurisprudenciais ns. 111 e 125 da SBDI-2) – Res. n. 137/2005, DJ 22, 23 e 24.08.2005*
>
> *I – Não caracteriza dolo processual, previsto no art. 485, III, do CPC, o simples fato de a parte vencedora haver silenciado a respeito de fatos contrários a ela, porque o procedimento, por si só, não constitui ardil do qual resulte cerceamento de defesa e, em conseqüência, desvie o juiz de uma sentença não-condizente com a verdade. (ex-OJ n. 125 da SBDI-2 – DJ 09.12.2003)*
>
> *II – Se a decisão rescindenda é homologatória de acordo, não há parte vencedora ou vencida, razão pela qual não é possível a sua desconstituição calcada no inciso III do art. 485 do CPC (dolo da parte vencedora em detrimento da vencida), pois constitui fundamento de rescindibilidade que supõe solução jurisdicional para a lide. (ex-OJ n. 111 da SBDI-2 – DJ 29.04.2003)*

A redação da Súmula mencionada ainda se refere ao dispositivo legal do CPC/1973. A referência no novo CPC é o art. 966, III. O dolo, como motivo de rescisão da sentença, deve ser unilateral. Se for de ambas as partes, não se trata de dolo, mas colusão. Esse é o intuito do inciso n. II da Súmula.

A colusão é a utilização do processo pelas partes em conluio, com a intenção de fraudar a lei (art. 142, CPC). A simulação é fazer parecer algo que não é. Dissimulação é ocultar algo que é. Ambas as definições estão incluídas no conceito de Simulação (art. 167, CC). O CPC, neste ponto, inclui o vício processual (colusão) e o vício material (simulação), como hipóteses de rescindibilidade da sentença.

O processo simulado está previsto no art. 142, do CPC. Na Justiça do Trabalho, aparecem as "lides simuladas", onde autor e réu se utilizam fraudulentamente do Poder Judiciário para lesar, por exemplo, o sistema do FGTS ou o Seguro-desemprego. Estas hipóteses se incluem na hipótese de colusão.

A coação é o uso de ameaça ou força para obter declaração de vontade prejudicial ao declarante (arts. 151 a 155, CC). Para viciar o ato, há de ser tal que incuta ao paciente fundado temor de dano iminente e considerável à sua pessoa, à sua família, ou aos seus bens (art. 151, CC). Ao avaliar a coação, o Juiz deverá levar em conta as características da vítima, como sexo, idade, condição social, saúde, temperamento e outras circunstâncias, que possam influir na gravidade da coação (art. 152, CC).

4) Art. 966, inciso IV – ofensa à coisa julgada

Se em uma ação já se constituiu a coisa julgada, uma eventual ação com a mesma causa de pedir, com as mesmas partes e mesmo pedido, deverá ser extinta sem resolução de mérito (art. 485, V, CPC). Se, ainda assim, outra coisa julgada se formar por patologia processual (descuido, não arguição etc.), poderá ser ajuizada ação rescisória (art. 966, IV, CPC).

Uma questão que surge é qual das coisas julgadas prevalecerá na situação patológica de coexistirem ambas e estar exaurido o prazo decadencial para a propositura da ação rescisória. A doutrina se divide. Para alguns (Marinoni, Arenhart e Mitidiero), prevalece a última, pois consideram um absurdo que a coisa julgada posterior, até então suscetível de desconstituição, possa ser considerada simplesmente inexistente com o escoamento do prazo para a proposição da ação rescisória. Para outros (Nelson Nery), prevalece a primeira sobre a segunda, pois houve prolação de sentença com ofensa àquela, protegida pela prevenção.

A sentença que faz coisa julgada é aquela que diz respeito ao mérito da causa. Portanto, as sentenças que possuem apenas a coisa julgada formal não podem ser atacadas por ação rescisória. Entretanto, com relação ao vício da segunda decisão, que serve de comparação para a primeira, seu vício pode ser formal ou material. De uma certa forma, como nenhum juiz pode decidir questões já decididas no processo (art. 505, CPC), nem pode decidir novamente a lide já decidida por sentença (arts. 502 e 503, CPC), a ação rescisória por ofensa à coisa julgada também é por ofensa a dispositivo de lei (art. 966, V, CPC).

No Processo do Trabalho, os dissídios coletivos são ações que têm por objetivo a criação de normas genéricas e abstratas com a finalidade de regular questões entre categorias profissionais e categorias econômicas. De acordo com o art. 611 da CLT, aplicado analogicamente, as normas coletivas resultantes do dissídio coletivo, têm caráter normativo, e não caráter de criação de uma norma para o caso concreto. Por essa razão, fazem apenas coisa julgada formal, e não material, sendo impossível a proposição de ação rescisória. Nesse sentido, a Súmula n. 397, do TST:

> *Súmula n. 397 do TST – AÇÃO RESCISÓRIA. Art. 966, IV, DO CPC DE 2015. Art. 485, IV, DO CPC DE 1973. AÇÃO DE CUMPRIMENTO. OFENSA À COISA JULGADA EMANADA DE SENTENÇA NORMATIVA MODIFICADA EM GRAU DE RECURSO. INVIABILIDADE. CABIMENTO DE MANDADO DE SEGURANÇA. (atualizada em decorrência do CPC de 2015) – Res. n. 208/2016, DEJT divulgado em 22, 25 e 26.04.2016*
>
> *Não procede ação rescisória calcada em ofensa à coisa julgada perpetrada por decisão proferida em ação de cumprimento, em face de a sentença normativa, na qual se louvava, ter sido modificada em grau de recurso, porque em dissídio coletivo somente se consubstancia coisa julgada formal. Assim, os meios processuais aptos a atacarem a execução da cláusula reformada são a exceção de pré-executividade e o mandado de segurança, no caso de descumprimento do art. 514 do CPC de 2015 (art. 572 do CPC de 1973). (ex-OJ n. 116 da SBDI-2 – DJ 11.08.2003)*

5) Art. 966, inciso V – violação manifesta de norma jurídica

A redação deste inciso é mais ampla do que a do CPC/1973, que utilizava a expressão clássica "violação literal de lei". Assim, a nova redação permite a interpretação de que enseja a ação rescisória a sentença que viola norma jurídica (princípio, regra ou postulado normativo, direito estrangeiro quando tenha de ser aplicado ao caso ou mesmo costume). Trata-se de um leque de possibilidades muito mais amplo.

É uma decisão teratológica, que exprime uma desconsideração frontal ao sistema jurídico.

Também se inclui nas possibilidades de ação rescisória a violação de cláusulas gerais, como o princípio da boa-fé objetiva (art. 422, CC), a função social dos contratos (art. 421, CC), a função social da propriedade (art. 5º, XXIII e art. 170, III, da Constituição e art. 1.228, § 1, CC), função social da empresa (art. 170, da Constituição e arts. 421 e 981, CC), entre outras.

Como o costume é previsto em lei como fonte de integração de normas jurídicas (art. 4º, LINDB) sua violação está incluída nas possibilidades de ajuizamento de ação rescisória. Esse mesmo raciocínio se aplica às lides trabalhistas, por força do art. 8º da CLT.

No mesmo sentido, o direito estrangeiro que tenha de ser aplicado ao caso, por força do art. 14, da LINDB.

A simples afronta a jurisprudência ou a Súmula de Tribunal não enseja ação rescisória.

Sobre a necessidade de apontar o dispositivo legal violado, ver comentário ao art. 968.

Não se admite, em ação rescisória baseada no argumento de violação manifesta de norma jurídica, o reexame de fatos e provas. Nesse sentido, a Súmula 410, do TST:

> Súmula n. 410 do TST – AÇÃO RESCISÓRIA. REEXAME DE FATOS E PROVAS. INVIABILIDADE (conversão da Orientação Jurisprudencial n. 109 da SBDI-2) – Res. n. 137/2005 DJ 22, 23 e 24.08.2005
>
> A ação rescisória calcada em violação de lei não admite reexame de fatos e provas do processo que originou a decisão rescindenda. (ex-OJ n. 109 da SBDI-2 – DJ 29.04.2003)

A Súmula tem a redação de acordo com o CPC/73, que mencionava "violação de lei". A nova redação, no art. 966, V, do CPC, menciona "violação manifesta de norma jurídica".

Sobre a temática do fundamento constitucional ou legal da prescrição trabalhista e sua respectiva apreciação em ação rescisória, ver Súmula n. 409, do TST:

> Súmula n. 409 do TST – AÇÃO RESCISÓRIA. PRAZO PRESCRICIONAL. TOTAL OU PARCIAL. VIOLAÇÃO DO Art. 7º, XXIX, DA CF/1988. MATÉRIA INFRACONSTITUCIONAL (conversão da Orientação Jurisprudencial n. 119 da SBDI-2) – Res. n. 137/2005, DJ 22, 23 e 24.08.2005
>
> Não procede ação rescisória calcada em violação do art. 7º, XXIX, da CF/1988 quando a questão envolve discussão sobre a espécie de prazo prescricional aplicável aos créditos trabalhistas, se total ou parcial, porque a matéria tem índole infraconstitucional, construída, na Justiça do Trabalho, no plano jurisprudencial. (ex-OJ n. 119 da SBDI-2 – DJ 11.08.2003)

Nas ações de inconstitucionalidade de lei ou ato normativo por controle abstrato, existe coisa julgada *erga omnes* e sua modulação é dada pelo STF. Os efeitos podem ser fixados *ex tunc* ou *ex nunc*, ou a partir do dia em que é declarado que a inconstitucionalidade passa a produzir efeitos. Caso sobrevenha decisão que transita em julgado com base em lei que veio a ser declarada inconstitucional pelo STF, poderá ser ajuizada ação rescisória e a execução poderá ser paralisada (art. 884, § 5º, CLT, que considera inexigível o título judicial fundado em lei ou ato normativo declarados inconstitucionais pelo Supremo Tribunal Federal ou em aplicação ou interpretação tidas por incompatíveis com a Constituição).

Entretanto, se a decisão transitou em julgado antes do ajuizamento da ação de declaração de inconstitucionalidade, a sentença se mantém, pois, naquela data, a ordem jurídica estava intocada e eventual decisão em sentido contrário, encontraria resistência no art. 5º, XXXVI, da Constituição.

Em controle concreto de constitucionalidade, somente as decisões do STF podem servir de parâmetro para ações rescisórias fundadas no art. 966, V, do CPC. Decisões de tribunais superiores (STJ e TST) que, nos seus fundamentos, reconhecem inconstitucionalidade de lei só fazem coisa julgada entre as partes litigantes. Portanto, não servem para o efeito *erga omnes*.

Com o novo CPC surge a questão dos limites da "violação de norma jurídica" quando é natural que um mesmo dispositivo legal possa ter interpretações diferentes. Este desacordo interpretativo é comum nos tribunais e poderia levar a uma insegurança brutal, se não houvesse nenhum parâmetro. O STF, na Súmula n. 343, estabelece que não cabe ação rescisória para desconstituição de coisa julgada quando, ao tempo de sua formação, havia controvérsia na jurisprudência sobre a questão enfrentada. No mesmo sentido a antiga Súmula n. 143 do TFR, que dispunha não caber ação rescisória por manifesta violação de norma jurídica, quando a decisão rescindenda se tiver baseado em texto legal de interpretação controvertida nos tribunais, ainda que, posteriormente, tenha se fixado interpretação favorável ao pedido do demandante. No Processo do Trabalho, a Súmula n. 83 do TST, cujo texto é o seguinte:

> Súmula n. 83 do TST – AÇÃO RESCISÓRIA. MATÉRIA CONTROVERTIDA (incorporada a Orientação Jurisprudencial n. 77 da SBDI-2) – Res. n. 137/2005, DJ 22, 23 e 24.08.2005.
>
> I – Não procede pedido formulado na ação rescisória por violação literal de lei se a decisão rescindenda estiver baseada em texto legal infraconstitucional de interpretação controvertida nos Tribunais. (ex-Súmula n. 83 – alterada pela Res. n. 121/2003, DJ 21.11.2003).
>
> II – O marco divisor quanto a ser, ou não, controvertida, nos Tribunais, a interpretação dos dispositivos legais citados na ação rescisória é a data da inclusão, na Orientação Jurisprudencial do TST, da matéria discutida. (ex-OJ n. 77 da SBDI-2 – inserida em 13.03.2002).

Também, cabe ação rescisória, com fundamento no inciso n. V do art. 966 do CPC, contra decisão baseada em enunciado de súmula ou acórdão proferido em julgamento de casos repetitivos que não tenha considerado a existência de distinção entre a questão discutida no processo e o padrão decisório que lhe deu fundamento (art. 966, § 5º, CPC, incluído pela Lei n. 13.256/2015). Quando a ação rescisória tiver seu fundamento na hipótese do § 5º, caberá ao autor, sob pena de inépcia, demonstrar, fundamentadamente, tratar-se de situação particularizada por hipótese fática distinta ou de questão jurídica não examinada, a impor outra solução jurídica (art. 966, § 6º, CPC, incluído pela Lei n. 13.256/2016).

6) Art. 966, inciso VI – prova falsa

Assim como as hipóteses do inciso I (prevaricação, concussão e corrupção), a apuração da falsidade da prova poderá ser feita em Juízo Criminal ou nos próprios autos da ação rescisória. O procedimento deve observar o contraditório. A prova falsa pode ser declarada em ação declaratória autônoma ou incidental (art. 19 e 20, CPC) ou em incidente de arguição de falsidade (art. 430, CPC).

Também é necessário que a prova falsa seja decisiva para a formação do convencimento que levou à decisão rescindenda. Se não tiver influenciado na decisão, não servirá de base para a ação rescisória.

7) Art. 966, inciso VII – prova nova

Prova nova é aquela de conhecimento ignorado ou de impossível utilização. O dispositivo é mais abrangente que o CPC/1973, pois admite, não apenas o documento novo, mas qualquer meio de prova nova. Não se interpreta como prova nova aquela que já existia e que não veio aos autos por desídia da parte.

Assim como a prova falsa, a prova nova deve ser decisiva para poder constituir fundamento de ação rescisória. Se, a seu despeito, a conclusão da sentença rescindenda se manteria inalterada, não será admitida a ação rescisória.

Sobre documento novo em ação rescisória, no Processo do Trabalho, ver Súmula n. 402, TST:

Súmula n. 402 do TST – AÇÃO RESCISÓRIA. DOCUMENTO NOVO. DISSÍDIO COLETIVO. SENTENÇA NORMATIVA (conversão da Orientação Jurisprudencial n. 20 da SBDI-2) – Res. n. 137/2005, DJ 22, 23 e 24.08.2005

Documento novo é o cronologicamente velho, já existente ao tempo da decisão rescindenda, mas ignorado pelo interessado ou de impossível utilização, à época, no processo. Não é documento novo apto a viabilizar a desconstituição de julgado:

a) sentença normativa proferida ou transitada em julgado posteriormente à sentença rescindenda;

b) sentença normativa preexistente à sentença rescindenda, mas não exibida no processo principal, em virtude de negligência da parte, quando podia e deveria louvar-se de documento já existente e não ignorado quando emitida a decisão rescindenda. (ex-OJ n. 20 da SBDI-2 – inserida em 20.09.2000)

8) Art. 966, inciso VIII – erro de fato

Erro de fato é um vício da vontade que gera dissonância entre a vontade psicológica e a vontade declarada. As condições para que o erro de fato propicie ação rescisória são: a) a sentença deve estar baseada no erro de fato; b) sobre ele não pode ter havido controvérsia entre as partes; c) sobre ele não pode ter havido pronunciamento judicial; d) deve ser aferível pelo exame das provas no processo onde se originou a decisão rescindenda, sendo inadmissível, na ação rescisória, novas provas pra demonstrá-lo. Do contrário, houve preclusão. Este é o sentido do § 1º do art. 966, do CPC, que dispõe haver erro de fato quando a decisão rescindenda admitir fato inexistente ou quando considerar inexistente fato efetivamente ocorrido, sendo indispensável, em ambos os casos, que o fato não represente ponto controvertido sobre o qual o juiz deveria ter se pronunciado.

A confissão não figura mais no rol das hipóteses em que é cabível a ação rescisória, como ocorria no CPC/1973. A possibilidade de anulação, porém, permanece, pela via da ação anulatória, quando decorre de erro de fato ou coação (art. 393, do CPC).

Sobre as hipóteses restritas de cabimento da ação rescisória na execução no Processo do trabalho, ver Súmula n. 399, TST:

Súmula n. 399 do TST – AÇÃO RESCISÓRIA. CABIMENTO. SENTENÇA DE MÉRITO. DECISÃO HOMOLOGATÓRIA DE ADJUDICAÇÃO, DE ARREMATAÇÃO E DE CÁLCULOS (conversão das Orientações Jurisprudenciais ns. 44, 45 e 85, primeira parte, da SBDI-2) – Res. n. 137/2005, DJ 22, 23 e 24.08.2005

I – É incabível ação rescisória para impugnar decisão homologatória de adjudicação ou arrematação. (ex-OJs ns. 44 e 45 da SBDI-2 – inseridas em 20.09.2000)

II – A decisão homologatória de cálculos apenas comporta rescisão quando enfrentar as questões envolvidas na elaboração da conta de liquidação, quer solvendo a controvérsia das partes quer explicitando, de ofício, os motivos pelos quais acolheu os cálculos oferecidos por uma das partes ou pelo setor de cálculos, e não contestados pela outra.(ex-OJ n. 85 da SBDI-2 – primeira parte – inserida em 13.03.2002 e alterada em 26.11.2002).

A respeito da possibilidade de descontos legais (previdenciários e fiscais) em ação rescisória, ver a Súmula n. 401, do TST:

> *Súmula n. 401 do TST – AÇÃO RESCISÓRIA. DESCONTOS LEGAIS. FASE DE EXECUÇÃO. SENTENÇA EXEQUENDA OMISSA. INEXISTÊNCIA DE OFENSA À COISA JULGADA (conversão da Orientação Jurisprudencial n. 81 da SBDI-2) – Res. n. 137/2005 – DJ 22, 23 e 24.08.2005*
>
> *Os descontos previdenciários e fiscais devem ser efetuados pelo juízo executório, ainda que a sentença exequenda tenha sido omissa sobre a questão, dado o caráter de ordem pública ostentado pela norma que os disciplina. A ofensa à coisa julgada somente poderá ser caracterizada na hipótese de o título exequendo, expressamente, afastar a dedução dos valores a título de imposto de renda e de contribuição previdenciária. (ex-OJ n. 81 da SBDI-2 – inserida em 13.03.2002)*

O § 2º, do art. 966, CPC, dispõe que, nas hipóteses previstas nos incisos do *caput*, será rescindível a decisão transitada em julgado que, embora não seja de mérito, impeça: a) nova propositura da demanda; ou b) admissibilidade do recurso correspondente. Este dispositivo é uma exceção, uma vez que as ações rescisórias somente podem ser ajuizadas contra decisões onde tenha ocorrido a coisa julgada material. Refere-se a algumas hipóteses do art. 485 do CPC, que impossibilitam as partes de ajuizar nova demanda, como a perempção, a litispendência, a coisa julgada, intransmissibilidade da ação em caso de morte da parte e abandono da causa, quando ocorre pela terceira vez.

A ação rescisória pode ter por objeto apenas 1 (um) capítulo da decisão (art. 966, § 3º). Isto é particularmente relevante no Processo do Trabalho, porquanto é comum que as ações trabalhistas tenham vários pedidos independentes entre si, caracterizando a cumulação objetiva de ações.

Resta analisar a controvérsia sobre a aplicação do § 4º, do art. 966, CPC, que dispõe no sentido de que os atos de disposição de direitos, praticados pelas partes ou por outros participantes do processo e homologados pelo juízo, bem como os atos homologatórios praticados no curso da execução, estão sujeitos à anulação, nos termos da lei. Portanto, para o novo CPC, acordos judiciais homologados são passíveis de ação de anulação. Entretanto, a CLT tem disposição expressa no sentido que no caso de conciliação, o termo que for lavrado valerá como decisão irrecorrível, salvo para a Previdência Social quanto às contribuições que lhe forem devidas (art. 831, parágrafo único). Isso leva à conclusão de que, no Processo do Trabalho, mantém-se a interpretação contida nas Súmulas n. 259 e 100, V, do TST, que dispõem de que acordos judiciais somente podem ser atacados pela ação rescisória, e não pela ação de anulação.

3. LEGITIMIDADE

Verificadas as hipóteses de cabimento de ação rescisória, é preciso analisar o dispositivo que trata da legitimidade para a sua proposição. O art. 967, CPC, tem a seguinte redação:

> *Art. 967. Têm legitimidade para propor a ação rescisória:*
>
> *I – quem foi parte no processo ou o seu sucessor a título universal ou singular;*
>
> *II – o terceiro juridicamente interessado;*
>
> *III – o Ministério Público:*
>
> *a) se não foi ouvido no processo em que lhe era obrigatória a intervenção;*
>
> *b) quando a decisão rescindenda é o efeito de simulação ou de colusão das partes, a fim de fraudar a lei;*
>
> *c) em outros casos em que se imponha sua atuação;*
>
> *IV – aquele que não foi ouvido no processo em que lhe era obrigatória a intervenção.*
>
> *Parágrafo único. Nas hipóteses do art. 178, o Ministério Público será intimado para intervir como fiscal da ordem jurídica quando não for parte.*

Trata-se da legitimidade ativa para a proposição de ação rescisória. Na ação rescisória, a parte do processo anterior, seja autor ou réu, pode ter interesse na desconstituição da coisa julgada. Há controvérsia sobre o fato de que a condição de parte exige que tenha permanecido até o final da relação processual. De um lado, existe a posição de que a parte legítima para propor a ação rescisória tenha permanecido em um dos polos da lide até o trânsito em julgado (Barbosa Moreira). De outro, basta que tenha participado de parte do processo, mesmo que tenha sido excluída antes do final do processo, pois o CPC apenas refere a condição de parte (Nelson Nery). O fundamental é que a parte demonstre seu interesse na rescisão do julgado.

A legitimidade para propor a ação rescisória transmite-se aos sucessores, tanto a título singular quanto a título universal (art. 967, I). Também aos terceiros juridicamente interessados (art. 967, II).

No Processo do Trabalho, a possibilidade de intervenção do Ministério Público (art. 967, III) é interpretada de forma ampliativa. Sobre a legitimidade ativa do Ministério Público nas ações rescisórias no Processo do Trabalho, ver Súmula n. 407, do TST:

> *Súmula n. 407 do TST- AÇÃO RESCISÓRIA. MINISTÉRIO PÚBLICO. LEGITIMIDADE "AD CAUSAM" PREVISTA NO ART. 967, III, "A", "B" E "C" DO CPC*

DE 2015. Art. 487, III, "A" E "B", DO CPC DE 1973. HIPÓTESES MERAMENTE EXEMPLIFICATIVAS (nova redação em decorrência do CPC de 2015) – Res. n. 208/2016, DEJT divulgado em 22, 25 e 26.04.2016.

A legitimidade "ad causam" do Ministério Público para propor ação rescisória, ainda que não tenha sido parte no processo que deu origem à decisão rescindenda, não está limitada às alíneas "a", "b" e "c" do inciso III do art. 967 do CPC de 2015 (art. 487, III, "a" e "b", do CPC de 1973), uma vez que traduzem hipóteses meramente exemplificativas (ex-OJ n. 83 da SBDI-2 – inserida em 13.03.2002).

A legitimidade passiva será definida pelo pedido em Juízo rescisório. Em princípio, se havia litisconsórcio necessário/unitário, ativo ou passivo, no processo anterior, o mesmo deverá ocorrer na ação rescisória. Mas essa situação pode depender do pedido nela deduzido.

No Processo do Trabalho, sobre a legitimidade no caso de litisconsórcio nas ações de substituição processual e respectivas ações rescisórias, ver Súmula n. 406, TST:

Súmula n. 406 do TST – AÇÃO RESCISÓRIA. LITISCONSÓRCIO. NECESSÁRIO NO PÓLO PASSIVO E FACULTATIVO NO ATIVO. INEXISTENTE QUANTO AOS SUBSTITUÍDOS PELO SINDICATO (conversão das Orientações Jurisprudenciais ns. 82 e 110 da SBDI-2) – Res. n. 137/2005, DJ 22, 23 e 24.08.2005

I – O litisconsórcio, na ação rescisória, é necessário em relação ao pólo passivo da demanda, porque supõe uma comunidade de direitos ou de obrigações que não admite solução díspar para os litisconsortes, em face da indivisibilidade do objeto. Já em relação ao pólo ativo, o litisconsórcio é facultativo, uma vez que a aglutinação de autores se faz por conveniência e não pela necessidade decorrente da natureza do litígio, pois não se pode condicionar o exercício do direito individual de um dos litigantes no processo originário à anuência dos demais para retomar a lide. (ex-OJ n. 82 da SBDI-2 – inserida em 13.03.2002)

II – O Sindicato, substituto processual e autor da reclamação trabalhista, em cujos autos fora proferida a decisão rescindenda, possui legitimidade para figurar como réu na ação rescisória, sendo descabida a exigência de citação de todos os empregados substituídos, porquanto inexistente litisconsórcio passivo necessário. (ex-OJ n. 110 da SBDI-2 – DJ 29.04.2003)

4. REQUISITOS FORMAIS, COMPETÊNCIA E PROCEDIMENTO

Os requisitos formais da petição inicial da ação rescisória seguem os mesmos dos arts. 319 e 320 do CPC. O art. 968, do CPC, disciplina o tema da seguinte forma:

Art. 968. A petição inicial será elaborada com observância dos requisitos essenciais do art. 319, devendo o autor:

I – cumular ao pedido de rescisão, se for o caso, o de novo julgamento do processo;

II – depositar a importância de cinco por cento sobre o valor da causa, que se converterá em multa caso a ação seja, por unanimidade de votos, declarada inadmissível ou improcedente.

§ 1º Não se aplica o disposto no inciso II à União, aos Estados, ao Distrito Federal, aos Municípios, às suas respectivas autarquias e fundações de direito público, ao Ministério Público, à Defensoria Pública e aos que tenham obtido o benefício de gratuidade da justiça.

§ 2º O depósito previsto no inciso II do caput deste artigo não será superior a 1.000 (mil) salários-mínimos.

§ 3º Além dos casos previstos no art. 330, a petição inicial será indeferida quando não efetuado o depósito exigido pelo inciso II do caput deste artigo.

§ 4º Aplica-se à ação rescisória o disposto no art. 332.

§ 5º Reconhecida a incompetência do tribunal para julgar a ação rescisória, o autor será intimado para emendar a petição inicial, a fim de adequar o objeto da ação rescisória, quando a decisão apontada como rescindenda:

I – não tiver apreciado o mérito e não se enquadrar na situação prevista no § 2º do art. 966;

II – tiver sido substituída por decisão posterior.

§ 6º Na hipótese do § 5º, após a emenda da petição inicial, será permitido ao réu complementar os fundamentos de defesa, e, em seguida, os autos serão remetidos ao tribunal competente.

O autor deverá cumular o pedido de rescisão da decisão (*iudicium rescindens*) com o pedido de novo julgamento da causa (*iudicium rescissorium*). É uma cumulação sucessiva de pedidos. O tribunal não poderá rescindir a sentença e não rejulgar a causa, pois tem competência absoluta para rescindir e rejulgar.

O Juízo competente para apreciar uma ação rescisória sempre será um tribunal, pois um Juiz de primeiro grau não terá competência para rescindir suas próprias sentenças. Os tribunais julgarão as ações rescisórias quando as decisões atacadas forem coisa julgada no seu próprio primeiro grau ou em turmas ou câmaras julgadoras. Nesse caso, o órgão fracionário que apreciar a ação rescisória terá composição maior (seção ou Pleno, conforme seu regimento interno). Se se tratar de ato complexo, no qual tenham concorrido mais de um órgão julgador, a competência para o julgamento é daquele de maior composição de membros. Nos tribunais, ainda, a competência será definida pelo efeito substitutivo do recurso. Se o recurso para o tribunal superior não tiver sido conhecido, o acórdão não foi substituído e a competência para rescindi-lo é do TJ, TRF ou TRT. Se o recurso para o tribunal superior tiver sido conhecido, o acórdão foi substituído pelo outro que julgou o mérito do recurso. Nesse caso, a competência para julgá-lo é do tribunal superior (STF, STJ ou TST).

Sobre a competência do STF, ver Súmulas ns. 249 e 515 do STF:

> Súmula 249 – É competente o Supremo Tribunal Federal para a ação rescisória, quando, embora não tendo conhecido do recurso extraordinário, ou havendo negado provimento ao agravo, tiver apreciado a questão federal controvertida.
>
> Súmula 515 – A competência para a ação rescisória não é do supremo tribunal federal, quando a questão federal, apreciada no recurso extraordinário ou no agravo de instrumento, seja diversa da que foi suscitada no pedido rescisório.

Sobre o tema, na Justiça do Trabalho, ver Súmula n. 192, do TST:

> Súmula n. 192 do TST – AÇÃO RESCISÓRIA. COMPETÊNCIA (atualizada em decorrência do CPC de 2015) – Res. n. 212/2016, DEJT divulgado em 20, 21 e 22.09.2016
>
> I – Se não houver o conhecimento de recurso de revista ou de embargos, a competência para julgar ação que vise a rescindir a decisão de mérito é do Tribunal Regional do Trabalho, ressalvado o disposto no item II.
>
> II – Acórdão rescindendo do Tribunal Superior do Trabalho que não conhece de recurso de embargos ou de revista, analisando arguição de violação de dispositivo de lei material ou decidindo em consonância com súmula de direito material ou com iterativa, notória e atual jurisprudência de direito material da Seção de Dissídios Individuais (Súmula n. 333), examina o mérito da causa, cabendo ação rescisória da competência do Tribunal Superior do Trabalho. (ex-Súmula n. 192 – alterada pela Res. n. 121/2003, DJ 21.11.2003)
>
> III – Sob a égide do art. 512 do CPC de 1973, é juridicamente impossível o pedido explícito de desconstituição de sentença quando substituída por acórdão do Tribunal Regional ou superveniente sentença homologatória de acordo que puser fim ao litígio.
>
> IV – Na vigência do CPC de 1973, é manifesta a impossibilidade jurídica do pedido de rescisão de julgado proferido em agravo de instrumento que, limitando-se a aferir o eventual desacerto do juízo negativo de admissibilidade do recurso de revista, não substitui o acórdão regional, na forma do art. 512 do CPC. (ex-OJ n. 105 da SBDI-2 – DJ 29.04.2003)
>
> V – A decisão proferida pela SBDI, em agravo regimental, calcada na Súmula n. 333, substitui acórdão de Turma do TST, porque emite juízo de mérito, comportando, em tese, o corte rescisório. (ex-OJ n. 133 da SBDI-2 – DJ 04.05.2004).

A nova redação da Súmula n. 192 adapta o texto ao CPC e faz a modulação de seus efeitos, em especial nos incisos III e IV.

Sobre os requisitos da petição inicial da ação rescisória, o TST faz uma distinção entre a necessidade de indicação expressa dos pedidos e a hipótese específica da violação literal de norma jurídica. Nesse sentido, com as devidas adaptações ao novo CPC, ver a Súmula n. 408, do TST:

> Súmula n. 408 do TST – AÇÃO RESCISÓRIA. PETIÇÃO INICIAL. CAUSA DE PEDIR. AUSÊNCIA DE CAPITULAÇÃO OU CAPITULAÇÃO ERRÔNEA NO Art. 966 DO CPC DE 2015. Art. 485 DO CPC DE 1973. PRINCÍPIO "IURA NOVIT CURIA" (nova redação em decorrência do CPC de 2015) – Res. n. 208/2016, DEJT divulgado em 22, 25 e 26.04.2016
>
> Não padece de inépcia a petição inicial de ação rescisória apenas porque omite a subsunção do fundamento de rescindibilidade no art. 966 do CPC de 2015 (art. 485 do CPC de 1973) ou o capitula erroneamente em um de seus incisos. Contanto que não se afaste dos fatos e fundamentos invocados como causa de pedir, ao Tribunal é lícito emprestar-lhes a adequada qualificação jurídica ("iura novit curia"). No entanto, fundando-se a ação rescisória no art. 966, inciso V, do CPC de 2015 (art. 485, inciso V, do CPC de 1973), é indispensável expressa indicação, na petição inicial da ação rescisória, da norma jurídica manifestamente violada (dispositivo legal violado sob o CPC de 1973), por se tratar de causa de pedir da rescisória, não se aplicando, no caso, o princípio "iura novit curia". (ex-Ojs ns. 32 e 33 da SBDI-2 – inseridas em 20.09.2000)

A respeito da prova do trânsito em julgado da decisão rescindenda, ver Súmula n. 299, do TST:

> Súmula n. 299 do TST – AÇÃO RESCISÓRIA. DECISÃO RESCINDENDA. TRÂNSITO EM JULGADO. COMPROVAÇÃO. EFEITOS (nova redação do item II em decorrência do CPC de 2015) – Res. n. 211/2016, DEJT divulgado em 24, 25 e 26.08.2016
>
> I – É indispensável ao processamento da ação rescisória a prova do trânsito em julgado da decisão rescindenda. (ex-Súmula n. 299 – Res. n. 8/1989, DJ 14, 18 e 19.04.1989)
>
> II – Verificando o relator que a parte interessada não juntou à inicial o documento comprobatório, abrirá prazo de 15 (quinze) dias para que o faça (art. 321 do CPC de 2015), sob pena de indeferimento.(ex-Súmula n. 299 – Res 8/1989, DJ 14, 18 e 19.04.1989)

III – A comprovação do trânsito em julgado da decisão rescindenda é pressuposto processual indispensável ao tempo do ajuizamento da ação rescisória. Eventual trânsito em julgado posterior ao ajuizamento da ação rescisória não reabilita a ação proposta, na medida em que o ordenamento jurídico não contempla a ação rescisória preventiva. (ex-OJ n. 106 da SBDI-2 – DJ 29.04.2003)

IV – O pretenso vício de intimação, posterior à decisão que se pretende rescindir, se efetivamente ocorrido, não permite a formação da coisa julgada material. Assim, a ação rescisória deve ser julgada extinta, sem julgamento do mérito, por carência de ação, por inexistir decisão transitada em julgado a ser rescindida. (ex-OJ n. 96 da SBDI-2 – inserida em 27.09.2002)

A parte que propõe a ação rescisória tem de fazer o depósito no valor de 5% do valor da causa, sendo dispensados a União, os Estados, o Distrito Federal, os Municípios (incluídas suas respectivas autarquias e fundações de direito público), o MP, a Defensoria Pública e os beneficiários da justiça gratuita (art. 968, II e §§ 1º, 2º e 3º, CPC). No Processo do Trabalho, o depósito segue sendo de 20%, pois há norma jurídica expressa (art. 836, *caput*, CLT), não sendo aplicável o CPC por ser norma subsidiária:

> Art. 836. É vedado aos órgãos da Justiça do Trabalho conhecer de questões já decididas, excetuados os casos expressamente previstos neste Título e a ação rescisória, que será admitida na forma do disposto no Capítulo IV do Título IX da Lei n. 5.869, de 11 de janeiro de 1973 – Código de Processo Civil, sujeita ao depósito prévio de 20% (vinte por cento) do valor da causa, salvo prova de miserabilidade jurídica do autor. (Redação dada pela Lei n. 11.495, de 2007)...

A respeito do prazo para efetuar o depósito, ver Súmula n. 99, do TST:

> *Súmula n. 99 do TST – AÇÃO RESCISÓRIA. DESERÇÃO. PRAZO (incorporada a Orientação Jurisprudencial n. 117 da SBDI-2) – Res. n. 137/2005, DJ 22, 23 e 24.08.2005*
>
> *Havendo recurso ordinário em sede de rescisória, o depósito recursal só é exigível quando for julgado procedente o pedido e imposta condenação em pecúnia, devendo este ser efetuado no prazo recursal, no limite e nos termos da legislação vigente, sob pena de deserção. (ex-Súmula n. 99 – alterada pela Res. n. 110/2002, DJ 15.04.2002 – e ex-OJ n. 117 da SBDI-2 – DJ 11.08.2003)*

Sobre a possibilidade de pedido liminar na ação rescisória no Processo do Trabalho, ver Súmula n. 405, do TST:

> *Súmula n. 405 do TST – AÇÃO RESCISÓRIA. TUTELA PROVISÓRIA (nova redação em decorrência do CPC de 2015) – Res. n. 208/2016, DEJT divulgado em 22, 25 e 26.04.2016*
>
> *Em face do que dispõem a MP 1.984-22/2000 e o art. 969 do CPC de 2015, é cabível o pedido de tutela provisória formulado na petição inicial de ação rescisória ou na fase recursal, visando a suspender a execução da decisão rescindenda.*

O indeferimento da petição inicial da ação rescisória somente pode ser feito após ter sido possibilitada a emenda e o saneamento dos vícios, na forma do art. 321, CPC e Súmula n. 263, TST. O recurso é o agravo interno para o colegiado (art. 1.021, CPC).

O cumprimento da sentença rescindenda é regrado pelo art. 969, CPC, cujo texto é o seguinte:

> Art. 969. A propositura da ação rescisória não impede o cumprimento da decisão rescindenda, ressalvada a concessão de tutela provisória.

O cumprimento da sentença rescindenda tem caráter definitivo, salvo a hipótese deste artigo. A sentença que faz coisa julgada tem a presunção de haver sido prolatada em observância ao devido processo legal. Os vícios mencionados no art. 966, do CPC, que ensejam a ação rescisória, são muito graves. Por essa razão, a presunção milita a favor da coisa julgada e sua suspensão deve ser excepcional.

Descabe a exigência de caução para o prosseguimento da execução. A ação rescisória, entretanto, comporta pedido de tutela provisória (cautelar ou antecipada), desde que preenchidos os pressupostos para a concessão de cada uma dessas medidas.

A citação, na ação rescisória, é disciplinada pelo art. 970, cujo texto é o seguinte:

> Art. 970. O relator ordenará a citação do réu, designando-lhe prazo nunca inferior a 15 (quinze) dias nem superior a 30 (trinta) dias para, querendo, apresentar resposta, ao fim do qual, com ou sem contestação, observar-se-á, no que couber, o procedimento comum.

O prazo é judicial, fixado entre 15 e 30 dias. O motivo é adaptar o prazo à complexidade da causa. A ele não se aplicam os prazos contados em dobro do MP (art. 180, CPC), Advocacia Pública (art. 183, CPC) e Defensoria Pública (art. 186, CPC).

O réu pode contestar ou reconvir (arts. 335 e 343, do CPC), mas não pode reconhecer juridicamente o pedido, em função da indisponibilidade da autoridade da coisa julgada.

Os efeitos materiais da revelia não se verificam, pois a simples omissão do réu não tem o poder de afastar a autoridade material da coisa julgada. Em outras palavras, a presunção de veracidade dos fatos alegados pelo autor, que surge na revelia não tem força para afastar a autoridade da coisa julgada material questionada pela ação rescisória. Além disso, também não se aplica em ações rescisórias o ônus da impugnação especificada, pelos mesmo motivos antes alinhados em função da revelia. Eventual omissão nos argumentos da defesa não afasta a autoridade material da coisa julgada.

No Processo do Trabalho, sobre a não existência de revelia, em coisa julgada, ver Súmula n. 398, TST:

> *Súmula n. 398 do TST – AÇÃO RESCISÓRIA. AUSÊNCIA DE DEFESA. INAPLICÁVEIS OS EFEITOS DA REVELIA (conversão da Orientação Jurisprudencial n. 126 da SBDI-2) – Res. n. 137/2005, DJ 22, 23 e 24.08.2005*
>
> *Na ação rescisória, o que se ataca na ação é a sentença, ato oficial do Estado, acobertado pelo manto da coisa julgada. Assim sendo, e considerando que a coisa julgada envolve questão de ordem pública, a revelia não produz confissão na ação rescisória. (ex-OJ n. 126 da SBDI-2 – DJ 09.12.2003)*

A escolha do relator está no art. 971, CPC, cujo texto é o que segue:

> *Art. 971. Na ação rescisória, devolvidos os autos pelo relator, a secretaria do tribunal expedirá cópias do relatório e as distribuirá entre os juízes que compuserem o órgão competente para o julgamento.*
>
> *Parágrafo único. A escolha de relator recairá, sempre que possível, em juiz que não haja participado do julgamento rescindendo.*

A preferência é por Relator que não tenha participado do julgamento original. O Juiz que prolatou a decisão rescindenda não está impedido de participar do julgamento da rescisória, a não ser que o motivo da rescisória seja a própria imparcialidade do Juiz (art. 966, II, CPC. Nesse sentido, a Súmula n. 252 do STF:

> *Súmula 252 – Na ação rescisória, não estão impedidos juízes que participaram do julgamento rescindendo*

A produção de provas, quando necessária, será feita mediante delegação ao órgão que proferiu a decisão rescindenda. O instrumento será a Carta de Ordem. A matéria está disciplinada pelo art. 972, CPC, que tem o seguinte texto:

> *Art. 972. Se os fatos alegados pelas partes dependerem de prova, o relator poderá delegar a competência ao órgão que proferiu a decisão rescindenda, fixando prazo de 1 (um) a 3 (três) meses para a devolução dos autos.*

Pelo princípio da eventualidade, a prova documental que instrui a ação rescisória deve vir com a inicial e com a defesa. Porém, podem ser admitidos quaisquer meios de prova lícitos, ocasião na qual será assinado prazo para produção de prova.

O Relator tem os poderes para decidir as questões incidentais e relativas à tutela de urgência ou de evidência. De igual forma, deve tentar conciliar as partes. Pode deferir ou indeferir provas. A prova oral e pericial poderá ser delegada para juiz de primeira instância, por meio de carta de ordem (art. 237, I, CPC). Sendo necessária, será designada audiência para a colheita da prova. A devolução será feita no prazo de 1 a 3 meses.

As razões finais estão previstas no art. 973, CPC:

> *Art. 973. Concluída a instrução, será aberta vista ao autor e ao réu para razões finais, sucessivamente, pelo prazo de 10 (dez) dias.*
>
> *Parágrafo único. Em seguida, os autos serão conclusos ao relator, procedendo-se ao julgamento pelo órgão competente.*

As razões finais são sucessivas. No Processo do Trabalho, a sucessividade do prazo perde sentido com o PJe. Após, o MP terá prazo para sua manifestação. Em ações rescisórias, o MP funciona como *custus legis* (art. 179, I, CPC).

Os efeitos da decisão estão no art. 974, CPC, cujo texto é o seguinte:

> *Art. 974. Julgando procedente o pedido, o tribunal rescindirá a decisão, proferirá, se for o caso, novo julgamento e determinará a restituição do depósito a que se refere o inciso II do art. 968.*
>
> *Parágrafo único. Considerando, por unanimidade, inadmissível ou improcedente o pedido, o tribunal determinará a reversão, em favor do réu, da importância do depósito, sem prejuízo do disposto no § 2º do art. 82.*

A decisão gera três efeitos: a) declarar a rescisão do julgado: b) julgar novamente a lide: e c) liberar o depósito. Também poderão ser pagas as despesas processuais antecipadas (art. 82, § 2º, CPC) desde que a parte não esteja ao abrigo da justiça gratuita.

Em ações rescisórias, o juízo de inadmissibilidade diz respeito aos vícios formais como os pressupostos de admissibilidade ou a narração dos fatos não guarda nexo com o pedido. O juízo de improcedência diz respeito ao não enquadramento ou não comprovação dos argumentos da inicial nas hipóteses do art. 966, do CPC.

O acórdão que decide a ação rescisória não está sujeito à remessa necessária (art. 496, CPC).

O recurso cabível no Processo do Trabalho é o recurso ordinário. Nesse sentido, ver Súmula n. 158, do TST:

> Súmula n. 158 do TST – AÇÃO RESCISÓRIA (mantida) – Res. n. 121/2003, DJ 19, 20 e 21.11.2003
>
> Da decisão de Tribunal Regional do Trabalho, em ação rescisória, é cabível recurso ordinário para o Tribunal Superior do Trabalho, em face da organização judiciária trabalhista (ex-Prejulgado n. 35).

Se a decisão for monocrática do relator, cabe agravo interno (art. 1021, CPC).

O prazo decadencial para ajuizar a ação rescisória está no art. 975, CPC:

> Art. 975. O direito à rescisão se extingue em 2 (dois) anos contados do trânsito em julgado da última decisão proferida no processo.
>
> § 1º Prorroga-se até o primeiro dia útil imediatamente subsequente o prazo a que se refere o caput, quando expirar durante férias forenses, recesso, feriados ou em dia em que não houver expediente forense.
>
> § 2º Se fundada a ação no inciso VII do art. 966, o termo inicial do prazo será a data de descoberta da prova nova, observado o prazo máximo de 5 (cinco) anos, contado do trânsito em julgado da última decisão proferida no processo.
>
> § 3º Nas hipóteses de simulação ou de colusão das partes, o prazo começa a contar, para o terceiro prejudicado e para o Ministério Público, que não interveio no processo, a partir do momento em que têm ciência da simulação ou da colusão.

O prazo de dois anos é decadencial porque a ação rescisória tem natureza desconstitutiva e o direito à desconstituição da sentença é um direito potestativo.

Aplica-se o art. 207, CC, quanto à contagem do prazo, mas o novo CPC prevê a possibilidade de prorrogação até o primeiro dia útil subsequente, se o prazo expirar em férias, recesso, feriado ou dia em que não houver expediente forense.

Há regra especial de contagem para ação rescisória baseada em prova nova (§ 2º).

Com relação à ciência da colusão e simulação, o CPC se inspirou na Súmula 100, VI, do TST.

No Processo do Trabalho, a contagem do prazo da ação rescisória é disciplinada pela Súmula n. 100, TST:

> Súmula n. 100 do TST – AÇÃO RESCISÓRIA. DECADÊNCIA (incorporadas as Orientações Jurisprudenciais ns. 13, 16, 79, 102, 104, 122 e 145 da SBDI-2) – Res. n. 137/2005, DJ 22, 23 e 24.08.2005
>
> I – O prazo de decadência, na ação rescisória, conta-se do dia imediatamente subseqüente ao trânsito em julgado da última decisão proferida na causa, seja de mérito ou não. (ex-Súmula n. 100 – alterada pela Res. n. 109/2001, DJ 20.04.2001)
>
> II – Havendo recurso parcial no processo principal, o trânsito em julgado dá-se em momentos e em tribunais diferentes, contando-se o prazo decadencial para a ação rescisória do trânsito em julgado de cada decisão, salvo se o recurso tratar de preliminar ou prejudicial que possa tornar insubsistente a decisão recorrida, hipótese em que flui a decadência a partir do trânsito em julgado da decisão que julgar o recurso parcial. (ex-Súmula n. 100 – alterada pela Res. n. 109/2001, DJ 20.04.2001)
>
> III – Salvo se houver dúvida razoável, a interposição de recurso intempestivo ou a interposição de recurso incabível não protrai o termo inicial do prazo decadencial. (ex-Súmula n. 100 – alterada pela Res. n. 109/2001, DJ 20.04.2001)
>
> IV – O juízo rescindente não está adstrito à certidão de trânsito em julgado juntada com a ação rescisória, podendo formar sua convicção através de outros elementos dos autos quanto à antecipação ou postergação do "dies a quo" do prazo decadencial. (ex-OJ n. 102 da SBDI-2 – DJ 29.04.2003)
>
> V – O acordo homologado judicialmente tem força de decisão irrecorrível, na forma do art. 831 da CLT. Assim sendo, o termo conciliatório transita em julgado na data da sua homologação judicial. (ex-OJ n. 104 da SBDI-2 – DJ 29.04.2003)
>
> VI – Na hipótese de colusão das partes, o prazo decadencial da ação rescisória somente começa a fluir para o Ministério Público, que não interveio no processo principal, a partir do momento em que tem ciência da fraude. (ex-OJ n. 122 da SBDI-2 – DJ 11.08.2003)
>
> VII – Não ofende o princípio do duplo grau de jurisdição a decisão do TST que, após afastar a decadência em sede de recurso ordinário, aprecia desde logo a lide, se a causa versar questão exclusivamente de direito e estiver em condições de imediato julgamento. (ex-OJ n. 79 da SBDI-2 – inserida em 13.03.2002)
>
> VIII – A exceção de incompetência, ainda que oposta no prazo recursal, sem ter sido aviado o recurso próprio, não tem o condão de afastar a consumação da coisa julgada e, assim, postergar o termo inicial do prazo decadencial para a ação rescisória. (ex-OJ n. 16 da SBDI-2 – inserida em 20.09.2000)
>
> IX – Prorroga-se até o primeiro dia útil, imediatamente subsequente, o prazo decadencial para ajuizamento de ação rescisória quando expira em férias forenses, feriados, finais de semana ou em dia em que não houver expediente forense. Aplicação do art. 775 da CLT. (ex-OJ n. 13 da SBDI-2 – inserida em 20.09.2000)
>
> X – Conta-se o prazo decadencial da ação rescisória, após o decurso do prazo legal previsto para a interposição do recurso extraordinário, apenas quando esgotadas todas as vias recursais ordinárias. (ex-OJ n. 145 da SBDI-2 – DJ 10.11.2004)

Sobre a prescrição intercorrente em ação rescisória, ver Súmula n. 264 do STF, no sentido de que se verifica a prescrição intercorrente pela paralisação da ação rescisória por mais de cinco anos.

CONCLUSÃO

A ação rescisória é uma ação extrema. Requer a existência de uma teratologia no sistema processual, que levou ao trânsito em julgado de uma sentença que não preenche requisitos mínimos de validade. Por isso deve ser utilizada com cautela dentro de um sistema jurídico processual. O abuso no uso de ações rescisórias pode comprometer a segurança jurídica e a celeridade dos processos, pois seria utilizada, na prática, como um último recurso.

Infelizmente, o uso de ações rescisórias tem sido mais frequente que o desejável no âmbito do Processo do Trabalho. Não há uma investigação científica sobre as causas que levam a este uso desproporcional de ações rescisórias. Pode-se comentar, de forma empírica, que o volume de processos pode levar a erros graves de procedimento, ou que a mudança de posições jurisprudenciais abre portas para que as partes desejem rever posicionamentos já sedimentados. Esse fenômeno ocorreu quando o TST mudou sua posição sobre alguns planos econômicos e permitiu a revisão de sua própria jurisprudência por meio de ações rescisórias. Entretanto, na falta de dados estatísticos confiáveis, essas afirmações devem ser vistas com cautela.

REFERÊNCIAS BIBLIOGRÁFICAS

AMARAL, Guilherme Rizzo. *Comentários às alterações do novo CPC*. São Paulo: Revista dos Tribunais, 2015.

ÁVILA, Humberto. *Segurança Jurídica*. 2. ed. São Paulo: Malheiros, 2012.

BUENO, Cássio Scarpinella. *Novo código de processo civil anotado*. São Paulo: Saraiva, 2015.

LEITE, Carlos Henrique Bezerra. *Curso de direito processual do trabalho*. 14. ed. São Paulo: Saraiva, 2016.

_____ (Org.). *Novo CPC*: repercussões no processo do trabalho. São Paulo: Saraiva, 2015.

MARINONI, Luiz Guilherme e outros. *O novo processo civil*. São Paulo: Revista do Tribunais, 2015.

_____. *Novo código de processo civil comentado*. São Paulo: Revista dos Tribunais, 2015.

NERY JÚNIOR, Nelson; NERY, Rosa Maria de Andrade. *Comentários ao código de processo civil*. São Paulo: Revista dos Tribunais, 2015.

OLIVEIRA, Francisco Antonio de. *Comentários sobre a Instrução Normativa n. 39 (Resolução TST n. 203, de 15.03.2016) que dispõe sobre as normas do novo código de processo civil, instituído pela Lei n. 13.105, de 15.03.2015* – Rev. LTr, v. 80, n. 07, julho/2016, p. 796-823.

_____. *Ação Rescisória*. 4. ed. São Paulo: LTr, 2012.

PONTES DE MIRANDA, F. A. *Tratado da ação rescisória*. Edição atualizada por Nelson Nery Júnior e Georges Abboud. São Paulo: Revista dos Tribunais, 2015.

RUBIN, Fernando; REICHELT, Luis Alberto (Orgs.). *Grandes temas do novo código de processo civil*. Porto Alegre: Livraria do Advogado, 2015.

SCHIAVI, Mauro. *Manual de direito processual do trabalho*. 12. ed. São Paulo: LTr, 2017.

SILVA, Ovídio A. Baptista da. *Da sentença liminar à nulidade da sentença*. Rio de Janeiro: Forense, 2001.

STRECK, Lenio Luiz; NUNES, Dierle; CUNHA, Leonardo Carneiro da (Orgs.). *Comentários ao código de processo civil*. São Paulo: Saraiva, 2016.

TEIXEIRA FILHO, Manuel Antônio. *Comentários ao novo código de processo civil sob a perspectiva do processo do trabalho*. 2. ed. São Paulo: LTr, 2015.

THEODORO JÚNIOR, Humberto e outros. *Novo CPC – Fundamentos e sistematização*. 2. ed. Rio de Janeiro: Forense, 2015.

WAMBIER, Teresa Arruda Alvim e outros. *Primeiros comentários ao novo código de processo civil*. São Paulo: Revista dos Tribunais, 2015.

A Fundamentação da Sentença no Novo CPC e a Matéria de Fato: uma Análise da Subsunção/Concreção Judicial

Francisco Rossal de Araújo
Desembargador do Tribunal Regional do Trabalho 4ª Região.
Professor da Universidade Federal do Rio Grande do Sul (UFRGS)

INTRODUÇÃO

O Código de Processo Civil de 2015 trouxe um dispositivo específico (art. 489) para descrever os elementos e dispor sobre a fundamentação da sentença. O referido texto legal tem levantado uma série de questionamentos sobre o ato processual que é o ponto culminante do processo. De um certo modo, todos os atos processuais se encaixam para a possibilitarem a decisão da lide, depois de frustradas as possibilidades de acordo. O estudo deste dispositivo legal tem enormes implicações para o Processo do Trabalho, considerado subsidiariamente aplicável pela Instrução Normativa n. 39/2016/TST (art. 3º, IX) e deve ser visto com maior interesse, porquanto a lide trabalhista tem certas peculiaridades em relação ao processo comum.

A aplicação do Direito exige a sua concreção, ou seja, a adequação do conteúdo normativo genérico e abstrato a uma determinada situação de fato concreta. O Juiz deve fundamentar a sentença tendo em vista este objetivo. Mas este também é um dever da parte, que não pode formar um rol infinito de alegações vazias, inviabilizando a prestação jurisdicional com pedidos e argumentos inúteis ou irrelevantes.

O relatório é a narração descritiva dos principais pontos do processo. Tem natureza de síntese. A fundamentação é a apreciação dos fatos e normas aplicáveis, com as respectivas ponderações e juízos de valor. Tem natureza de análise. O dispositivo é o comando daquilo que foi decidido. Tem natureza novamente de síntese, relacionada ao resultado. O dispositivo é a conclusão da sentença. Sentença sem dispositivo é mais do que nula, ato inexistente. O dispositivo pode ser direto, quando especifica a condenação imposta ou a declaração judicial a que se destina; ou indireto, quando se reporta aos "termos do pedido"

O art. 489 do CPC assim disciplina a matéria:

> *Art. 489. São elementos essenciais da sentença:*
>
> *I – o relatório, que conterá os nomes das partes, a identificação do caso, com a suma do pedido e da contestação, e o registro das principais ocorrências havidas no andamento do processo;*
>
> *II – os fundamentos, em que o juiz analisará as questões de fato e de direito;*
>
> *III – o dispositivo, em que o juiz resolverá as questões principais que as partes lhe submeterem.*
>
> *§ 1º Não se considera fundamentada qualquer decisão judicial, seja ela interlocutória, sentença ou acórdão, que:*
>
> *I – se limitar à indicação, à reprodução ou à paráfrase de ato normativo, sem explicar sua relação com a causa ou a questão decidida;*
>
> *II – empregar conceitos jurídicos indeterminados, sem explicar o motivo concreto de sua incidência no caso;*
>
> *III – invocar motivos que se prestariam a justificar qualquer outra decisão;*

IV – não enfrentar todos os argumentos deduzidos no processo capazes de, em tese, infirmar a conclusão adotada pelo julgador;

V – se limitar a invocar precedente ou enunciado de súmula, sem identificar seus fundamentos determinantes nem demonstrar que o caso sob julgamento se ajusta àqueles fundamentos;

VI – deixar de seguir enunciado de súmula, jurisprudência ou precedente invocado pela parte, sem demonstrar a existência de distinção no caso em julgamento ou a superação do entendimento.

§ 2º No caso de colisão entre normas, o juiz deve justificar o objeto e os critérios gerais da ponderação efetuada, enunciando as razões que autorizam a interferência na norma afastada e as premissas fáticas que fundamentam a conclusão.

§ 3º A decisão judicial deve ser interpretada a partir da conjugação de todos os seus elementos e em conformidade com o princípio da boa-fé.

É nítida a intenção de especificar e forçar uma melhor fundamentação das sentenças, desenvolvendo o conteúdo do art. 93, IX, da Constituição.

O presente artigo traz a reflexão sobre como o julgador aplica a lei em relação à situação de fato e como se dá o encaixe de raciocínios que levam à decisão. Na primeira parte, será analisada a situação de fato como acontecimento (real) e como enunciado (argumento) e de que modo ela é apreendida no processo de decisão. Na segunda, a situação de fato será estudada diante de seu encaixe no suporte fático da norma, gerando a respectiva conclusão.

1. SITUAÇÃO DE FATO COMO ACONTECIMENTO E SITUAÇÃO DE FATO COMO ENUNCIADO

Na busca da conformação da situação de fato concreta à situação de fato abstrata (suporte fático da norma jurídica), realiza-se um raciocínio silogístico chamado subsunção. Para melhor compreendê-lo, dentro do tema geral da concreção, é preciso distinguir entre situação de fato como acontecimento e situação de fato como enunciado[1].

A situação de fato como acontecimento é a realidade em si mesma. É o todo contínuo da realidade que sempre avança. É impossível compreendê-la na sua totalidade, pois a realidade é inalcançável. Não existe um lugar dentro da existência desde onde se possa ver toda a realidade. Conforme a crença de cada um, é possível imaginar que Deus possa ver toda a realidade. Nas religiões cristãs, um dos dogmas é a onipresença de Deus. Aos seres humanos não é dada essa graça e é preciso conformar-se apenas com a visão parcial. Sempre se vê parte da realidade, nunca a realidade em si. Além disso, o que se percebe depende do lugar de observação onde se está. Existem, portanto, diferentes perspectivas para perceber a realidade, sem que uma seja verdadeira e outra seja falsa[2].

Na apreciação das provas judiciais, é sempre bom ter em conta essa afirmação, pois o juiz estará construindo a verdade judicial, ou seja, a verdade declarada por um ato de Estado, a Jurisdição, que vai se tornar imutável pela força da coisa julgada. Todas as formas de perceber a realidade, segundo seu ponto de observação, são legítimas, pois existem múltiplas perspectivas. O posicionamento de cada um na sociedade define o ponto de observação desde o qual percebe a realidade. Isso não quer dizer que aquele que observa também não vá "distorcer" o fenômeno que observa, devido aos condicionamentos decorrentes do ponto de observação que ocupa. Ninguém analisa um fato ou a realidade de forma neutra. Sempre estará condicionado pelas informações de que dispõe. Sua análise será mais equilibrada na medida em que dispuser de maior número de informações, que lhe possibilitarão uma melhor comparação. Portanto, diante da perspectiva da realidade como um todo, é preciso levar em consideração dois fatores: ela é simultânea e é impossível vê-la em sua totalidade.

O aplicador da lei nada mais é do que um observador da realidade, que a reconstruirá segundo o seu ponto de vista. No processo judicial, o aplicador da lei é o juiz e ele é que reconstruirá a realidade segundo os valores constantes nas normas jurídicas e segundo alguns de seus valores pessoais. O Direito orienta a reconstrução da realidade até um determinado ponto. Utiliza o juiz como instrumento para a sua realização e tenta orientar-lhe valorativamente, segundo disposições constantes das normas jurídicas. Entretanto, a orientação que pode fazer o ordenamento jurídico vai até determinado ponto. Depois, é necessário que a ordem jurídica deixe um determinado espaço. Faz isso porque é fruto da racionalidade humana e é aplicada por seres humanos e também porque é impossível prever todos os casos possíveis na realidade.

---

(1) Ver LARENZ, Karl. *Metodologia da Ciência do Direito*. 2. ed. Lisboa: Ed. Fund. Calouste Gulbenkian, 1989. p. 333.

(2) Ver HENKE, Horst-Eberhard. *La Cuestión de Hecho (El Concepto Indeterminado en el Derecho Civil y su Casacionabilidad*. Buenos Aires: Ed. Jurídicas Europa-América, 1979, p. 75 e GASCÓN ABELLÁN, Marina. *Los Hechos en Derecho (Bases Argumentales a la Prueba)*. Madrid: Ed. Marcial Pons, 1999. p. 42-43.

Se está construída para ser aplicada aos seres humanos e utiliza seres humanos na sua aplicação, é evidente que a ordem jurídica não pode separar de forma tão estrita os mundos do "ser" e do "dever-ser". Em algum ponto ambos têm de se encontrar. Dentro da organização do processo, a realidade ("ser") toca o jurídico ("dever-ser") de forma direta, no campo das provas, na concreção e na execução da sentença.

No campo das provas e da concreção, sendo o primeiro um pressuposto para o segundo, o aplicador da norma jurídica terá de utilizar os seus sentidos para aproximar-se da versão que lhe é contada pelas partes. Através das provas judiciais, averiguará a controvérsia e comprovará as alegações de um e de outro. Se não estiver convencido, poderá inclusive determinar a realização de novas diligências. Não para buscar a "realidade material", ou a "verdade real", mas para encontrar mais elementos a fim de formar a sua realidade, a realidade judicial. Essa verdade judicial é uma "verdade formal" no sentido de que é limitada por dois parâmetros: tanto por normas jurídicas (processuais e materiais) quanto pela imperfeição da capacidade cognoscitiva do agente.

Assim como cada indivíduo possui a sua noção de realidade e poderá compartilhá-la com outros indivíduos através da comunicação, o processo judicial também é um processo comunicativo no qual o juiz e as partes compartilharão os seus pontos de vista de observação da realidade. Por meio da observação e da comunicação, poderá o julgador apreender a realidade e modificá-la, segundo os valores constantes da norma jurídica ou segundo os seus valores subjetivos, sempre dentro do espaço de indeterminação deixado pela própria norma jurídica.

As partes, quando expõem suas razões no processo, já interpretaram a realidade e a enunciam para o julgador conforme sua percepção e seus interesses. O juiz ponderará as versões e construirá a sua, segundo técnicas processuais (meios probatórios) e normas materiais que condicionam a sua interpretação (ônus probatórios e presunções). No final, construirá a sua própria versão da realidade, que servirá como base da sentença judicial. A sentença judicial é uma visão da realidade como qualquer outra. No plano extra-jurídico não há nenhuma distinção entre a versão do juiz e a versão das partes. Apenas se diferencia da visão das partes por força dos efeitos distintos que lhe dá o ordenamento jurídico. Esta é a distinção entre proposição jurídica e sentença judicial. A sentença judicial é uma proposição jurídica com força coercitiva, determinada por uma norma jurídica. Ao conceber a situação de fato para poder aplicar a norma, o juiz a reduz a um enunciado como qualquer outra pessoa. Os efeitos são distintos por força do que dispõe o ordenamento jurídico (coisa julgada).

Normalmente, a atividade do julgador inicia com a necessidade de reduzir uma situação de fato como um acontecimento a uma situação de fato como um enunciado. Se não realizar essa operação é impossível aplicar a norma jurídica, porque o suporte fático só pode ser preenchido por um enunciado, pois a realidade em si mesma é extremamente complexa e inalcançável.

O juiz não tem poderes para movimentar o ordenamento jurídico por sua própria iniciativa. A regra geral é de que o Judiciário somente se movimenta por provocação das partes. Diante da observação de um caso concreto, o juiz pode movimentar o Judiciário como outro qualquer cidadão comum. Nesse caso, porém, estará atuando como uma parte qualquer, e não como membro de um dos poderes do Estado. Exercendo a função jurisdicional, o juiz, em regra, deve esperar a manifestação das partes.

A realidade que chega ao juiz é uma realidade interpretada, que foi filtrada pelas partes segundo os seus meios de percepção e segundo os seus interesses. Portanto, o ponto de partida do julgador não é um ponto de partida inicial, e sim o ponto de partida que começa com as versões que lhe apresentam. O meio no qual opera o raciocínio do julgador não é a realidade como um acontecimento, mas sim a realidade que lhe é exposta segundo o modo de ver de cada parte. Note-se que sequer se está cogitando da hipótese de algum dos contingentes agir com dolo, o que é realmente possível, mas apenas do fato de que o julgador se depara com visões construídas a partir da realidade desde pontos de vista distintos. Se fossem apresentadas dolosamente distorcidas, as versões constituiriam uma patologia jurídica.

A "ideia" que o julgador tem da situação de fato verificada tem de ser por ele reduzida a um enunciado para poder comparar as notas distintivas da previsão legal e a situação de fato verificada, de acordo com a norma jurídica[3]. Em geral, o julgador recebe um relato sobre determinados fatos que narram determinada controvérsia. Também recebe uma "proposta" de decisão, ou seja, aquele que lhe apresenta o relato, propõe, com base na sua interpretação do conteúdo das normas jurídicas, uma determinada solução para o caso. Deve ser lembrado que, nas normas processuais, aquela ação que não tenha um pedido, que não deixa de ser uma proposta de decisão, pode ser considerada inepta. O juiz não está obrigado a acatar todos os detalhes contidos nos

---
(3) Cf. LARENZ, Karl. *op. cit.*, p. 334.

relatos oferecidos pelas partes e pode buscar outros que entender relevantes, de acordo com os poderes que recebe para conduzir o processo e determinar a produção de provas. Não deixa de ser curiosa essa situação: por um lado, não tem poder, em regra, para tomar a iniciativa de movimentação do processo; por outro, uma vez instaurado, o ordenamento jurídico lhe dá poderes para buscar elementos probatórios além daqueles mencionados pelas partes.

Realizada a primeira redução da situação de fato como acontecimento por meio das versões apresentadas pelas partes, o juiz, fará a sua redução a partir do que lhe é contado. Nesse momento, poderá orientar a produção de provas segundo a existência de controvérsias nas diferentes versões. Somente ordenará a produção de provas sobre aquilo que é controverso, porque seria ilógico ordenar produzir prova sobre algo que não é objeto de discussão. Após a produção das provas pode ocorrer que o juiz mantenha ou reforce a versão inicial que tinha quando ordenou a produção de provas. Dessa forma, confirmará a versão inicial que havia construído ao ouvir a exposição da controvérsia por cada uma das partes. Entretanto, também pode ocorrer que mude de opinião, sanando eventuais dúvidas que possuía ou constatando que a versão que acreditava era falsa.

Seria ingênuo pensar que o juiz ordena a produção de provas a partir de uma total ausência de valoração. Quando adentra na atividade probatória, o juiz já efetuou uma série de valorações, inclusive para estabelecer que fatos realmente são controversos. Ainda que não tenha totalmente definida a sua posição, nesse primeiro momento, sempre haverá uma determinada posição provisória. É preciso ressaltar, por outro lado, que é essencial que um bom juiz sempre cogite da possibilidade de estar equivocado a fim de manter a prudência e o bom senso. Entretanto, conforme verificado no parágrafo anterior, é logicamente necessário que o juiz se posicione sobre alguns fatos para que possa conduzir a atividade probatória, estabelecendo o que é controverso.

A essa altura, pode-se afirmar que o texto da lei lhe dá os parâmetros valorativos, ainda que contenha espaços de indeterminação, e as versões das partes lhe oferecem os parâmetros factuais, ainda que incompletos e pendentes de averiguação probatória. Esse enunciado fático provisório será o núcleo a partir do qual começará o processo e que possibilitará que se lhe agregue a questão de Direito.

O juiz instrui o processo mediante dois parâmetros: questões de fato ("ser") e questões normativas ou questões de direito ("dever-ser"). Ambos estão conectados, porque o Direito tem um caráter instrumental em relação à realidade. Tanto no sistema romano-germânico quanto na *common law*, o processo gira em torno dessas questões. O certo é que, com base nesse núcleo provisório, o juiz "monta" o andamento do processo e possibilita que cada uma das partes utilize os meios de prova para tentar convencê-lo da validade da sua versão, em detrimento da versão contrária. Assim, se estabelece a dialeticidade do processo, que visa à construção de uma síntese final representada pela sentença. A sentença realiza a concreção jurídica.

Com base na lição de KARL LARENZ[4], é possível fazer um resumo da atividade judicial na redução da situação de fato como um enunciado visando a concretizar a norma jurídica: a) o julgador terá de reduzir a versão das partes a um enunciado, embora que essas versões, consideradas em si mesmas, já constituem uma primeira redução; b) nesse enunciado estará o que lhe parece relevante para a subsunção; c) os valores que utilizará para determinar o que é relevante estarão nas normas jurídicas do ordenamento, potencialmente aplicáveis à situação de fato. O julgador parte de uma situação de fato que lhe é relatada, examina quais as normas jurídicas que lhe são potencialmente aplicáveis e complementa em seguida a situação de fato atendendo às previsões dessas proposições jurídicas. O citado autor remata, dizendo que a situação de fato só obtém a formulação definitiva quando se tomam em atenção normas jurídicas em conformidade com as quais deva ser apreciada. Por seu turno, as normas jurídicas deverão ser concretizadas atendendo à situação de fato em apreço, o que poderia fazer crer na existência de um círculo vicioso. LARENZ, porém, descarta essa possibilidade, sustentando que isso realmente ocorreria se o julgador tivesse introduzido algo na situação de fato enquanto enunciado que não encontrasse apoio em alguma situação de fato verificada, ou quando tivesse "distorcido" a proposição jurídica de modo a permitir a consequência desejada pelo julgador[5].

Realmente existe o risco de o julgador distorcer a proposição jurídica ou introduzir algo na situação de fato como enunciado que não encontre apoio nas provas que foram trazidas ao seu conhecimento. A primeira reflexão que se pode fazer a esse respeito é a de que a aplicação do Direito, como toda a atividade humana,

---

(4) Cf. *op. cit.*, p. 336-337.

(5) *Idem.*

está sujeita a riscos e falhas e, entre elas, a distorção provocada por erro ou por inclinações ideológicas.

A distorção jurídica ou o acréscimo de situações ou fatos podem ser acidentais ou intencionais. A única forma de evitar tal perigo é a via processual. Quanto mais aperfeiçoado o método de aplicação do Direito, via utilização de normas que regulam o processo, mais garantias os cidadãos possuirão contra possíveis falhas na concreção jurídica. Assim, as normas processuais garantirão, por exemplo, o dever de fundamentação, os princípios do contraditório e do duplo grau de jurisdição. O primeiro representa uma garantia do cidadão frente à atividade Jurisdicional; o segundo tentará evitar a produção de provas secretas no processo, reforçando a dialeticidade do fenômeno processual; o segundo, a possibilidade de recorrer da decisão, também baseado na dialeticidade do processo, por meio de um argumento lançado a outro órgão judiciário, diferente do que lançou a primeira decisão[6].

2. SITUAÇÃO DE FATO COMO ENUNCIADO E ENCAIXE NO SUPORTE FÁTICO DA NORMA

Analisada a diferença entre situação de fato como acontecimento e a situação de fato como enunciado, é preciso verificar como se dá o encaixe entre a situação de fato como enunciado e o suporte fático da norma jurídica.

Normalmente, a realidade é muito mais rica que a simples descrição textual contida na norma jurídica. Na descrição de um homicídio ou na celebração de um contrato, por exemplo, existem muitos outros detalhes possíveis que escapam da descrição da conduta contida em um tipo penal ou um artigo do Código Civil que define certo contrato. No Direito do Trabalho, da mesma forma que em outros ramos do Direito, as disposições constantes das normas jurídicas que lhe são específicas são insuficientes para abarcar todas as possibilidades fáticas em seus pormenores.

Assim, a atividade do aplicador da lei consiste em isolar componentes específicos da descrição dos fatos reais e selecionar aqueles que são o cerne da conduta de modo a preencher o suporte fático da norma. Deverá desprezar, na maioria dos casos, uma série de dados irrelevantes para o processo subsuntivo, permanecendo apenas aqueles que sejam essenciais. Pode-se concluir que realizará várias valorações até aceitar que determinado detalhe se transforme em um dos elementos componentes do suporte fático de uma norma jurídica.

Também realizará juízos de valor ao rejeitar outros tantos aspectos da realidade. Na eleição dos elementos relativos à descrição abstrata e genérica de um fato, de modo a constituir-se em suporte fático de uma norma jurídica, o aplicador da norma efetua uma série de valorações. O fato de ser realizada essa atividade dessa maneira, por si só, afasta a ideia de que o processo subsuntivo se resume numa mera atividade lógico-formal. Pelo contrário, é uma atividade altamente relacionada com valores.

Ao subsumir o fato real ao suporte fático da norma, o aplicador da norma jurídica valora e seleciona apenas os elementos que considera relevantes. A realidade que lhe chega, e que servirá como elemento de subsunção, nunca é a realidade substantiva dos fatos, tais como ocorreram. Como o tempo é contínuo e irreversível, sempre a realidade submetida à apreciação será uma realidade reconstruída através da atividade probatória. A verdade real nunca será conhecida pelo aplicador da norma, porque se encontra no passado e nunca voltará. O que se tem é a possibilidade de reconstrução dos fatos através das alegações das partes, confrontadas com as provas trazidas ao processo. A chamada "busca da verdade real" nada mais é do que uma expressão utilizada com o objetivo de dar mais poderes ao aplicador da norma na obtenção de provas para a construção de uma "verdade judicial", isto é, para que ele tenha condições de determinar outras diligências probatórias que não sejam somente aquelas indicadas pelas partes. Na realidade, trata-se mais de uma expressão de política jurídica do que uma expressão com sentido técnico.

A verdade judicial sempre será uma reconstrução. Terá melhor qualidade essa reconstrução na medida em que o aplicador da lei dispuser de maior número de informações, levadas a ele pelas partes ou descobertas pelas diligências por ele determinadas. Nessas circunstâncias, o direito probatório é o instrumento pelo qual se faz a conexão entre o suporte fático e a realidade, ou, em palavras mais técnicas, entre a premissa maior que opera no mundo do "dever-ser", e a premissa menor, que responde a exigências do mundo do "ser". Será uma tentativa de reconstrução formal da realidade que

---

(6) Normalmente esse outro órgão tem composição plural (mais de um juiz) e está situado em hierarquia superior, com competência para reformar a sentença que lhe é submetida em grau de recurso. Porém, a simples existência do duplo grau de jurisdição não assegura que a concreção jurídica em segunda instância tenha um conteúdo melhor do que a primeira. Apenas representa o caráter dialético do processo, permitindo um mínimo de controle. No plano substantivo, porém, será a modificação de uma decisão por outra, ou a manutenção da sentença recorrida. É evidente que, dentro de determinado ângulo, a aplicação do Direito sempre será arbitrária. A tarefa da ciência jurídica é reduzir o grau dessa arbitrariedade.

mais se aproxime ao fato real propriamente dito, reduzindo a situação de fato como acontecimento à situação de fato como enunciado. Por meio da produção de provas o aplicador da norma jurídica buscará todos os elementos possíveis que descrevam a situação de fato. Depois, por meio de um sistema de valoração, dirá quais fatos entende provados, fundamentando a sua decisão. Assim, eliminará alguns fatos e aproveitará outros, sempre fundamentando a relevância que têm para a solução da controvérsia. A solução definitiva será aquela que decorrer da aplicação/criação da norma jurídica ao caso concreto, que terá como base o processo subsuntivo antes descrito.

Visto dessa perspectiva dinâmica (ou processual em sentido lato), pode-se afirmar que não há separação entre fato e direito no processo de concreção jurídica. Os fatos são reconstruídos, interpretados e valorados juridicamente, como elementos constituintes de um processo total de aplicação/criação do Direito. Portanto, a separação entre o mundo dos fatos (regidos por relações de causalidade) e o mundo do Direito (regido por relações de imputação) só tem razão de existir no sentido mais amplo da Filosofia da Ciência. No campo da aplicação do Direito, de natureza mais estrita, todo fato deve ser compreendido como fato jurídico, ou seja, como elemento relevante na composição de uma norma jurídica ou como fato traduzido e interiorizado no sistema jurídico.

Afirmar que os fatos são "traduzidos" pelo jurídico ao sofrerem a ação de normas jurídicas, ou que se transformam para fazer parte do mundo jurídico não quer dizer que os fatos jurídicos, como fatos que são, não obedecem a relações de causalidade. Numa ação envolvendo uma despedida justa por acidente de trânsito causado por embriaguez, por exemplo, o juiz averiguará, no âmbito processual, se houve nexo de causalidade entre os dois fatos: acidente e embriaguez. Da mesma forma, para caracterizar a justa causa para a despedida, deverá averiguar se o fato imputado ao trabalhador guarda conexão causal com a motivação para o rompimento do vínculo jurídico de emprego. No exemplo, o pressuposto da decisão será o nexo de causalidade entre o fato real e o fato juridicamente apreciado, a fim de fazer a conexão com a consequência jurídica que lhe é imputada. Comparará as duas situações e apreciará se houve nexo de causalidade entre ambas de forma que seja possível enquadrá-la na norma jurídica e estabelecer a consequência que ela prevê. A concreção da norma jurídica deve ser considerada como um todo, isto é, desde a tradução do fato real para fato jurídico até a atribuição da consequência jurídica. Para que isso ocorra, o juiz deverá "reconstruir" o fato, dando-lhe conotação jurídica, a partir das alegações das partes e dos meios de prova de que dispõe. A realidade do processo não é a realidade em si, mas a realidade reconstruída juridicamente, tendo como referência normas processuais e materiais.

Manter a relação dos fatos relevantes ao Direito com as normas jurídicas é essencial para que o sistema jurídico possa ser considerado como um sistema científico. As normas jurídicas devem ser o ponto de referência para a interpretação dos fatos. Por meio dos valores embutidos nas normas, se transforma a realidade material em realidade jurídica. Alguns autores falam na existência de uma "força normativa factual"[7], defendendo o ponto de vista de que a relação fática, a situação fática merecedora de proteção, e a responsabilidade fática geram a necessidade de um reconhecimento judicial muito antes que a dogmática prepare o terreno para uma reforma legislativa capaz de elaborar uma nova norma que a regule.

A posição que defende a "força normativa do factual" precisa ser bem estudada e tomada em consideração com a devida cautela. Não há dúvida de que a realidade social caminha na frente da possibilidade de prever condutas genéricas e abstratas e positivá-las através de normas jurídicas. Nesse sentido, é bastante claro o caráter de conservação que possui a norma jurídica. O sistema jurídico tem caráter conservador mas, para sobreviver às mudanças dos fatos gerados na sociedade, deverá estar em contínua adaptação, sob pena de ruptura e suplantação por outro sistema jurídico, mais adaptado à realidade social. Assim, existe a previsão de determinadas medidas que adaptam o sistema jurídico a novas situações, exatamente com o intuito de preservar a sua integridade e velar pela sua manutenção. Pequenas alterações são realizadas para que a essência permaneça intocada. Essas mudanças ocorrem em três pontos: nos próprios espaços de indeterminação deixados pelo legislador, nos quais é possível fazer a adaptação aos novos tempos por meio da atividade interpretativa; na perda de validade através da perda do mínimo de eficácia de determinadas normas (dessuetudo); e nas alterações proporcionadas pelo processo legislativo, desde que não ocorra uma ruptura total com a norma que fundamenta o sistema.

Analisando essas três opções de mudanças na legislação, verifica-se que todas contêm um componente da atividade política, variando apenas em função da quantidade e não da qualidade. No fundo, tanto a atividade jurisdicional quanto a atividade administrativa nada mais são do que um prosseguimento da atividade

---

(7) Cf. ESSER, Josef. *Principio y Norma en la Elaboración Jurisprudencial del Derecho Privado*. Barcelona: Bosch, 1995. p. 314-315.

política levada a cabo pelo legislador. O que varia é o âmbito de discricionariedade que lhe é outorgado[8].

Diante das reflexões realizadas nos parágrafos anteriores, é possível afirmar que existe uma "força normativa do factual" desde que essa força seja compreendida na totalidade do fenômeno jurídico. Do mesmo modo que não se pode conceber de forma radial a distinção entre Direito Processual e Direito Material, entre "ser" e "dever-ser", também a força criadora dos fatos deve ser compreendida dentro do fenômeno jurídico, na concepção de equilíbrio instável das normas jurídicas e dos espaços de indeterminação deixados pelo ordenamento jurídico. Analisa-se a contraposição entre fato e Direito com o olhar crítico que se deve lançar a todas as dicotomias criadas pelo raciocínio classificador do ser humano. Toda a classificação não é um fim em si mesmo, apenas serve para orientar e situar aquele que a utiliza.

Afirmar o potencial criador do poder Judiciário, por meio do espaço a ele reservado por meio da atribuição de poderes que lhe dá o ordenamento jurídico, a chamada discricionariedade judicial, não significa afirmar que a realidade fática sempre prevalece sobre as normas jurídicas. Pensar nesse sentido seria um grave erro em dois sentidos: primeiro, desapareceria o conceito de Direito, como ramo distinto da sociologia, levando aos equívocos de considerar o Direito como um mero decisionismo; segundo porque levaria ao esquecimento da ideia central do Estado de Direito de que a fonte principal do Direito é a atividade legislativa levada a cabo pelo Parlamento, democraticamente escolhido.

A lei (em sentido amplo) é, sem qualquer dúvida, a fonte principal de normas jurídicas e toda a atividade criadora do juiz ou toda a atividade da administração pública deve ter nela o seu parâmetro lógico e valorativo. Dentre as muitas razões que poderiam sustentar essa afirmação, a principal é a da existência do princípio democrático e da separação dos poderes. Se a pretensão é viver em um Estado democrático de Direito, a Lei deve ser obedecida e constituirá o centro da atividade jurisdicional e administrativa, porque foi votada pelos representantes da população e, em teoria, expressa a vontade geral, submetida a uma regra de respeitar a vontade da maioria. Como o juiz não é eleito, seus poderes estão restritos à interpretação do texto legal, que deve servir como fundamento e limite de suas decisões. Portanto, sempre que se falar em "força normativa do factual", se deve tomar em conta tais pressupostos, sob pena de cair em um grau inaceitável de arbitrariedade. A mesma lei que dá espaço para a criação do intérprete lhe serve de limite. O juiz quando considera a realidade fática, deve traduzi-la de acordo com os parâmetros jurídicos do sistema jurídico no qual opera, sob pena de ser arbitrário e substituir os parâmetros objetivos da lei pelos seus parâmetros subjetivos.

Os problemas de subsunção por falta de informação (lacunas de conhecimento) relacionam-se com situações de fato. Mais precisamente, com o problema de adaptação ou encaixe de um fato concreto a um suporte fático de uma norma (previsão genérica e abstrata). O aplicador da norma jurídica realiza uma série de atividades valorativas para adaptar o fato concreto ao suporte fático de modo a estabelecer as condições necessárias para a atribuição da consequência jurídica prevista. A busca dos fatos que servirão como verdade judicial é a atividade probatória em si. De posse dos fatos e realizando o juízo de valor a respeito de seu encaixe na previsão legal, o julgador cria uma norma jurídica individual ao caso concreto. Ao desprezar alguns elementos fático e dar relevo a outros, efetua valorações e não apenas executa atividades lógico-formais.

Nesse ponto da exposição, é preciso buscar quais os instrumentos que o juiz utiliza para perceber a realidade. Se é certo que o julgador tem que valorar fatos, ou versões dos fatos que lhe são apresentadas no processo por meio da atividade probatória, também é certo que antes de valorá-los o aplicador da norma tem de percebê-los, colocando-os dentro de sua realidade subjetiva.

A necessidade que o aplicador da norma jurídica tem de apreender os fatos para valorá-los e, dessa forma, encaixá-los na premissa maior existente (suporte fático), leva ao problema dos limites da percepção e ao grau de subjetivismo a que está sujeita a subsunção e, por conseguinte, a concreção jurídica.

Não há como afastar certo subjetivismo da concreção porque os indivíduos que a realizam são seres humanos com idiossincrasia própria. Cada pessoa tem uma determinada forma de perceber a realidade, ainda que possa ter em comum uma série de pontos de vista com outros. O que o Direito tenta evitar é o subjetivismo puro do aplicador da norma e esse é o papel a ser desempenhado pelas normas jurídicas.

Sobre o problema de cada julgador utilizar somente os seus valores subjetivos, já se falou quando se exemplificava a existência de sistemas dedutivos e indutivos. O subjetivismo extremado estaria no sistema indutivo puro, chamado de livre descoberta do Direito por parte do julgador, conforme a concepção platônica. Seria

---

[8] Cf. KELSEN, Hans. ¿Quién debe ser el Defensor de la Constitución? Madrid: Tecnos, 1995. p. 18-19.

quase impossível falar na existência de um sistema jurídico nessas condições, pois a única regra geral seria a de que as decisões dos juízes deveriam ser obedecidas. Entretanto, como cada juiz representaria um ordenamento jurídico autônomo, não existiria um mínimo de coerência valorativa e unidade interna, capazes de garantir a segurança jurídica. Coerência valorativa e segurança jurídica estão intimamente conectadas e são consideradas elementos essenciais para a existência de qualquer sistema jurídico. Por outro lado, é sempre bom lembrar que o outro extremo também é inviável: não existe sistema jurídico capaz de prever todas condutas humanas.

Não existe sistema jurídico na hipótese de total subjetivismo por parte do aplicador das suas normas, por ausência de coerência valorativa. Para frear a essa situação é que aparecem as normas jurídicas. Elas servem como parâmetros para o legislador e trazem embutidos valores pelos quais devem atuar e limitar a sua atividade. Nessa concepção, as normas jurídicas constituem valores necessários para a aplicação e, ao mesmo tempo limitam a atuação do seu aplicador. Ao descreverem condutas abstratas e ao associarem consequências jurídicas a tais condutas, de certa maneira condicionam o raciocínio de quem as aplica a um determinado resultado. O resultado específico não está dado em todos os seus detalhes, pois existe um certo grau de indeterminação, tanto na subsunção dos fatos quanto na fixação dos limites da consequência jurídica. Na subsunção dos fatos, o espaço de indeterminação é representado pelas possibilidades de interpretação da conduta a ser subsumida. Na fixação dos limites da consequência jurídica, pode-se atribuir mais ou menos poder, ou aplicar uma sanção mais ou menos grave. Pode, inclusive, interpretar que o fato descrito não se enquadra na previsão genérica e abstrata da norma e, assim, não gerar consequência jurídica nenhuma. De qualquer maneira, a norma "conduz" a sua aplicação em um determinado sentido, pois o aplicador não pode contrariá-la frontalmente, sob pena de nulidade da decisão. Além das sanções de nulidade, alguns ordenamentos jurídicos inclusive preveem a possibilidade de sanções pessoais ao juiz que descumprir frontalmente as normas. Dessa forma é que se marcam os limites ao subjetivismo judicial por meio de normas jurídicas.

CONCLUSÃO

Não há uma sequência obrigatória entre análise de argumentos de fato e de direito. Eles podem se intercalar no decorrer da argumentação. Entretanto, em nosso sistema jurídico, de natureza romano-germânica, uma norma jurídica é composta de uma previsão genérica e abstrata de uma relação de fato, à qual se atribui uma consequência jurídica, por meio de uma regra de imputação (Kelsen). Assim, em geral, a fundamentação começará pela compreensão da situação de fato e, uma vez que esteja delineada, buscar-se-á o direito aplicável. Isso decorre porque a aplicação da norma não é diferente de um processo subsuntivo lógico, em que há uma premissa maior (previsão genérica e abstrata), à qual se encaixa uma premissa menor (caso concreto), imputando a consequência jurídica (conclusão).

A grande questão trazida pelo novo CPC são as hipóteses de sentença não-fundamentada trazidas no § 1º do artigo comentado. A motivação da sentença deve se relacionar com o fato submetido a juízo, ser completa e coerente. O Juiz pode dispensar a fundamentação de alguns argumentos lançados, se o argumento utilizado for prejudicial ou já contiver os outros argumentos lançados. Deve respeitar também o art. 10 do CPC, evitando o argumento-surpresa.

A circunstância de paráfrases, análise de conceitos jurídicos indeterminados, aplicação de Súmulas ou motivos genéricos encontrarão os velhos e conhecidos problemas de hermenêutica no exercício da prestação jurisdicional. Por exemplo, o caso pode ser tão singelo que se restrinja à aplicação literal da lei ou de uma Súmula. Nem sempre a fundamentação longa e exaustiva é necessária. Além disso, onde uma parte vê uma certeza cristalina, a outra vê uma série de dúvidas.

O certo que sempre é positiva a iniciativa de melhor fundamentação das decisões judiciais, porquanto o cidadão tem o direito de saber os motivos pelos quais ganhou ou perdeu a demanda. A garantia de fundamentação é um princípio constitucional e uma expressão de racionalidade do Direito (art. 93, IX, CF).

A sentença deve ser interpretada como um todo em si mesmo e coerente, e não a partir de fatos e trechos isolados. Trata-se de um ato de vontade e inteligência. Deve ser interpretada no sentido da conjugação de todos os seus elementos, buscando-se sempre a intenção do Julgador. Isso somente será atingido se houver harmonia entre sua leitura e o objeto do processo, todos os seus atos e as questões suscitadas no seu decorrer. Tudo isso em conformidade com o princípio da boa-fé (art. 5º, CPC).

Aspectos da Liquidação de Sentença Trabalhista a partir do Novo CPC

Luiz Alberto de Vargas
Desembargador do Trabalho/RS

A liquidação de sentença é uma "atividade judicial cognitiva pela qual se busca complementar a norma jurídica individualizada estabelecida num título judicial" (DIDIER JR, 2014, p. 112).

A partir de extinção da ação executiva no novo Código de Processo Civil (NCPC), a liquidação de sentença foi deslocada do livro destinado ao Processo de Execução para o capítulo que trata do Processo de Conhecimento (Livro I, Capítulo IX, Título VIII), mudando sua natureza jurídica, de ação cognitiva vinculada à sentença para um mero incidente processual que antecede a fase de cumprimento da sentença (DRESCH, p. 38).

O NCPC, ao regular o procedimento de liquidação de sentença, define a liquidação como um procedimento prévio à execução (cumprimento da sentença). No processo do trabalho, a execução sempre foi uma fase do processo e a liquidação de sentença prévia ao procedimento de execução. A modificação no processo civil apenas confirma que, na liquidação de sentença trabalhista, não é aplicável a regra de subsidiariedade do art. 889 da Consolidação das Leis do Trabalho – CLT (normas do "processo dos executivos fiscais"), que se destina aos "trâmites e incidentes do processo de execução" – mas sim a regra do art. 769 da CLT (normas do "direito processual comum").

No processo do trabalho, a escassa base normativa contida na CLT, que praticamente se resume ao art. 879 da CLT, faz com que nesta fase processual aplique-se subsidiariamente, nas lacunas da norma trabalhista, boa parte das normas do processo civil atinentes à liquidação por sentença, quando não sejam incompatíveis com o processo trabalhista (art. 769 da CLT). Ao contrário do que ocorre na fase de cumprimento de sentença, na fase liquidatória trabalhista não se aplicam subsidiariamente as normas que regem os processos de execução fiscal (Lei n. 6.830/1990, devendo entender-se a expressão "processo de execução" contida no art. 889 da CLT como sendo a fase processual trabalhista que se inicia com a citação (art. 880 da CLT) do executado para pagar a dívida. À fase de liquidação, assim, aplicam-se as normas do processo comum.

Tal aplicação subsidiária, entretanto, se faz de forma heterodoxa, adaptada às particularidades do processo do trabalho, moldada pela prática forense e sem estar necessariamente plasmada em regulação formal. Tal aplicação subsidiária– basicamente no que concerne à garantia do contraditório –, resulta em um procedimento híbrido, consolidado na prática, mas bastante distinto do previsto nas normas do processo civil. Exemplo de tal aplicação híbrida é a inexistência de qualquer recurso contra a sentença de liquidação, que somente pode ser manejado após a penhora (art. 884, § 3º, CLT). Nesse sentido, por norma expressa, o devedor somente pode impugnar a sentença por meio de "embargos à penhora", o mesmo ocorrendo com o credor por meio de "impugnação à sentença de liquidação".

1. A SENTENÇA DE LIQUIDAÇÃO DE SENTENÇA COMO PROCEDIMENTO DE COGNIÇÃO QUE A APROXIMA DA SENTENÇA DE CONHECIMENTO

Nos termos do § único do art. 1.015 do NCPC, contra as decisões interlocutórias proferidas na fase de liquidação de sentença, cabe agravo de instrumento. Pelo que se deduz, mantém-se a sistemática adotada pelo CPC anterior (art. 475 H), pela qual da decisão prolatada em sede de liquidação cabe agravo de instrumento[1]. No processo trabalhista, o recurso cabível é o agravo de petição (CLT, art. 897, *a*).

Conforme Eduardo Talamini (2005), no processo comum, a irrecorribilidade das decisões interlocutórias na fase de cumprimento da sentença faz bastante sentido porque, a sentença final (quando ocorre) "é meramente processual e presta-se a declarar o fim da atividade executiva", algo que "justifica o cabimento generalizado do agravo de instrumento contra interlocutórias no processo executivo e no cumprimento de sentença"; porém, não explica porque, na fase de liquidação (atividade cognitiva e que tende a uma decisão final de mérito), não se aplicam "os mesmos parâmetros de recorribilidade das interlocutórias adotados na fase de conhecimento". Assim, o autor propõe que, na liquidação de sentença, adote-se o mesmo procedimento da fase de conhecimento, ou seja, ainda que se denomine a decisão na liquidação de sentença como interlocutória (o que é doutrinariamente questionável, já que aquela se assemelha mais a um sentença de conhecimento), "bastaria uma regra especial, determinando que as interlocutórias proferidas no curso da fase liquidatória deveriam ser suscitadas como preliminares do julgamento do agravo cabível contra a decisão final de liquidação, ou seja, esse agravo cumpriria o papel que cumpre a apelação na fase cognitiva" (TALAMINI, 2015).

Por certo a inexistência de recursos *imediatos*" contra decisões interlocutórias é uma das características do processo do trabalho, mas, tal como constata o processualista civil, também no processo do trabalho, o enquadramento da sentença de liquidação como decisão interlocutória causa grande transtorno.

Não é razoável que inexista qualquer recurso contra a sentença de liquidação, remetendo-se eventual discussão à fase executiva. Por certo, é bastante lógico que, na chamada "execução aparelhada" se permita a discussão, após a garantia do juízo, de eventual excesso de execução. Mas não é lógico que, na execução trabalhista de título judicial se aceite discutir novamente matéria de liquidação de sentença. Porém é exatamente o que acontece no processo do trabalho: além da discussão na fase de liquidação de sentença, ocorre, após a garantia do juízo, uma nova e intensa discussão sobre qual o valor que deve ser pago, inclusive com recurso (agravo de petição) à "sentença de embargos à execução" e/ou "sentença de impugnação à sentença de liquidação", o que, em realidade, se torna uma segunda sentença de liquidação, já que a primeira ocorre quando da homologação dos cálculos de liquidação.

Isso decorreu de uma interpretação ampliada das possibilidades de uso dos embargos de execução e da impugnação à sentença de liquidação[2] (art. 884 CLT) e uma indevida aplicação subsidiária do art. 16, § 1º[3] à liquidação de sentença trabalhista, que exige a prévia e integral garantia da execução como condição *sine qua non* para a oposição do executado, manejada por meio de embargos. Assim, um procedimento próprio das ações executivas em que se exige a garantia do juízo para exercício do contraditório na execução, passou a ser adotado impropriamente em um procedimento *prévio* à execução. A pretexto de "maior celeridade em benefício do credor", o processo do trabalho passou a oferecer ao executado dois momentos de discussão para "acertamento de contas": um prévio à execução (liquidação de sentença); outro, após a garantia do juízo (embargos à execução).

Misturam-se, aqui, dispositivos legais destinados a imprimir celeridade e eficácia à execução, plenamente justificados em seu contexto próprio, mas, quando associados, criam uma situação ambígua e contraproducente.

Tal situação levou a soluções bastante peculiares. Em prol da simplificação e da celeridade processuais, na prática, ocorre uma homologação expedita de cálculos apresentados por uma das partes ou elaborados por

---

(1) Conforme jurisprudência do Superior Tribunal de Justiça, excepcionalmente contra a decisão prolatada em sede de liquidação que pode efetivamente encerrar o processo – e, assim, tem natureza de sentença, cabe o recurso de apelação (STJ 3ª T. – REsp: 1291318 RS 2011/0116180-0, Relator: Min. Nancy Andrighi, julg: 07.02.2012)

(2) A despeito do § 1º do art. 884 restringir a "matéria de defesa" às alegações de cumprimento da decisão ou acordo, quitação ou prescrição da dívida, uma interpretação literal da expressão "impugnar a sentença de liquidação" do § 3º dá ensejo a uma apreciação dúplice da matéria atinente à liquidação de sentença: a primeira, na "homologação dos cálculos"; a segunda, na "sentença de execução", apreciando embargos à execução e/ou impugnação à sentença de liquidação".

(3) Art. 16, § 1º, da Lei n. 6.830/1980. Não havendo garantia por qualquer das suas formas, ou sendo insuficiente, não têm lugar os embargos *à* execução."

servidor para, após a garantia do juízo, oferecer às partes a possibilidade de uma defesa mais ampla e acurada, que é feita por meio de embargos à execução ou impugnação à sentença

Embora consolidado na prática, tal aplicação heterodoxa das normas do processo civil em subsídio ao processo trabalhista não propiciam maior celeridade, já que implicam em duplicidade de apreciação do mérito, além de representarem questionável restrição ao direito de defesa do devedor, já que a rápida homologação dos cálculos representam que o início da fase de cumprimento da sentença (citação) seja feita por um valor homologado ainda pouco debatido e potencialmente superior ao devido, obrigando o devedor a garanti-lo como pressuposto para apresentação de embargos.

Cabe questionar, em uma necessária releitura sobre a aplicabilidade das normas do processo civil, se é possível revisar tais procedimentos, dando à liquidação de sentença maior segurança jurídica e celeridade.

Seria possível pensar que uma interpretação menos rigorosa do § 3º do art. 884 da CLT pela qual o executado poderia impugnar a sentença de liquidação em embargos à penhora apenas em hipóteses de cumprimento da sentença ou acordo (matérias típicas de execução como legitimidade de parte, por exemplo), mas não em matéria de cálculos, que ensejariam agravo de petição imediatamente após a prolação da sentença de liquidação. Dessa forma, transitada em julgado a sentença de liquidação, ou seja, fixada a quantidade de unidades monetárias devidas, não haverá falar em revisão dos cálculos exceto no que tange à atualização monetária e juros.

2. A APLICABILIDADE DO NCPC NA LIQUIDAÇÃO DE SENTENÇA ADEQUADA À COMPLEXIDADE DO PROCESSO TRABALHISTA

O NCPC prevê a liquidação de sentença no capítulo XIV, arts. 509 a 512. O Tribunal Superior do Trabalho (TST) não se pronunciou pela sua aplicabilidade ou não ao processo do trabalho, uma vez que silencia sobre os artigos em questão na Instrução Normativa n. 39.

A mudança da legislação processual civil tem o condão de alterar significativamente a regulação dos procedimentos de liquidação de sentença, tendo-se em conta que, por expressa dicção do art. 15 do NCPC, suas disposições, na ausência de normas trabalhistas, são aplicáveis, não apenas subsidiariamente, mas supletivamente, ou seja, mesmo nas hipóteses em que exista norma trabalhista regulando a matéria, mas não de forma completa. Assim, abre-se caminho para uma aplicação de forma complementar, ainda quando não omissa a CLT, quando as normas do processo civil forem mais efetivas do que as da CLT e compatíveis com os princípios do processo do trabalho (SCHIAVI, 2015).

O art. 509 do NCPC, ao contrário de prever três modalidades de liquidação (por cálculo, por arbitramento ou por artigos) como faz o artigo celetista, fala em liquidação "por arbitramento" (quando determinado pela sentença, convencionado pelas partes ou exigido pela natureza do objeto da liquidação) ou "por procedimento comum" (quando houver necessidade de alegar e provar fato novo). A liquidação por simples cálculo aritmético está prevista no § 2º do art. 509 do NCPC, hipótese em que o credor poderá promover, desde logo, o cumprimento da sentença. O que se está a dizer é que o simples cálculo aritmético, ainda que computando juros e atualização monetária, não merece ser denominado tecnicamente como "liquidação de sentença".

A discussão remete à polêmica também presente na doutrina trabalhista quanto à existência de uma real fase de liquidação de sentença no processo do trabalho, mas apenas de uma "fase de quantificação ou de acertamento" (SANTOS, 2011, p. 42). Classicamente pensa-se a liquidação de sentença no processo do trabalho como uma simples operação de cálculo matemático, supondo-se que todos os elementos para sua elaboração devem estar contidos na sentença liquidanda (OLIVEIRA, 2006, p. 1423).

O processo trabalhista originalmente foi pensado para resolver questões simples de desacordos entre empregado e empregador, desinteligência quanto à interpretação legal ou descumprimentos pontuais da legislação laboral, ou seja, matérias de fácil resolução, de preferência resolvidas por acordo entre as partes envolvidas e que, no máximo, requeriam, em liquidação de sentença, cálculos aritméticos equacionados por um número bastante restrito de termos, bastando em geral o valor atualizado do salário, o tempo de meses trabalhados, o arbitramento do número de horas extras/noturnas prestadas por mês, a média de dias trabalhados por mês e uma média de dias de repousos no mês, tudo para cálculo das rescisórias, de um valor arbitrado de horas extras/noturnas e de repousos não pagos.

A realidade atual do processo de trabalho é de uma inicial com múltiplos pedidos e de uma contestação lacunosa em que se torna inviável exigir-se do julgador, ("beira ao absurdo", no dizer de Garcia, 2002) que, em sentença, formule cálculo de todas as verbas deferidas.

Assim, na maior parte dos processos trabalhistas, a liquidação de sentença não se faz por simples cálculo, mas pelo procedimento agora chamado "por arbitramento", através da homologação pelo juiz de cálculos elaborados por técnicos especializados que utilizam fórmulas bastante elaboradas para equacionamento de operações complexas que exigem, não apenas conhecimento matemático, mas contábil e atuarial. Não raramente também se faz a liquidação de sentença por artigos, agora denominado "procedimento comum".

À medida em que a própria relação de trabalho tornou-se mais diversificada, aumentaram enormemente o número de pedidos por processos e os cálculos trabalhistas tornaram-se consideravelmente mais complexos. Atualmente, não é mais possível a liquidação do mais simples dos processos sem que se saiba, no mínimo, quais as parcelas que compõem o salário contratual do empregado, quais destas tem natureza salarial/indenizatória, qual a memória de cálculo de cada parcela, qual a periodicidade de pagamento de cada parcela, quais os percentuais e épocas de reajustes salariais, quais as integrações adotadas pelo empregador, quais os períodos e percentuais de incidência das contribuições previdenciárias, etc. Mais: a partir da profissionalização por peritos contábeis passou-se a exigir precisão centesimal nos cálculos de liquidação, tornando-se pouco correto ainda falar-se em liquidação "por arbitramento".

A realidade, portanto, evidencia que o processo do trabalho tornou-se bastante mais complexo e exigente, não sendo mais aceitável a redução dos cálculos trabalhistas a fórmulas incompletas, simplificações contábeis e arbitramentos aproximativos.

3. AS POSSIBILIDADES CONCRETAS DE UM PROCEDIMENTO SIMPLIFICADO

Na sistemática do processo civil, o encargo de promover a liquidação é do interessado (credor ou devedor) na forma do art. 509 NCPC, ao contrário do processo trabalhista, em que a liquidação e a própria execução se fazem "ex officio" (art. 878 e 879 CLT). Essa diferença a partir do NCPC fica mitigada, na medida em que o NCPC incumbe ao juiz a direção do processo (art. 139 *caput*), dotando-lhe de um série de poderes (art. 139, IV) que lhe permitem evitar procrastinações (art. 139, III), dar maior efetividade ao processo (art. 139, VI) e velar pela razoável duração razoável do processo (art. 139, I).

Entretanto, apesar da natureza inquisitorial do processo do trabalho (art. 765 CLT), esta não chega ao ponto de admitir que possa o juiz, após o transito em julgado da sentença de conhecimento, determinar diretamente a realização dos cálculos, sem oportunizar previamente às partes que o façam. Ante a clareza do § 1º *B* do art. 879 da CLT, que determina que as partes deverão ser previamente intimadas para a apresentação do cálculo de liquidação, inclusive da contribuição previdenciária incidente, não há como entender-se que, de ofício, possa o juiz remeter esse encargo a servidor ou a contador nomeado, antes de propiciar às partes a feitura dos cálculos liquidatórios.

Outra regra em que não se pode constatar omissão que justifique aplicação subsidiária do NCPC é a do art. 879 § 2º, pela qual, ao término do procedimento de liquidação da sentença, ou seja, quando proferida a sentença de liquidação, a critério do juiz, as partes poderão ser intimadas para apresentação de impugnação fundamentada com indicação de item e valores objeto de discordância, sob pena de preclusão.

A primeira observação necessária é que tal procedimento não é obrigatório, mas facultativo. Ainda assim, é altamente recomendado, uma vez que reduz substancialmente as matérias a serem enfrentadas durante a liquidação, na medida que estabelece prazo preclusivo e exige que toda impugnação seja fundamentada e matematicamente demonstrada.

A segunda observação é que, aparentemente, o objetivo do legislador foi o de estabelecer um contraditório somente depois da sentença de liquidação, uma vez que o texto legal fala em "elaborada a conta tornada líquida". O objetivo parece ter sido criar um procedimento simplificado no qual uma conta seria elaborada pelo próprio juízo, o que estabeleceria uma liquidação realizada de ofício pelo juiz. Entretanto, tal possibilidade é contraditória, como se viu, com a regra contida no § 1º *B* do próprio art. 879. Além disso, uma interpretação literal do art. 879 § 2º leva à situação algo peculiar de que as partes somente tenham de estabelecer os limites da decisão – que, normalmente, deveria ser homologatório dos cálculos de uma ou outra das partes – somente depois que a própria decisão tenha sido prolatada.

Na verdade, a própria ideia de um procedimento simplificado em que a sentença de liquidação se limite a chancelar uma conta singela e isenta de maiores questionamentos, é tributária de uma visão em que os cálculos trabalhistas são, em geral, pouco complexos, algo que não corresponde à realidade.

É preciso mencionar que, em face das contradições do art. 879 § 2º, ainda que em uma interpretação que tangencia o texto legal, estabeleceu-se, na prática forense, o uso do prazo preclusivo nele previsto a partir da intimação das partes para apresentação dos cálculos, combinando-se, algo criativamente, o contido nos dois parágrafos do art. 879: a previsão para as partes apresentarem previamente seus cálculos (§ 1º *B*) com a determinação que o façam no prazo e de forma fundamentada, sendo que em eventual impugnação dos cálculos da parte adversa sejam indicados itens e valores objeto de discordância, sob pena de preclusão (§ 2º). Nesse sentido, há de se reconhecer que não cabe falar em aplicação subsidiária do NCPC, pois não há qualquer omissão no processo trabalhista. Além disso, não há maiores contradições (exceto o prazo de quinze dias) com a regra do art. 511 NCPC relativamente à liquidação pelo procedimento comum, nem com o art. 510 NCPC ao regrar a liquidação por arbitramento.

Por outro lado, pode-se também cogitar de um "procedimento simplificado" que possa ser adotado nos casos em que, nos termos do art. 509 § 2º do NCPC, a apuração do valor dependa de mero cálculo matemático, ou seja, quando a sentença já contenha todos os elementos que permitam esse cálculo, ainda que pendentes de atualização monetária e cômputo de juros. Tal situação pode ser encontrada com maior frequência nos processos de procedimento sumaríssimo (Lei n. 9.957/2000), em que o pedido deve ser certo ou determinado, indicando o valor correspondente (art. 852 B, CLT)[4]. Na prática, aqui sim, pode-se falar em simples "acertamento" – e não liquidação de sentença. Porém, a possibilidade de que uma decisão que chancele imediatamente os cálculos simples apresentados pelo credor parece, mais uma vez, afastada, por violar a regra de necessário contraditório prevista no § 1º B do próprio art. 879. Pela mesma razão, parece problemático pensar que possa o juiz, a pretexto de prolatar sentença líquida, mandar diretamente a decisão ao contador, para que esse "liquide" a sentença, criando a parte o ônus de, simultaneamente, recorrer da decisão e impugnar os cálculos do contador nomeado.

Mais complexo o debate quanto à própria necessidade de que o processo do trabalho deva ter um procedimento de liquidação de sentença, ou seja, o questionamento se a sentença de conhecimento trabalhista não possa ser, na maioria dos casos, líquida, contendo todos os elementos para que a liquidação se faça por simples cálculos.

Primeiramente, reconhece-se que poder-se-ia avançar bastante na prolação de sentenças de conhecimento mais completas, ou seja, que contenham todos os elementos que permitam, por simples cálculo, apurar o valor devido. Isso não importa necessariamente em prolação de sentenças de conhecimento 'líquidas' (no sentido de quantificação prévia das unidades monetárias), mas sim, em sentenças em que "todos os elementos são expressos e conhecidos, podendo ser apurado o valor monetário efetivo por simples e meros cálculos aritméticos" (GARCIA, 2002).

Ainda que, pela complexidade do processo do trabalho, tal completude seja muito difícil de alcançar, é possível pensar que, já na sentença de conhecimento, o juiz possa exigir tanto um melhor detalhamento do pedido, quanto um mais detalhado fornecimento de dados contábeis na contestação, de modo a poder definir, na decisão de conhecimento, parâmetros contábeis que serão necessários na liquidação de sentença.

Por fim, uma inovação potencialmente mais relevante do NCPC para o processo do trabalho está contida no art. 512, que permite a liquidação na pendência de recurso.[5] O dispositivo legal visa atender o comando constitucional de razoável duração do processo (art. 5º, LXXVIII) e, assim, pode-se dizer que, diferentemente do que previa a sistemática anterior, ao invés de "execução provisória" há de se falar em "liquidação provisória", ou seja, permite-se que o credor ou o devedor possa requerer a liquidação da sentença ainda pendente de recurso ordinário.

Sob a pendência de recurso ordinário, o NCPC não se limita a permitir apenas a liquidação, mas também atos de execução. Intimado o devedor (art. 523, NCPC), este é instado a depositar o valor liquidado no prazo de quinze dias, sob pena de 10% de acréscimo mais honorários advocatícios, também de 10%.

Na forma do art. 525 § 6º, a apresentação de impugnação não impede a prática dos atos executivos, inclusive os de expropriação, facultado ao juiz, mediante requerimento do executado, atribuir efeito suspensivo desde que garantido o juízo.

Em uma aplicação supletiva do art. 899 da CLT, considerada a natureza alimentícia do crédito trabalhista, é possível interpretar que, proferida a sentença de liquidação, ainda que sob a pendência de agravo de petição, a execução provisória avance agora para além da penhora, atualizando-se o conceito de garantias do devedor contra eventual reforma do *quantum debeatur* às novas estipulações do NCPC.

4. A POLÊMICA SOBRE AS SENTENÇAS LÍQUIDAS

O novo código não mais proíbe o juiz de proferir sentença ilíquida quando o autor tiver formulado pedido certo, como estipulava o art. 459 do CPC de 1973. Além disso, nos termos no art. 297 do NCPC, admite-se

---

(4) Tal lei, de grande alcance, destinada a simplificar e agilizar o processo do trabalho, infelizmente, tem sido pouco utilizada devido ao equívoco de se entender obrigatório o rito sumaríssimo para todas as causas inferiores a quarenta salários mínimos, ao invés de facultar-se à parte a escolha do rito. As restrições à prova e ao direito de defesa da parte, próprias de causas simples, leva à uma "fuga" do rito sumaríssimo em causas de pequeno valor, porém complexas. A esse respeito, FRAGA: VARGAS, 2000, p. 41.

(5) Agradeço a Ben-hur Silveira por esta importante observação em contribuição a este trabalho.

algumas hipóteses em que o pedido não seja certo e determinado, mas genérico[6]. Na mesma linha, o art. 491 do NCPC permite que o juiz deixe de definir a extensão da obrigação e remeta à liquidação quando não for possível determinar, de modo definitivo, o montante devido (inciso I) ou quando a apuração do caso depender da produção de prova de realização demorada ou excessivamente dispendiosa (inciso II).

Assim, temos que o novo código reconhece que, na prática, o ideal de "sentenças completas" ou "sentenças líquidas" estão longe de uma possibilidade real para a maior parte dos casos. Em sentido contrário, passa a admitir que a chamada "sentença líquida" ou a que depende de simples cálculo aritmético não decorre apenas de um maior esforço do juiz, mas de fatores que nem sempre estão presentes no processo de conhecimento e que determinarão a necessidade de "completar a sentença" em uma fase de liquidação; seja pela necessidade das partes trazerem elementos novos ao processo; seja pela necessidade de um labor suplementar do juiz em uma liquidação por arbitramento. Uma novidade interessante nas liquidações por arbitramento é a possibilidade das partes apresentarem pareceres ou documentos elucidativos que possibilitem ao juiz decidir de plano, arbitrando o valor devido. Somente em caso de não ser possível a decisão de plano, será nomeado perito.

Tais inovações, destinadas a instrumentar melhor a fase de liquidação no processo civil, parecem vir em sentido contrário às propostas doutrinárias de virtual supressão dos procedimentos de liquidação pela recomendação de que, no processo do trabalho, todas – ou, pelo menos, a maioria das sentenças – sejam líquidas[7]. Existe, de fato, um verdadeiro movimento iniciado pelo advento do art. 852 B, inciso n. I da CLT (Lei n. 9.957/2000) no procedimento sumaríssimo, que parece pretender resgatar uma suposta essência de um processo trabalhista que deveria ser simples e célere, afastado das complexidades do processo comum e que, por um excesso de formalismo ou por predileção por modismos, estaria se afastando de suas origens.[8] Imagina-se que as sentenças trabalhistas deveriam ser prolatadas de forma completa (ou seja, com todos os parâmetros necessários para apuração do valor monetário efetivo através de simples cálculo aritmético), possibilitando a execução imediata.

Entretanto, a ideia de que uma sentença trabalhista possa ser, quase sempre, líquida pressupõe que todos os dados necessários para a feitura dos cálculos estivessem já contidos na sentença. Porém, como se mencionou, isso não ocorre na maior parte dos casos.

Assim, embora a CLT fale em liquidação por arbitramento, os cálculos em geral não são feitos com base em qualquer arbitramento, mas tem a pretensão de calcular precisamente o valor devido. Em outros casos, embora não se fale em "artigos", os cálculos não podem ser realizados sem a complementação de dados que não estão disponíveis no processo e que necessitam ser alegados ou provados pelas partes. A complexidade da liquidação de sentença trabalhista é evidente.

Por isso, o reduzido número de sentenças líquidas não decorre apenas de um suposto desinteresse dos juízes, nem dos possíveis riscos à celeridade processual pela adoção necessária de procedimento de cálculo anterior à prolação da sentença. Não se percebe que a exigência de o juiz prolatar "sentenças líquidas" leva-o a adotar procedimentos simplificados de cálculo com forte carga arbitral e/ou a presunções com alto grau de incerteza.

Com base nas inovações trazidas pelo NCPC, seria possível pensar que, também no processo do trabalho, a liquidação de sentença por arbitramento fosse feita pela escolha do juiz entre um ou outro parecer apresentado pelas partes. Seria um retorno a uma decisão arbitral a critério do juiz que simplificaria a execução. Mas, considerada a notória desigualdade entre as partes no processo trabalhista, não parece ser a melhor solução. Nem sempre o trabalhador tem condições de apresentar um parecer especializado (laudo contábil), o que o levaria a ter de aceitar os cálculos feitos pelo empregador.

Assim, há de se repensar o ideal de prolação de sentenças líquidas, com base, agora, nas novas disposições do processo civil.

5. CONCLUSÕES

1. A partir do NCPC, uma possível interpretação do § 3º do art. 844 da CLT é a de que a impugnação à sentença de liquidação por meio de embargos à penhora somente seja admissível

---

(6) As hipóteses previstas são: (I.) nas ações universais, não puder individuar na petição os bens demandados; (II) não for possível determinar, desde logo, as consequências do ato ou do fato ilícito; e (III.) a determinação do objeto ou do valor da condenação depender de ato que deva ser praticado pelo réu.

(7) Nesse sentido, a Recomendação da Corregedoria Geral da Justiça do Trabalho, CGJT n. 02/2014.

(8) Em sentido contrário, sobre "a absoluta ausência de imposição de apresentação dos valores objeto de condenação em unidades monetárias previamente quantificadas na sentença trabalhista de conhecimento", ver GARCIA, 2002).

em hipóteses de cumprimento da sentença ou acordo, mas não em matéria de cálculos. Estes devem ser discutidos exclusivamente na fase de liquidação de sentença, onde deverá ser fixada a quantidade de unidades monetárias devidas, não havendo falar em posterior revisão, exceto no que tange à atualização monetária e juros. Assim, da sentença de liquidação caberá agravo de petição, sem caráter suspensivo.

2. A liquidação por simples cálculo aritmético está prevista no § 2º do art. 509 do NCPC tem aplicação restrita no processo do trabalho, limitando a processos mais simples, em que TODAS os elementos necessários ao cálculo aritmético já estejam contidos no processo de conhecimento, não bastando fórmulas incompletas, simplificações contábeis e arbitramentos aproximativos.

3. Em uma aplicação supletiva do art. 899 da CLT, considerada a natureza alimentícia do crédito trabalhista, é possível interpretar que, proferida a sentença de liquidação, ainda que sob a pendência de agravo de petição, a execução provisória avance agora para além da penhora, atualizando-se o conceito de garantias do devedor contra eventual reforma do *quantum debeatur* às novas estipulações do NCPC.

4. Considerando a complexidade atual do processo trabalhista, há de se repensar o ideal de prolação de sentenças líquidas, com base, agora, nas novas disposições do processo civil.

REFERÊNCIAS BIBLIOGRÁFICAS

CORDEIRO, Wolnei de Macedo. *Execução no processo do trabalho*. 2. ed. Juspodivm, 2016.

DIDIER JR, Fredie et ali. *Curso de processo civil*. 5. ed. Salvador: Juspodivm, 2014. v. 5.

DRESCH, Renato Luiz. Comentário sobre a nova disciplina da liquidação e execução de sentenças e demais alterações da Lei n. 11.232/2005. *Jurisprudência Mineira*. Ano 56. v. 175 out/dez, 2005. Belo Horizonte: Tribunal de Justiça do Estado de Minas Gerais. p. 38-46.

FRAGA, Ricardo; VARGAS, Luiz Alberto de. Falácia da simplicidade objetivamente determinável. In: *Sumaríssimo*. Porto Alegre: Nota Dez – HS Editora. p. 36-42.

GARCIA, Gustavo Filipe Barbosa. *A obrigatoriedade de sentença líquida no processo do trabalho*. 2002. Disponível em: <http://amdjus.com.br/doutrina/trabalhista/83.htm>. Acesso em: 01 jul. 2016.

Novo Código de Processo Civil comparado Lei n. 13.105/2015. Coordenação Luiz Fux; organização Daniel Amorim Assumpção Neves. 2. ed., revista Rio de Janeiro: Forense: São Paulo: Método, 2015.

OLIVEIRA, Francisco Antonio de. A nova reforma processual: reflexos sobre o processo do trabalho. *Revista LTr*, v. 70, n. 12, dez. 2006. São Paulo, p. 1421-9.

SCHIAVI, Mauro. *Novo Código de Processo Civil*: a aplicação supletiva e subsidiária ao Processo do Trabalho. 2015. Disponível em: <www.trt7.jus.br>. Acesso em: 20 jul. 2016.

TALAMINI, Eduardo. *Agravo de instrumento*: hipóteses de cabimento no CPC/15. Disponível em: <http://migalhas.com.br/dePeso>. Acesso em: 10 jul. 2016.

Precedentes Judiciais com Eficácia Vinculante no Sistema Recursal Trabalhista de Acordo com o Novo CPC, a CLT e as Instruções Normativas do TST

ALEXEI ALMEIDA CHAPPER

Advogado. Doutorando e Mestre em Direito pela PUC/RS – Pesquisador CAPES. Especialista em Direito e Processo do Trabalho pela PUC/RS. Pós-Graduação pela AJURIS. Bacharel em Direito pela UCPel – Monitor de Direito do Trabalho e Orador da Turma Prof. Dr. Antônio Angenor Porto Gomes. Premiado em oito concursos nacionais de monografia jurídica pela Academia Brasileira de Direito do Trabalho (ABDT); Associação dos Magistrados Trabalhistas da 1ª Região (AMATRA 1); Escola Superior da Magistratura Trabalhista da 6ª Região (ESMATRA VI); e Associação dos Magistrados Trabalhistas da 4ª Região (AMATRA IV). Autor pela Editora LTr de São Paulo. Professor visitante de Pós-Graduação em Direito e Processo do Trabalho nos cursos da UNIVATES, Anhanguera, FEMA, UNISC, FEEVALE, UniRitter, IMED, IDC e PUCRS. Professor visitante de Direito e Processo do Trabalho no curso de preparação à advocacia pública da ESMAFE-RS. Professor visitante de "Legislação Trabalhista" no MBA em Gestão da Inovação da UCPel. Professor visitante da Pós-Graduação em Direito Processual Civil da PUCRS. Membro da Academia Sul-Rio-Grandense de Direito do Trabalho – Titular da Cadeira n. 14. <www.alexeichapper.wordpress.com> <alexeichapper@hotmail.com>

INTRODUÇÃO

A vinculação aos precedentes judiciais está diretamente relacionada com o funcionamento do sistema recursal. Por essa razão, antes mesmo de adentrar ao complexo tema dos precedentes judiciais, é importante que se compreenda as tradicionais hipóteses de cabimento para a interposição de cada um dos recursos típicos do processo do trabalho.

Intenta-se, assim, facilitar o entendimento dos incidentes processuais e técnicas de vinculação que estão sendo adotados pelo ordenamento jurídico brasileiro. Isso será feito já no primeiro capítulo deste artigo.

A propósito de orientação, e visando garantir segurança jurídica àqueles que atuam na Justiça do Trabalho, o Tribunal Superior do Trabalho (TST) vem editando uma série de Instruções Normativas (INs). Essas instruções são bastante importantes. Sobretudo, no contexto das inovações processuais mais intrincadas e polêmicas.

Com a finalidade de explicitar o posicionamento adotado pelo tribunal de cúpula trabalhista, especialmente em face da aplicação subsidiária e supletiva das normas do Código de Processo Civil (CPC) de 2015 ao processo do trabalho, essas instruções do TST também merecerão a atenção do leitor no segundo capítulo deste estudo.

Contudo, como já se pode extrair do próprio título, o destaque aqui ficará por conta de determinados conceitos alusivos à chamada doutrina dos precedentes com eficácia vinculante. Expressões latinas como "*ratio decidendi*" e "*obiter dictum*" passam a ser de fundamental importância para a descoberta do precedente que deverá ser observado por juízes e tribunais para os casos futuros semelhantes. Esses conceitos serão explicitados ao longo do terceiro e último capítulo da presente pesquisa.

O momento atual é de reflexão e muitas dúvidas diante de problemas conhecidos no Direito brasileiro. O sistema processual busca novas soluções para tentar mudar. Principalmente para poder dar cabo do insustentável e preocupante número de demandas judiciais que aumenta a cada dia no país. Ao mesmo tempo, as modificações processuais almejam proporcionar tratamento igualitário, segurança jurídica e previsibilidade aos jurisdicionados e militantes da Justiça do Trabalho.

É nesse contexto alarmante que o sistema recursal trabalhista, previsto na Consolidação das Leis do Trabalho (CLT), foi profundamente alterado pela legislação em 2014. Aliás, temática essa que se desenrolará já na sequência, decifrando-se algumas siglas inerentes ao manejo dos recursos e meios de impugnação das decisões judiciais no âmbito do processo do trabalho.

1. RECURSOS NO PROCESSO DO TRABALHO: DECIFRANDO ALGUMAS SIGLAS

Começa-se com o conhecido RO (Recurso Ordinário). Como todo advogado que atua na Justiça do Trabalho bem sabe, o RO é o meio de impugnação à decisão judicial equivalente à apelação do processo comum no âmbito do processo do trabalho.[1]

O RO cabe das decisões da Vara do Trabalho para o Tribunal Regional do Trabalho (TRT). E também é cabível dos acórdãos do TRT para o TST quando o TRT estiver atuando em competência originária. Por exemplo, em AR (Ação Rescisória) e MS (Mandado de Segurança) contra atos jurisdicionais. Nesses casos, o RO será apreciado pela SDI-2 no TST.[2]

O recurso equivalente ao RO na execução trabalhista é o denominado AP (Agravo de Petição). Se a decisão for proferida por uma Vara do Trabalho, por exemplo, em sede de embargos do executado, impugnação do exequente ou embargos de terceiro, o AP será julgado pelo respectivo TRT.[3]

Já se a decisão proferida durante a execução trabalhista for de um processo de competência originária do TRT, por exemplo, em AR e MS, deve-se atentar que o AP será apreciado pelo próprio TRT. O mesmo ocorre em relação ao AP nos processos de competência originária do TST.[4]

Outro recurso típico do processo do trabalho é o chamado AI (Agravo de Instrumento). Este recurso serve para destrancar outro recurso que foi interposto e teve o seguimento negado no primeiro juízo de admissibilidade. No processo do trabalho, o AI não vale para impugnar decisões interlocutórias.[5]

Em regra, as decisões interlocutórias devem ser impugnadas pela parte prejudicada juntamente com as razões do RO. Quer dizer, as interlocutórias no processo do trabalho só devem ser recorridas junto com o recurso cabível contra a decisão definitiva ou terminativa do feito, e não imediatamente após a prolação da decisão interlocutória desfavorável.[6]

Há, porém, situações em que é cabível a impetração de MS, como na hipótese de liminar concedida pelo juiz antes da sentença.[7] Há também os casos excepcionais em que se pode recorrer imediatamente de uma decisão interlocutória. São as hipóteses da Súmula n. 214 do TST, muitas vezes cobrada em provas e concursos.[8]

Também é preciso destacar a impugnação de decisão judicial por meio de RR (Recurso de Revista). Este é o recurso cabível contra acórdão do TRT em sede de RO no processo do trabalho.[9] Assim como o E-TST (Embargos de divergência no TST)[10], que serve para eliminar

---

(1) SCHIAVI, Mauro. *Manual de direito processual do trabalho*. São Paulo: LTr, 2009. p. 685. "Recurso ordinário é a medida recursal cabível em face da sentença de primeiro grau, proferida pela Vara do Trabalho, seja de mérito ou não".

(2) LEITE, Carlos Henrique Bezerra. *Curso de direito processual do trabalho*. São Paulo: LTr, 2006. p. 661. "Cabe também recurso ordinário das decisões finais (terminativa ou definitiva) de processos de competência originária do TRT, não apenas em dissídio coletivo ("acórdão normativo"), mas também as prolatadas em: a) ação rescisória (TST Súmula n. 158); b) mandado de segurança (TST Súmula n. 201)".

(3) SAAD, Eduardo Gabriel. *Curso de direito processual do trabalho*. São Paulo: LTr, 2007. p. 774. "É o agravo de petição o recurso destinado a atacar as decisões de um Juiz em execução".

(4) SAAD, Eduardo Gabriel. *Curso de direito processual do trabalho*. São Paulo: LTr, 2007. p. 774. "O agravo será julgado pelo próprio Tribunal presidido pela autoridade recorrida, salvo se se tratar de decisão do Juiz da Vara ou do Juiz de direito, quando o julgamento competirá a uma das Turmas do Tribunal Regional a que estiver subordinado o prolator da sentença".

(5) NASCIMENTO, Amauri Mascaro. *Curso de direito processual do trabalho*. São Paulo: Saraiva, 2013. p. 757. "É preciso garantir às partes um meio impugnatório contra o despacho que nega seguimento ao recurso, e para esse fim é cabível o agravo de instrumento".

(6) TEIXEIRA FILHO, Manoel Antonio. *Sistema dos recursos trabalhistas*. São Paulo: LTr, 1997. p. 97. "Mesmo nos tempos modernos, seria sobremaneira prejudicial à celeridade do procedimento se fosse permitida a interposição de recursos dessa espécie de decisão, proferida interlocutoriamente (= em meio ao processo). Sendo assim, as questões por ela abrangidas somente poderão ser contrariadas ao ensejo do recurso que vier a ser interposto da sentença de fundo, que compuser a lide".

(7) KLIPPEL, Bruno. *Direito sumular esquematizado*. São Paulo: Saraiva, 2012. p. 276. "Se a decisão interlocutória proferida ferir direito líquido e certo da parte, seja por seu deferimento ou indeferimento, poderá ser impetrado mandado de segurança contra ato judicial. Nessa hipótese, o *mandamus* será utilizado na qualidade de sucedâneo recursal, ou seja, como se fosse um recurso, com as mesmas funções, ante a ausência de previsão legal de recurso próprio a impedir a lesão ao direito da parte".

(8) RUSSOMANO, Mozart Victor. *Direito processual do trabalho*. Rio de Janeiro: José Konfino, 1971. p. 79-80. "As decisões interlocutórias se distinguem, para efeito de recurso, em decisão interlocutória pura e simples, contra a qual não cabe recurso direto, e decisão interlocutória com força terminativa do processo. Esta se equipara, para fins de recurso, à decisão final, na medida traçada pelo direito positivo do país".

(9) ARRUDA, Kátia Magalhães; MILHOMEN, Rubem. *A jurisdição extraordinária do TST na admissibilidade do recurso de revista*. São Paulo: LTr, 2012. p. 47. "Não é demais lembrar que a decisão monocrática de desembargador relator em recurso ordinário ou em agravo de petição não é impugnável diretamente por meio de recurso de revista. O recurso de revista somente é cabível contra acórdão do TRT".

(10) BRANDÃO, Cláudio. *Reforma do sistema recursal trabalhista*: comentários à Lei n. 13.015/2014. São Paulo: LTr, 2015. p. 35-36. Em relação à alteração do art. 894 da CLT, "a inovação contida no dispositivo em análise consiste na admissão de embargos para a SBDI-1 de decisão contrária a súmula vinculante" do Supremo Tribunal Federal. "Ouso afirmar que deve ser admitida a divergência com quaisquer súmulas do STF, mesmo que não possuam efeito vinculante, e decisões proferidas em recursos extraordinários aos quais se atribui o efeito de repercussão geral, diante da elevada

a divergência de entendimentos entre as Turmas e a SDI no TST, o RR é um recurso de natureza extraordinária. Significa dizer: "a discussão da matéria de fato se esgota, nos dissídios individuais, com o julgamento do recurso ordinário, pelos Tribunais Regionais".[11]

O RR serve para o TST uniformizar a interpretação da lei federal e dar unidade à jurisprudência nacional. Por isso, este recurso "devolve ao Tribunal Superior do Trabalho tão somente a apreciação da matéria de direito versada no processo. O pronunciamento dos Tribunais Regionais sobre a prova dos fatos versados no litígio é soberano".[12]

Hoje, deve-se atentar para o caso de o seguimento do RR ser apenas parcialmente admitido. Atualmente, o AI merece especial destaque junto com os ED (Embargos de Declaração) em razão da IN n. 40 publicada em março de 2016 pelo TST. É que a Súmula n. 285 do TST e a Orientação Jurisprudencial (OJ) 377 da SDI-1 foram recentemente canceladas pelo TST. Aliás, a revisão destes entendimentos provocou inclusive a aplicação por analogia do § 17 do art. 896 da CLT. Determinou-se a modulação de efeitos da superação desses entendimentos em prol da segurança jurídica.[13]

Em resumo, antes dos referidos cancelamentos, se o juízo de admissibilidade do RR no TRT fosse parcial, significa dizer, apenas quanto a uma parte das matérias veiculadas no recurso, a parte recorrente não devia interpor AI ou ED. É que o TST podia analisar todas as matérias quando fosse conhecer e julgar o RR, independentemente de o RR ter sido admitido apenas em parte pelo TRT lá no primeiro juízo de admissibilidade. No entanto, esse entendimento está superado.[14]

Agora, com o cancelamento da Súmula n. 285 e da OJ 377, a IN n. 40/2016 deixa claro que é ônus da parte apresentar ED para forçar o Presidente ou Vice-Presidente do TRT a se manifestar sobre a parcela do RR que não foi admitida, sob pena de preclusão. E mais. Caso haja denegação expressa de parcela do RR, ou persista a omissão do TRT mesmo depois da interposição de ED, é ônus da parte apresentar AI em relação aos capítulos do RR que tiveram o seguimento negado, também sob pena de preclusão.[15]

Percebe-se, pois, uma inversão total do entendimento anteriormente firmado, o que justifica a modulação de efeitos a fim de permitir a adaptação da comunidade jurídica às novas orientações do tribunal de cúpula da Justiça do Trabalho. Entretanto, não só a IN n. 40/2016 precisa ser estudada e apreendida nesse momento de relevantes reflexões e adaptações que vêm ocorrendo desde a Reforma do Poder Judiciário em 2004.[16]

De forma conjunta, além da IN n. 40/2016, também é importante salientar e compreender as previsões que subsistem do Ato n. 491/2014, bem como das Instruções Normativas ns. 37/2015, 38/2015 e 39/2016. Sobretudo, deve-se sublinhar, neste momento, alguns aspectos fundamentais relacionados com o tema dos precedentes judiciais vinculantes no processo do trabalho. São essas as

---

força persuasiva que possuem os posicionamentos da Suprema Corte".

(11) GIGLIO, Wagner Drdla. *Direito processual do trabalho*. São Paulo: LTr, 1977. p. 357. "Isso não significa, porém, que o Tribunal Superior não possa corrigir a errônea aplicação da lei aos fatos debatidos no processo, mas apenas que não é possível, na revista, discutir a prova dos fatos". Aliás, nesse sentido, o TST editou a Súmula n. 126.

(12) GIGLIO, Wagner Drdla. *Direito processual do trabalho*. São Paulo: LTr, 1977. p. 357.

(13) "A segurança jurídica exige [...] a controlabilidade intersubjetiva dos processos semântico-argumentativos que conduzem ao conhecimento e à certeza do Direito e a adoção de critérios racionais e coerentes para sua reconstrução. Em segundo lugar, exige confiabilidade do Direito. O Direito deve ser estável e não sofrer quebras abruptas e drásticas. Evidentemente, não é possível assegurar a sua imutabilidade, na medida em que é inerente ao Direito o seu aspecto cultural e, portanto, a sua permanente abertura à mudança. Importa, no entanto, que a confiança depositada pela pessoa no Direito não seja iludida, o que impõe estabilidade e continuidade normativas e, em sendo o caso, previsão de normas de salvaguarda da confiança em momentos de crise de estabilidade jurídica. Em terceiro lugar, impõe a calculabilidade, isto é, capacidade de antecipação das consequências normativas ligadas aos atos e fatos jurídicos e das eventuais variações [...] da ordem jurídica. [...] Por fim, em quarto lugar, a segurança jurídica exige efetividade do Direito. Pouco importa a certeza, a confiança e calculabilidade do Direito se, na iminência ou diante de seu descumprimento, o Direito confessa-se impotente para impor a sua própria realização. Daí que a efetividade, entendida como realizabilidade, compõe o núcleo essencial do conceito de segurança jurídica". MITIDIERO, Daniel. *Cortes superiores e cortes supremas: do controle à interpretação, da jurisprudência ao precedente*. São Paulo: Revista dos Tribunais, 2013. p. 20-21.

(14) TST, IN n. 40/2016.

(15) Vale advertir que a "dispensa do depósito recursal a que se refere o § 8º do art. 899 da CLT não será aplicável aos casos em que o agravo de instrumento se refira a uma parcela da condenação, pelo menos, que não seja objeto de arguição de contrariedade a súmula ou a orientação jurisprudencial do Tribunal Superior do Trabalho". Essa é a redação do art. 23 do Ato n. 491/2014 do TST em relação à dispensa do depósito recursal de 50% do recurso que se pretende destrancar com a interposição do AI, previsto no § 7º do art. 899 da CLT.

(16) "A Emenda Constitucional n. 45/2004, entre outras alterações constitucionais, ampliou a competência da Justiça do Trabalho". STÜRMER, Gilberto. *Direito constitucional do trabalho no Brasil*. São Paulo: Atlas, 2014. p. 114.

matérias que serão pontualmente desenvolvidas ao caro leitor no capítulo seguinte.

2. ASPECTOS FUNDAMENTAIS DAS INSTRUÇÕES NORMATIVAS NO TST RELACIONADOS COM O TEMA DOS PRECEDENTES JUDICIAIS VINCULANTES

Anote-se, de imediato, que o Ato n. 491/2014 e as INs ns. 37/2015, 38/2015 e 39/2016 do TST dizem respeito a diversas matérias importantes e polêmicas no cenário jurídico nacional. No quadro da presente exposição, o foco principal está voltado a determinados institutos relacionados com a temática dos precedentes judiciais vinculantes na ordem jurídica brasileira.

Notadamente, cabe ressaltar o procedimento do IUJ (Incidente de Uniformização de Jurisprudência), art. 896, §§ 3º a 6º da CLT; do IRDR (Incidente de Resolução de Demandas Repetitivas), arts. 976 a 985 do CPC; do IAC (Incidente de Assunção de Competência), arts. 947 do CPC e 896, § 13, da CLT; e do RRR (Recurso de Revista Repetitivo), arts. 896-B e 896-C da CLT.

É importante perceber que todos esses incidentes envolvem diversas questões complexas que merecem ser estudadas com maior profundidade. Destarte, independentemente da sagacidade das discussões doutrinárias acerca da aproximação ou não entre as tradições de "*civil law*" e de "*common law*", o certo é que deve servir a "formação de precedente para promoção da unidade do direito para a sociedade em geral".[17]

Nesse sentido, portanto, é possível adiantar algumas considerações sobre cada uma dessas técnicas de vinculação adotadas pela legislação brasileira em 2014 e 2015 e ratificadas pelas referidas INs do TST.

Em primeiro lugar, anote-se que o IUJ/IRDR serve para que o TRT uniformize a própria jurisprudência interna em relação a uma mesma questão de direito que esteja sendo repetidamente recorrida. Dessa uniformização poderá resultar uma súmula regional ou uma tese jurídica prevalecente no âmbito regional.[18]

Vale lembrar que a obrigação de uniformização da jurisprudência interna dos Tribunais Regionais do Trabalho já existia antes da Lei n. 13.015 de 2014, com previsão no mesmo § 3º do art. 896 da CLT. O que muda então? É que agora existem mecanismos legais aptos a forçar essa uniformização caso tal obrigação não seja atendida espontaneamente.[19]

O Presidente ou Vice-Presidente do TRT, ao realizar o primeiro juízo de admissibilidade do RR, já deve sobrestar os processos no TRT, que discutam sobre a mesma questão de direito, se verificar que há divergência jurisprudencial interna. Nesse caso, determinará a uniformização da jurisprudência.[20]

Se o incidente de uniformização não for instaurado no âmbito regional, o relator do RR do TST ou a Turma no TST poderá mandar instaurá-lo. Nesse caso, o TST manda voltar o recurso para o TRT prolator do acórdão recorrido se verificar que há divergência jurisprudencial interna sobre aquela mesma questão de direito no TRT recorrido.

O parâmetro para a interposição de RR por divergência jurisprudencial em relação à interpretação de outro TRT, após a uniformização da jurisprudência interna pelos TRTs, em conformidade com o art. 896, § 6º, da CLT, e as previsões do Ato n. 491/2014 do TST, será a súmula regional ou a tese jurídica prevalecente no TRT, desde que não conflitante com súmula ou OJ do TST.[21]

É importante notar que "o TST não apenas poderá impor aos Tribunais Regionais a uniformização da jurisprudência destes, como fiscalizar o respeito desses mesmos Tribunais Regionais à jurisprudência por eles uniformizada".[22] Trata-se da situação, prevista pelo TST no Ato n. 491/2014, em que se verifica a interposição de recurso de revista contra acórdão que contraria

---

(17) MITIDIERO, Daniel. *Cortes superiores e cortes supremas*: do controle à interpretação, da jurisprudência ao precedente. São Paulo: Revista dos Tribunais, 2013. p. 16.

(18) TEIXEIRA FILHO, Manoel Antonio. *Comentários à Lei n. 13.015/2014*. São Paulo: LTr, 2015. p. 40.

(19) CLT, Art. 896, § 4º Ao constatar, de ofício ou mediante provocação de qualquer das partes ou do Ministério Público do Trabalho, a existência de decisões atuais e conflitantes no âmbito do mesmo Tribunal Regional do Trabalho sobre o tema objeto de recurso de revista, o Tribunal Superior do Trabalho determinará o retorno dos autos à Corte de origem, a fim de que proceda à uniformização da jurisprudência. § 5º – A providência a que se refere o § 4º deverá ser determinada pelo Presidente do Tribunal Regional do Trabalho, ao emitir juízo de admissibilidade sobre o recurso de revista, ou pelo Ministro Relator, mediante decisões irrecorríveis.

(20) TEIXEIRA FILHO, Manoel Antonio. *Comentários à Lei n. 13.015/2014*. São Paulo: LTr, 2015. p. 49.

(21) CLT, art. 896, § 6º. Após o julgamento do incidente a que se refere o § 3º, unicamente a súmula regional ou a tese jurídica prevalecente no Tribunal Regional do Trabalho e não conflitante com súmula ou orientação jurisprudencial do Tribunal Superior do Trabalho servirá como paradigma para viabilizar o conhecimento do recurso de revista, por divergência. TST, Ato n. 491/2014, arts. 4º e 5º.

(22) TEIXEIRA FILHO, Manoel Antonio. *Comentários à Lei n. 13.015/2014*. São Paulo: LTr, 2015. p. 49.

a própria súmula regional ou tese prevalecente no TRT após a uniformização da jurisprudência.[23]

Especificamente em relação a essa situação, prevista no § 4º do art. 896 da CLT, em que o TST constata a divergência interna no TRT e manda voltar os autos à instância "*a quo*" do RR, editou-se no TST a IN n. 37 em março de 2015. É bastante interessante a previsão do art. 5º dessa instrução segundo a qual "o órgão fracionário prolator do acórdão originário recorrido" deverá reapreciar a questão após a uniformização da jurisprudência.

De acordo com a IN n. 37/2015, deve ser sobrestada a remessa do RR ao TST "até o julgamento do IUJ referente ao caso concreto e a reapreciação da questão no órgão fracionário prolator do acórdão recorrido". Essa providência deve ser determinada após "ofício da Presidência do Tribunal Superior do Trabalho", pelo Presidente ou Vice-Presidente do TRT, "antes de emitir juízo de admissibilidade" do RR, devendo "suscitar Incidente de Uniformização de Jurisprudência em todos os outros processos que tratem da mesma matéria, enquanto não uniformizada a jurisprudência interna".[24]

Note-se um detalhe relevante. É que "o órgão fracionário prolator do acórdão originário recorrido" no TRT obviamente já proferiu um julgamento quando da decisão do RO que foi objeto de RR ao TST. Por isso é tão interessante a previsão da reapreciação após a uniformização da jurisprudência. Na verdade, trata-se de uma nova hipótese de reabertura do julgamento com a finalidade de que seja aplicada a súmula regional ou a tese jurídica prevalecente no TRT resultante do IUJ.

A Lei n. 13.105/2015 (CPC) não dispõe mais sobre o IUJ, que era previsto no CPC revogado de 1973. Observe-se, no entanto, que o CPC atual também prevê um incidente voltado à uniformização da jurisprudência no âmbito regional, isto é, nos Tribunais de Justiça, Tribunais Regionais Federais, e, naturalmente, nos Tribunais Regionais do Trabalho. É o chamado Incidente de Resolução de Demandas Repetitivas (IRDR).

"Não obstante o Código de Processo Civil haja extinto o procedimento para disciplinar" o IUJ, a IN 40/2016 do TST aduz, em seu art. 2º, que "subsiste o Incidente de Uniformização de Jurisprudência", previsto na CLT nos §§ 3º a 6º do art. 896, devendo ser "observado o procedimento previsto no regimento interno do Tribunal Regional do Trabalho". Por seu turno, a IN n. 39/2016, no art. 8º, determina a aplicação ao processo do trabalho das "normas dos arts. 976 a 986 do CPC que regem o incidente de resolução de demandas repetitivas". Sendo assim, conclui-se que devem ser conjugadas as previsões da CLT e dos regimentos internos dos TRTs acerca do IUJ com a concomitante aplicação das normas sobre o IRDR no CPC de 2015.

O novo CPC também dispõe sobre o Incidente de Assunção de Competência (IAC) no art. 947 e parágrafos. A IN n. 39/2016 do TST, no art. 3º, inciso XXV, autoriza a aplicação do IAC ao processo do trabalho.

O IAC é cabível tanto em sede de TRT como no TST.[25] A diferença central em relação ao IUJ/IRDR e ao RRR é que o IAC pode ser instaurado sem a necessidade de repetição de demandas sobre a mesma questão de direito. Portanto, o IAC serve para prevenir demandas futuras sobre uma determinada questão em razão da relevância da matéria.

O IAC "é de importância fundamental para a definição do direcionamento da jurisprudência nas causas de maior relevo no cenário nacional, na medida em que não se exige multiplicidade de casos que revelem, pela quantidade, a necessidade de pronunciamento" do TST.[26]

Em interpretação do § 13 do art. 896 da CLT e do Ato n. 491/2014 do TST, o Ministro do Tribunal Superior do Trabalho Cláudio Brandão manifestou-se no sentido de que o IAC é "cabível apenas nos recursos de embargos", isto é, nos E-TST para a SDI-1.[27] É pertinente neste ponto a leitura do art. 20 da IN n. 38/2015 do TST.

"Quando o julgamento dos embargos à SbDI-1 envolver relevante questão de direito, com grande

---

(23) TST, Ato n. 491/2014, art. 3º – Para efeito de aplicação dos §§ 4º e 5º do art. 896 da CLT, persistindo decisão conflitante com a jurisprudência já uniformizada pelo Tribunal Regional do Trabalho de origem, deverão os autos retornar à instância *a quo* para sua adequação à súmula regional ou à tese jurídica prevalecente no Tribunal Regional do Trabalho, desde que não conflitante com súmula ou orientação jurisprudencial do Tribunal Superior do Trabalho.

(24) TST, IN n. 37/2015, art. 5º.

(25) BRANDÃO, Cláudio. *Reforma do sistema recursal trabalhista*: comentários à Lei n. 13.015/2014. São Paulo: LTr, 2015. p. 45. "Novidade interessante diz respeito à assunção de competência pelo Tribunal Pleno para decidir matérias relevantes, a partir da provocação de qualquer dos membros da SBDI-1, em processos submetidos à sua apreciação".

(26) BRANDÃO, Cláudio. *Reforma do sistema recursal trabalhista*: comentários à Lei n. 13.015/2014. São Paulo: LTr, 2015. p. 46. "O enfoque principal é a natureza da questão posta em juízo e, sob esse aspecto, pode ser evidenciada por serem de natureza econômica, política, social ou jurídica, tal como previsto para o instituto da transcendência".

(27) BRANDÃO, Cláudio. *Reforma do sistema recursal trabalhista*: comentários à Lei n. 13.015/2014. São Paulo: LTr, 2015. p. 46.

repercussão social, sem repetição em múltiplos processos mas a respeito da qual seja conveniente a prevenção ou a composição de divergência entre as Turmas" do TST "ou demais órgãos fracionários" do TST, "poderá a SbDI-1, por iniciativa de um de seus membros e após a aprovação da maioria de seus integrantes, afetar o seu julgamento ao Tribunal Pleno".

Essa redação constava do art. 7º do Ato n. 491/2014 do TST que foi revogado pelo supracitado art. 20 da IN n. 38/2015 do TST. O parágrafo único do art. 1º do Ato n. 491/2014 do TST também permite conceber que o IAC é cabível no processo do trabalho quando da "afetação do recurso de embargos ao Tribunal Pleno do TST, dada a relevância da matéria". Por seu turno, o parágrafo único do art. 20 da IN n. 38/2015 do TST afirma serem aplicáveis ao IAC as respectivas disposições "sobre o julgamento de recursos repetitivos".

Finalmente, o RRR é cabível apenas no âmbito do TST. "Indiscutivelmente, a novidade mais marcante" da Lei n. 13.015/2014 "diz respeito à introdução, no processo do trabalho, da sistemática de julgamento referente aos Recursos de Revista Repetitivos". A novidade "provocará grandes repercussões na atividade do TST, dos TRTs e dos magistrados de primeiro grau, na comunidade jurídica em geral e na própria sociedade".[28]

É importante perceber que, diferentemente do RR, que é julgado por uma Turma, o RRR será julgado pela SDI-1 ou pelo Tribunal Pleno a depender de decisão da própria SDI-1 do TST. Nesse sentido, o art. 896-C da CLT determina que "quando houver multiplicidade de recursos de revista fundados em idêntica questão de direito, a questão poderá ser afetada à Seção Especializada em Dissídios Individuais ou ao Tribunal Pleno".

A afetação do RRR ao Tribunal Pleno do TST é possível, "por decisão da maioria simples" dos membros da SDI, "mediante requerimento de um dos Ministros que compõem a Seção Especializada, considerando a relevância da matéria ou a existência de entendimentos divergentes" dentro da SDI ou entre as Turmas do TST.

Saliente-se também a previsão do § 11 do art. 896-C da CLT. § O dispositivo dispõe que, "publicado o acórdão do Tribunal Superior do Trabalho, os recursos de revista sobrestados na origem" devem ter "seguimento denegado na hipótese de o acórdão recorrido coincidir com a orientação a respeito da matéria no Tribunal Superior do Trabalho". Não sendo este o caso, os recursos sobrestados devem ser "novamente examinados pelo Tribunal de origem na hipótese de o acórdão recorrido divergir da orientação do Tribunal Superior do Trabalho a respeito da matéria".

Veja-se que o art. 14 da IN n. 38/2015 do TST está redigido exatamente no mesmo sentido da disposição legal. "Publicado o acórdão paradigma: o Presidente ou Vice-Presidente do Tribunal de origem negará seguimento aos recursos de revista sobrestados na origem, se o acórdão recorrido coincidir com a orientação do Tribunal Superior do Trabalho". E o inciso II deste art. 14 também prevê a reabertura de julgamento ao "órgão que proferiu o acórdão recorrido na origem", isto é, no TRT, "na hipótese de o acórdão recorrido contrariar a orientação do Tribunal Superior do Trabalho" firmada em sede de RRR.

Nessa hipótese, "o órgão que proferiu o acórdão recorrido na origem, reexaminará o processo de competência originária ou o recurso anteriormente julgado" para que ocorra, conforme prevê o inciso III deste mesmo art. 14 da IN n. 38/2015 do TST, a "aplicação da tese firmada pelo Tribunal Superior do Trabalho". Possibilita-se, assim, de acordo com o § 2º do art. 15 desta IN n. 38, a realização de um "juízo de retratação, com alteração do acórdão divergente" da orientação consolidada em RRR no TST.

"Trata-se de novidade sem igual", pois "introduz a força obrigatória do precedente judicial e modifica, substancialmente, o procedimento de julgamento dos recursos nos quais vier a ser suscitado o incidente, que passarão a fixar a tese jurídica ou o precedente judicial". É esta tese jurídica ou o precedente judicial que "servirá de paradigma obrigatório no âmbito da respectiva jurisdição".[29]

"O regime especial de recursos de revista repetitivos pretende otimizar e racionalizar o trabalho do TST". A ideia central é permitir "que ele examine, a partir da seleção de algumas causas, matérias que retratam relevantes controvérsias ou divergências de entendimentos entre os órgãos internos" do TST, que "se proliferam em uma pluralidade de demandas homogêneas".[30]

Nada obstante, é preciso salientar que a própria IN n. 38/2015 do TST possibilita, em seu art. 15, a fundamentação de uma "decisão de manutenção do entendimento", apesar da tese jurídica firmada pelo TST em RRR. Nesse caso, "o órgão que proferiu o acórdão recorrido deverá demonstrar a existência de distinção, por se

---

(28) BRANDÃO, Cláudio. *Reforma do sistema recursal trabalhista*: comentários à Lei n. 13.015/2014. São Paulo: LTr, 2015. p. 148.

(29) BRANDÃO, Cláudio. *Reforma do sistema recursal trabalhista*: comentários à Lei n. 13.015/2014. São Paulo: LTr, 2015. p. 148.

(30) FACÓ, Juliane Dias. *Recursos de revista repetitivos*: consolidação do precedente judicial obrigatório no ordenamento trabalhista. São Paulo: LTr, 2016. p. 126.

tratar de caso particularizado por hipótese fática distinta ou questão jurídica não examinada, a impor solução diversa". Da mesma forma, o § 16 do art. 896-C da CLT dispõe que "a decisão firmada em recurso repetitivo não será aplicada aos casos em que se demonstrar que a situação de fato ou de direito é distinta das presentes no processo julgado sob o rito dos recursos repetitivos".

Aliás, referindo-se ao CPC relativamente à vinculação de juízes e tribunais aos julgamentos proferidos em casos repetidos, isto é, recursos repetitivos nos tribunais superiores, incidentes de resolução de demandas repetitivas nos tribunais regionais e incidentes de assunção de competência nos tribunais, é importante mencionar a postura crítica de Nelson Nery Junior.

Para o autor recém mencionado, "não há hierarquia jurisdicional entre os órgãos do Poder Judiciário, salvo no caso de o tribunal, exercendo sua competência recursal, cassar ou reformar a decisão recorrida". Nessa linha, "para mudar essa configuração constitucional é necessário haver modificação do texto da CF, para nela constar, expressamente, que os tribunais podem legislar por intermédio de súmulas simples", bem como "por orientações do plenário ou órgão especial" em uniformização de jurisprudência.[31]

Já Daniel Mitidiero se posiciona de maneira frontalmente contrária ao entendimento da inconstitucionalidade da vinculação aos precedentes. Para este autor, a "necessidade de vinculação aos precedentes judiciais" decorre do reconhecimento do "caráter adscritivo da interpretação do direito, sublinhando a distinção entre texto e norma e a natureza reconstrutiva da ordem jurídica empreendida pela jurisdição".[32]

Seja como for, o § 17 do art. 896-C da CLT autoriza a "revisão da decisão firmada em julgamento de recursos repetitivos quando se alterar a situação econômica, social ou jurídica, caso em que será respeitada a segurança jurídica das relações firmadas". É a chamada superação do entendimento.

A superação deve respeitar a segurança jurídica dos atos praticados "sob a égide da decisão anterior, podendo o Tribunal Superior do Trabalho modular os efeitos da decisão que a tenha alterado". Naturalmente, se há o dever legal de respeito à segurança das relações jurídicas firmadas durante o período da tese que foi superada, a expressão "podendo" só pode ser interpretada como um efetivo dever de o TST modular os efeitos da superação.[33]

Agora, não sendo o caso de distinção, e enquanto não houver a superação do entendimento firmado em casos repetitivos, segundo o art. 7º da IN n. 39/2016 do TST, cabe "ao juiz do trabalho julgar liminarmente improcedente o pedido que contrariar: enunciado de súmula do Supremo Tribunal Federal ou do Tribunal Superior do Trabalho"; decisão proferida "em julgamento de recursos repetitivos" no STF ou TST; "entendimento firmado em incidente de resolução de demandas repetitivas" nos tribunais regionais ou "assunção de competência" nos tribunais; ou "enunciado de súmula de Tribunal Regional do Trabalho sobre direito local, convenção coletiva de trabalho, acordo coletivo de trabalho, sentença normativa ou regulamento empresarial de observância obrigatória em área territorial" restrita à jurisdição do respectivo TRT.

No entanto, a pergunta que não quer calar é a seguinte. Esses paradigmas de observância obrigatória são efetivamente precedentes judiciais? Tradicionalmente, o que é um precedente judicial vinculante? No ordenamento jurídico brasileiro é a mesma coisa? É o que se verifica no próximo capítulo a partir da enunciação de conceitos essenciais como "*ratio decidendi*" e "*obiter dictum*".

3. CONCEITOS ESSENCIAIS À COMPREENSÃO DOS PRECEDENTES JUDICIAIS VINCULANTES: *"RATIO DECIDENDI"* E *"OBITER DICTUM"*

O "respeito aos precedentes judiciais" está baseado "nas ideias de segurança jurídica, previsibilidade, estabilidade, desestímulo à litigância excessiva, confiança, igualdade perante a jurisdição, coerência, respeito à hierarquia, imparcialidade, favorecimento de acordos", bem como "economia processual e maior eficiência" na prestação da tutela jurisdicional.[34]

As razões necessárias e suficientes para solucionar uma determinada causa são as razões capazes de formar um precedente judicial com eficácia vinculante. É a fundamentação obrigatória para a tomada de uma determinada decisão e que, justamente por isso, pode e deve ser aplicada para a solução de casos futuros semelhantes. Trata-se do "ponto vinculante da decisão", isto é, "a *ratio*

---

(31) NERY JÚNIOR, Nelson. *Comentários ao Código de Processo Civil*. São Paulo: RT, 2015. p. 1632.

(32) MITIDIERO, Daniel. *Precedentes*: da persuasão à vinculação. São Paulo: RT, 2016. p. 74.

(33) Com redação idêntica ao § 17 do art. 896-C da CLT, a IN n. 38/2015 do TST também prevê a revisão ou superação da tese firmada em sede de RRR no seu art. 17. Aliás, como se pode verificar da IN n. 40/2016, no seu art. 3º, é isso que fez o TST com o cancelamento da Súmula n. 285 e da OJ 377 da SDI-1.

(34) BRANDÃO, Cláudio. *Reforma do sistema recursal trabalhista*: comentários à Lei n. 13.015/2014. São Paulo: LTr, 2015. p. 148-149.

decidendi ou o fundamento jurídico utilizado na decisão como razão de decidir que justifica a solução adotada".[35]

Em suma, é isso que se pensa ao falar em "*ratio decidendi*", a qual "certamente não se confunde com a fundamentação, mas nela se encontra".[36] Destarte, "o precedente é a decisão judicial tomada à luz de um caso concreto, cujo elemento normativo pode servir como diretriz para o julgamento posterior de casos análogos".[37]

Já as elucubrações laterais em relação às razões determinantes da solução proferida na fundamentação da decisão judicial formadora do precedente são naturalmente razões que não determinantes. Trata-se disso a referência à expressão latina "*obiter dictum*" no singular e "*obiter dicta*" no plural.[38]

Há na doutrina quem sustente que, a pretexto da criação de precedentes judiciais vinculantes, "o Judiciário busca a unanimidade das súmulas, para com isso reduzir demandas".[39] Essa, sem dúvida alguma, é uma das intenções da reforma processual. No contexto da Justiça do Trabalho, o foco central é reduzir o número de processos capazes de chegar até o TST por meio do RR.

Por revelar o posicionamento adotado pela corte de cúpula da Justiça do Trabalho em relação ao tema dos precedentes vinculantes, o art. 15 da IN n. 39/2016 do TST deve ser citado e lido em sua integralidade. Veja-se, inicialmente, o *caput* e o inciso I deste artigo.

> Art. 15. O atendimento à exigência legal de fundamentação das decisões judiciais (CPC, art. 489, § 1º) no Processo do Trabalho observará o seguinte: I – por força dos arts. 332 e 927 do CPC, adaptados ao Processo do Trabalho, para efeito dos incisos V e VI do § 1º do art. 489 **considera-se "precedente" apenas**: a) acórdão proferido pelo Supremo Tribunal Federal ou pelo Tribunal Superior do Trabalho em **julgamento de recursos repetitivos** (CLT, art. 896-B; CPC, art. 1046, § 4º); b) entendimento firmado em **incidente de resolução de demandas repetitivas ou de assunção de competência**; c) decisão do Supremo Tribunal Federal em **controle concentrado de constitucionalidade**; d) **tese jurídica prevalecente em Tribunal Regional** do Trabalho e não conflitante com súmula ou orientação jurisprudencial do Tribunal Superior do Trabalho (CLT, art. 896, § 6º); e) **decisão do plenário, do órgão especial ou de seção especializada competente para uniformizar a jurisprudência** do tribunal a que o juiz estiver vinculado ou do Tribunal Superior do Trabalho. [Grifou-se]

Deve-se sublinhar que causa estranheza o fechamento entre aspas da expressão "precedente" pelo TST neste art. 15 da IN n. 39/2016. É como se o tribunal reconhecesse que as apontadas hipóteses de vinculação criadas de modo peculiar pela legislação brasileira não são propriamente precedentes. Afinal, considerando-se precedente como a razão fundamental decorrente de um caso concreto e que deve necessariamente ser aplicada para os casos semelhantes, as próprias súmulas não são efetivamente precedentes. Talvez por isso a ressalva das aspas para tratá-las como se fossem "precedentes".

Entretanto, leia-se, agora, o inciso II deste art. 15 da IN n. 39/2016 do TST.

> II – para os fins do art. 489, § 1º, incisos V e VI do CPC, **considerar-se-ão unicamente os precedentes** referidos no item anterior, súmulas do Supremo Tribunal Federal, orientação jurisprudencial e súmula do Tribunal Superior do Trabalho, súmula de Tribunal Regional do Trabalho não conflitante com súmula ou orientação jurisprudencial do TST, **que contenham explícita referência aos fundamentos determinantes da decisão (ratio decidendi)**. [Grifou-se]

Diante do dispositivo acima, somente as súmulas e OJs com expressa demonstração da "*ratio decidendi*" é que devem ser obrigatoriamente observadas na fundamentação das decisões judiciais. Então, não é qualquer súmula que terá de ser observada. Apenas aquelas que enunciem explicitamente o precedente que lhe deu origem, como também se pode intuir do § 2º do art. 926 do CPC. Sendo assim, a súmula "precedente" deve funcionar como uma janela que permite enxergar com clareza o precedente ("*ratio decidendi*").

---

(35) BELMONTE, Alexandre Agra. As alterações da Lei n. 13.015/2014 no sistema dos recursos trabalhistas e a jurisprudência como fonte criativa do direito. A teoria dos precedentes e a nova lei de recursos trabalhistas como técnica de flexibilização do sistema de *civil law*. In: BELMONTE, Alexandre Agra (Coord.). *A nova lei de recursos trabalhistas*: Lei n. 13.015/2014. São Paulo: LTr, 2015. p. 12.

(36) MARINONI, Luiz Guilherme. *Precedentes obrigatórios*. São Paulo: RT, 2011. p. 222.

(37) DIDIER, Fredie; BRAGA, Paula Sarno; OLIVEIRA, Rafael Alexandria de. *Curso de direito processual civil*. Salvador: Juspodivm, 2015. p. 441. v. 2.

(38) "*Commonly, shortened to 'dicta', these unnecessary statements are often a court's observations about issues not actually before it, or conclusions about matters unnecessary to the outcome the court actually reached, or wide-ranging explanations of na entire body of law, or simply largely irrelevant asides*". SCHAUER, Frederick. *Thinking like a lawyer: a new introduction to legal reasoning*. Cambridge: Harvard University Press, 2012. p. 56.

(39) SOUTO MAIOR, Jorge Luiz; SEVERO, Valdete Souto. *O processo do trabalho como instrumento do direito do trabalho*: e as ideias fora do lugar do novo CPC. São Paulo: LTr, 2015. p. 112.

Ainda sobre a necessidade de fundamentação diante de precedentes judiciais vinculantes, veja-se o final deste art. 15 da IN n. 39/2016 do TST.

> III – não ofende o art. 489, § 1º, inciso IV do CPC a decisão que deixar de apreciar questões cujo exame haja ficado prejudicado em razão da análise anterior de questão subordinante. IV – o art. 489, § 1º, IV, do CPC não obriga o juiz ou o Tribunal a enfrentar os fundamentos jurídicos invocados pela parte, quando já tenham sido examinados na formação dos precedentes obrigatórios ou nos fundamentos determinantes de enunciado de súmula. V – decisão que aplica a tese jurídica firmada em precedente, nos termos do item I, não precisa enfrentar os fundamentos já analisados na decisão paradigma, sendo suficiente, para fins de atendimento das exigências constantes no art. 489, § 1º, do CPC, a correlação fática e jurídica entre o caso concreto e aquele apreciado no incidente de solução concentrada. VI – é ônus da parte, para os fins do disposto no art. 489, § 1º, V e VI, do CPC, identificar os fundamentos determinantes ou demonstrar a existência de distinção no caso em julgamento ou a superação do entendimento, sempre que invocar precedente ou enunciado de súmula.

Percebe-se que o TST optou por conceituar precedente de acordo com as previsões do CPC de 2015, especialmente com base nos arts. 489, § 1º, e 927 do Código. De qualquer forma, "a superioridade das normas constitucionais gera o princípio de conformidade de todos os atos dos poderes públicos com a Constituição". Essa concepção permanece válida em relação ao sistema brasileiro de precedentes vinculantes.[40]

> O precedente, ao contrário da súmula de jurisprudência predominante, e instrumentos análogos, surge não para consolidar, mas para modificar a jurisprudência até então seguida pelo tribunal. Esse sentido transformador do precedente, através do qual a ordem jurídica se rejuvenesce, para acompanhar as exigências sociais, permite, como ocorre no caso americano, que as cortes supremas contribuam para o progresso e constante modernização do Direito, assegurando-lhe a unidade, função primordial a ser exercida pelas supremas cortes e que as nossas dificilmente poderão exercer em sua plenitude, assoberbadas como estão por um volume extraordinário de recursos que as torna, por isso mesmo, cortes ordinárias, julgando em terceira instância questões do exclusivo interesse dos litigantes.[41]

Por oportuna lembrança, em relação aos extintos prejulgados do TST, percebe-se na obra de Wagner Giglio a adoção da tese da constitucionalidade do instituto em face da antiga redação do art. 896, *a*, da CLT, que vedava o recurso de revista quando a decisão recorrida estivesse em consonância com os prejulgados do TST. "Não deve causar estranheza", segundo o autor, "o efeito vinculativo dos prejulgados". Trata-se do "último e definitivo pronunciamento do setor trabalhista do Poder Judiciário". Nesse sentido, o TST assume "o caráter de Suprema Corte".[42]

É "lógica tal solução, pois se o apelo visa à unificação interpretativa, não teria mesmo cabimento" a admissão de recurso de revista "nos casos em que, já existindo essa unidade de interpretação", que "objetivasse exatamente o contrário, isto é, destruí-la, opondo-se ao prejulgado ou à súmula de jurisprudência uniforme do Tribunal Superior do Trabalho".[43]

Ademais, "as decisões coerentes e reiteradas do Tribunal Superior, sobre um dado ponto interpretativo, formando jurisprudência uniforme, vinculariam as instâncias inferiores ainda que não existisse o instituto do prejulgado, no sentido de que as decisões" divergentes dos Tribunais Regionais do Trabalho e Juízes do Trabalho "não subsistiriam perante o TST".[44]

"Significaria, porventura, a derrogação do princípio do livre convencimento dos julgadores? Estariam as cortes inferiores constrangidas a, sempre, julgar de acordo com o prejulgado?" O próprio autor respondeu. "Parece-nos que não, pois a prevalecer esse entendimento rígido, as decisões que contrariassem prejulgado seriam nulas", o que "ensejaria ação rescisória".[45]

"Não obstante a existência de prejulgado, conserva-se a liberdade dos julgadores de decidirem de acordo com suas convicções, e a sentença que desrespeitar prejulgado não é nula". É, porém, "apenas reformável, como qualquer outra que contrarie a jurisprudência assente". Destarte, "em suma: o prejulgado se coaduna com as funções do TST, não passa de jurisprudência

---

(40) CANOTILHO, Joaquim José Gomes. *Direito constitucional e teoria da constituição*. Coimbra: Almedina, 1997. p. 1074.
(41) SILVA, Ovídio A. Baptista da. *Processo e ideologia*: o paradigma racionalista. Rio de Janeiro: Forense, 2004. p. 259-260.
(42) GIGLIO, Wagner Drdla. *Direito processual do trabalho*. São Paulo: LTr, 1977. p. 355.
(43) GIGLIO, Wagner Drdla. *Direito processual do trabalho*. São Paulo: LTr, 1977. p. 355.
(44) GIGLIO, Wagner Drdla. *Direito processual do trabalho*. São Paulo: LTr, 1977. p. 356.
(45) GIGLIO, Wagner Drdla. *Direito processual do trabalho*. São Paulo: LTr, 1977. p. 356.

cristalizada e, não se equiparando à lei", desse modo, "não infringe a Constituição, vez que não configura delegação de poderes legislativos".[46]

Ocorre que agora, na vigência da Lei n. 13.015/2014 e da Lei n. 13.105/2015, a decisão judicial que deixa de observar precedente obrigatório na fundamentação é nula.[47] É passível de ação rescisória.[48] E também pode ser cassada por meio de reclamação.[49] Persiste a independência funcional dos juízes do trabalho para julgar contrariamente às teses firmadas pelo respectivo TRT e pelo TST?

Fica a questão para futuras reflexões. Até porque o momento atual é de acirrada discussão a respeito disso. A ANAMATRA, inclusive, interpôs ação direta de inconstitucionalidade contra a IN n. 39/2016 do TST.[50] A tendência, porém, é que seja declarada a sua constitucionalidade pelo Supremo Tribunal Federal, já que, insista-se: a principal intenção da nova legislação é diminuir o número de recursos que chegam aos tribunais superiores. Esse também é o escopo das recentes instruções normativas do TST.

Contudo, o caminho para melhorar com qualidade a prestação da tutela jurisdicional, e garantir a efetivação de justiça social, está na defesa e valorização das decisões de primeiro grau.[51] A "manutenção da sentença razoável é recomendável," mormente "pelo fato decisivo de que ao juiz de primeiro grau foi dado manter o irredutível contato com as partes e com a prova", bem como por "conhecer a realidade socioeconômica da comunidade em que a decisão será executada, o que autoriza a presunção de que o juízo de primeiro grau reúne as melhores condições para compreender as diversas dimensões do conflito e, assim, para fazer justiça no caso concreto".[52]

CONCLUSÃO

O propósito deste artigo foi permitir ao leitor uma visão panorâmica dos principais conceitos alusivos à temática dos precedentes judiciais vinculantes no contexto da aplicação do CPC ao sistema recursal trabalhista da CLT e também de acordo com as recentes INs editadas pelo TST.

---

(46) GIGLIO, Wagner Drdla. *Direito processual do trabalho*. São Paulo: LTr, 1977. p. 356.

(47) CPC/2015, Art. 489. São elementos essenciais da sentença: I – o relatório, que conterá os nomes das partes, a identificação do caso, com a suma do pedido e da contestação, e o registro das principais ocorrências havidas no andamento do processo; II – os fundamentos, em que o juiz analisará as questões de fato e de direito; III – o dispositivo, em que o juiz resolverá as questões principais que as partes lhe submeterem. § 1º Não se considera fundamentada qualquer decisão judicial, seja ela interlocutória, sentença ou acórdão, que: I – se limitar à indicação, à reprodução ou à paráfrase de ato normativo, sem explicar sua relação com a causa ou a questão decidida; II – empregar conceitos jurídicos indeterminados, sem explicar o motivo concreto de sua incidência no caso; III – invocar motivos que se prestariam a justificar qualquer outra decisão; IV – não enfrentar todos os argumentos deduzidos no processo capazes de, em tese, infirmar a conclusão adotada pelo julgador; V – se limitar a invocar precedente ou enunciado de súmula, sem identificar seus fundamentos determinantes nem demonstrar que o caso sob julgamento se ajusta àqueles fundamentos. VI – deixar de seguir enunciado de súmula, jurisprudência ou precedente invocado pela parte, sem demonstrar a existência de distinção no caso em julgamento ou a superação do entendimento. TST, IN n. 39/2016, art. 3º, IX.

(48) CPC/2015, Art. 966. A decisão de mérito, transitada em julgado, pode ser rescindida quando: V – violar manifestamente norma jurídica. § 5º Cabe ação rescisória, com fundamento no inciso V do *caput* deste artigo, contra decisão baseada em enunciado de súmula ou acórdão proferido em julgamento de casos repetitivos que não tenha considerado a existência de distinção entre a questão discutida no processo e o padrão decisório que lhe deu fundamento. § 6º Quando a ação rescisória fundar-se na hipótese do § 5º deste artigo, caberá ao autor, sob pena de inépcia, demonstrar, fundamentadamente, tratar-se de situação particularizada por hipótese fática distinta ou de questão jurídica não examinada, a impor outra solução jurídica. TST, IN 39/2016, art. 3º, XXVI.

(49) CPC/2015, Art. 988. Caberá reclamação da parte interessada ou do Ministério Público para: III – garantir a observância de enunciado de súmula vinculante e de decisão do Supremo Tribunal Federal em controle concentrado de constitucionalidade; IV – garantir a observância de acórdão proferido em julgamento de incidente de resolução de demandas repetitivas ou de incidente de assunção de competência; § 4º As hipóteses dos incisos III e IV compreendem a aplicação indevida da tese jurídica e sua não aplicação aos casos que a ela correspondam. TST, IN 39/2016, art. 3º, XXVII.

(50) A ADI 5516 foi proposta em 4 de maio de 2016. Entre outros fundamentos, a ANAMATRA assevera que "a Instrução Normativa n. 39/2016 do TST viola o princípio da independência dos magistrados, contido em vários dispositivos da CF, como no art. 95, I, II e III, e no art. 5º, incisos XXXVII e LIII, porque cabe a cada magistrado ou Tribunal, no exercício da prestação jurisdicional, conferir a interpretação da lei ao julgar os casos concretos ("nos termos da lei")". Nesse sentido, aduz na inicial que "a violação ao princípio da independência dos magistrados é clara e não pode subsistir".

(51) CHAPPER, Alexei Almeida. *Polêmicas trabalhistas*: monografias vencedoras. São Paulo: LTr, 2010. p. 32-38. "O Direito é, ou pelo menos deveria ser, a manifestação deste instinto de preservação da ética, da moral e da paz social. Não podemos aceitar pacificamente a utilização do Direito para manter enraizados valores que não condizem com o seu real propósito de existir, visando ao bem-estar da sociedade".

(52) CLAUS, Ben-Hur Silveira. A função revisora dos tribunais diante da sentença razoável. In: CLAUS, Ben-Hur Silveira. (Org.) *A função revisora dos tribunais*. São Paulo: LTr, 2016. p. 151 "Portanto, a confirmação da sentença razoável deve ser a diretriz geral da função revisora dos tribunais no julgamento de recursos de natureza ordinária sobretudo quando se estiver diante de matéria de fato. Trata-se de ponto de partida para a necessária construção de uma nova concepção de recorribilidade, comprometida com efetividade da jurisdição e com a realização dos direitos sociais".

Verificou-se no primeiro capítulo uma espécie de mapa geral dos recursos trabalhistas, com a exposição de algumas siglas comuns em referência aos meios de impugnação de decisões judiciais mais frequentes na Justiça do Trabalho. O RR está no foco das principais discussões já que é a principal porta de entrada para o TST.

No segundo capítulo, voltou-se o foco especificamente para as instruções normativas do TST alusivas às modificações processuais e ao tema dos precedentes judiciais vinculantes. Foram explicitados diversos incidentes que, em suma, visam à formação de jurisprudência com autoridade normativa e pretensão de vinculação de juízes e tribunais, tal como ocorria com os antigos prejulgados e, desde a Emenda Constitucional n. 45/2004, ocorre em relação às súmulas vinculantes do STF.

No terceiro capítulo, apontou-se diferenças conceituais referentes a expressões latinas importantes para a compreensão da tradicional doutrina dos precedentes judiciais vinculantes. Trata-se da noção de *"ratio decidendi"*, como razão fundamental e determinante da decisão, que, por isso, produz vinculação normativa; e do significado de *"obiter dictum"*, como a parte da fundamentação que não é essencial à tomada de decisão num determinado sentido e que, portanto, não exerce efeito vinculante para futuras decisões de casos semelhantes.

É simples perceber que o tema dos precedentes vinculantes é extremamente complexo. Que é também um tema polêmico, especialmente do direito positivo brasileiro, certamente não se discute. Restam ainda muitas dúvidas. Persiste apenas uma só certeza. A de que é preciso mudar. Desde que seja para melhor.

REFERÊNCIAS BIBLIOGRÁFICAS

ARRUDA, Kátia Magalhães; MILHOMEN, Rubem. *A jurisdição extraordinária do TST na admissibilidade do recurso de revista*. São Paulo: LTr, 2012.

BELMONTE, Alexandre Agra (Coord.). *A nova lei de recursos trabalhistas*: Lei n. 13.015/2014. São Paulo: LTr, 2015.

BRANDÃO, Cláudio. *Reforma do sistema recursal trabalhista*: comentários à Lei n. 13.015/2014. São Paulo: LTr, 2015.

CANOTILHO, Joaquim José Gomes. *Direito constitucional e teoria da constituição*. Coimbra: Almedina, 1997.

CHAPPER, Alexei Almeida. *Polêmicas trabalhistas*: monografias vencedoras. São Paulo: LTr, 2010.

CLAUS, Ben-Hur Silveira (Org.). *A função revisora dos tribunais*. São Paulo: LTr, 2016.

DIDIER JR. Fredie; BRAGA, Paula Sarno; OLIVEIRA, Rafael Alexandria de. *Curso de direito processual civil*. Salvador: Juspodivm, 2015. v. 2.

FACÓ, Juliane Dias. *Recursos de revista repetitivos*: consolidação do precedente judicial obrigatório no ordenamento trabalhista. São Paulo: LTr, 2016.

GIGLIO, Wagner Drdla. *Direito processual do trabalho*. São Paulo: LTr, 1977.

KLIPPEL, Bruno. *Direito sumular esquematizado*. São Paulo: Saraiva, 2012.

LEITE, Carlos Henrique Bezerra. *Curso de direito processual do trabalho*. São Paulo: LTr, 2006.

MARINONI, Luiz Guilherme. *Precedentes obrigatórios*. São Paulo: RT, 2011.

MITIDIERO, Daniel. *Cortes superiores e cortes supremas*. São Paulo: RT, 2013.

_____. *Precedentes: da persuasão à vinculação*. São Paulo: RT, 2016.

NASCIMENTO, Amauri Mascaro. *Curso de direito processual do trabalho*. São Paulo: Saraiva, 2013.

NERY JÚNIOR, Nelson. *Comentários ao Código de Processo Civil*. São Paulo: RT, 2015.

RUSSOMANO, Mozart Victor. *Direito processual do trabalho*. Rio de Janeiro: José Konfino, 1971.

SAAD, Eduardo Gabriel. *Curso de direito processual do trabalho*. São Paulo: LTr, 2007.

SCHAUER, Frederick. *Thinking like a lawyer*: a new introduction to legal reasoning. Cambridge: Harvard University Press, 2012.

SCHIAVI, Mauro. *Manual de direito processual do trabalho*. São Paulo: LTr, 2009.

SILVA, Ovídio A. Baptista da. *Processo e ideologia*: o paradigma racionalista. Rio de Janeiro: Forense, 2004.

SOUTO MAIOR, Jorge Luiz; SEVERO, Valdete Souto. *O processo do trabalho como instrumento do direito do trabalho: e as ideias fora do lugar do novo CPC*. São Paulo: LTr, 2015.

STÜRMER, Gilberto. *Direito constitucional do trabalho no Brasil*. São Paulo: Atlas, 2014.

TEIXEIRA FILHO, Manoel Antonio. *Sistema dos recursos trabalhistas*. São Paulo: LTr, 1997.

_____. *Comentários à Lei n. 13.015/2014*. São Paulo: LTr, 2015.

O Princípio do Contraditório sob os Ventos da Mudança: Aproximações Críticas

GUILHERME GUIMARÃES FELICIANO
Professor Associado II do Departamento de Direito do Trabalho e da Seguridade Social da Faculdade de Direito da Universidade de São Paulo. Livre-Docente e Doutor pela Universidade de São Paulo. Presidente da Associação Nacional dos Magistrados da Justiça do Trabalho (2017-2019). Juiz Titular da 1ª Vara do Trabalho de Taubaté/SP

1. INTRODUÇÃO. O CONTRADITÓRIO E SUAS NUANCES

A *garantia do contraditório* – ou, como se queira, o *princípio do contraditório* – tem, como se sabe, índole constitucional, ubicando no art. 5º, inciso LV, da Constituição Federal. E é assim, ademais, nos mais significativos sistemas jurídicos ocidentais. Mas qual a real extensão desta garantia, no plano ideal? E qual a sua possibilidade de inflexão diante de outros valores?

Em particular, impressiona-nos o fato de que, no caso dos *títulos executivos* (notadamente os judiciais), o contraditório seja historicamente diferido para o momento dos embargos do devedor (v. art. 736 a 739-A do Código Buzaid), enquanto em outros contextos se identifique, nos mais variegados nichos de doutrina, uma defesa quase fetichista de um contraditório prévio, pleno e intocável. OVÍDIO BAPTISTA identifica essa distorção com a própria origem burguesa dos códigos liberais[1], privilegiando a propriedade e os negócios. Tornadas excepcionais as medidas liminares de mérito sem prévio contraditório (tendência que se observou acerca do próprio art. 273 do CPC), todos os procedimentos tornam-se "ordinários" (= "ordinarização" do sistema processual) – cognição exauriente e plenitude de defesa passam a se corresponder[2] – e todo instrumento que fuja a esse padrão passa a ser visto como autoritário.

A própria urgência nas tutelas preventivas justifica e autoriza, do ponto de vista constitucional, hipóteses de *contraditório eventual* e *diferido*[3]. No contraditório

---

(1) *Processo e Ideologia*, p. 112.

(2) *Idem*, p. 114. A ideia é retomada com grande ênfase adiante, à p. 128: "*A imprudência cometida pelo legislador brasileiro ao inscrever em texto constitucional o pressuposto da 'plenitude da defesa' exclusivo do processo criminal, na tradição do direito brasileiro, eliminou as formas mais significativas do 'princípio do contraditório' reduzindo-o ao 'contraditório prévio', próprio da ordinariedade, ou seja, limitou o campo de nosso direito processual apenas ao procedimento da* actio *romana. [...] Aos menos atentos, porém, é bom recordar que essa redução não alcança os privilégios de que é fértil o sistema brasileiro, limitando-se a 'ordinarizar' exclusivamente o procedimento plebeu, regulado pelo Código, sem interferir na legião incontável de ações e procedimentos privilegiados que gravitam ao redor do sistema, através de leis extravagantes. Essa é uma marca ideológica impagável*". Veja-se p.ex., no Brasil, o DL n. 911/1969, que permitiu aos proprietários fiduciários em geral bancos e financeiras a busca e apreensão do bem alienado fiduciariamente, que é *"processo autônomo e independente de qualquer procedimento posterior"* (art. 3º, § 8º, na numeração da Lei n. 10.931/2004), com possibilidade de medida liminar e um espectro contraditório que originalmente se restringia ao direito de alegar o *"pagamento do débito vencido ou o cumprimento das obrigações contratuais"* (art. 3º, § 2º, na redação original), o que reputávamos inconstitucional (G. G. Feliciano, *Tratado...*, *passim*). No entanto, os peremptórios termos do antigo § 2º do art. 3º foram eliminados pela Lei n. 10.931/2004 (já a destempo, diga-se: mais de quinze anos após a promulgação da CRFB/1988).

(3) Cf. Ovídio Baptista, *Processo e Ideologia*, p. 151-164. E o novo CPC o reconhece, excepcionalmente.

diferido, conquanto as posições das partes não se alterem, o juiz está autorizado a desde logo julgar o mérito da causa ou da questão, sob a forma de uma decisão provisória, com inversão de fases: a parte afetada poderá exercer o contraditório, mas *após* a decisão tomada, podendo o juiz revê-la adiante (assim, *e.g.*, ao tempo da sentença final de mérito, tanto nas liminares cautelares como nas liminares antecipatórias dos efeitos da tutela de mérito). É o que se passa com as antecipações dos efeitos da tutela de mérito (art. 273 do CPC), conquanto alguns entendam que o seu deferimento *"in limine litis"* (i.e., antes do contraditório) deveria ser excepcional. Engano: a rigor, **as antecipações de tutela são de cognição *"prima facie"* e têm natureza executiva, trasladando para o direito brasileiro a *tutela interdital* desenvolvida pelos romanos a partir do período formulário**. Mas, a fim de manter a coerência retórica do sistema (não a lógica, diz BAPTISTA[(4)]), tais decisões são formalmente vazadas em decisões interlocutórias, internalizadas em um processo maior que caminha para uma sentença final, mais ampla e definitiva ("ordinária").

No contraditório eventual, ao revés, não se invertem fases processuais, mas as posições das partes no processo: elimina-se o contraditório do interior de um certo procedimento, transferindo-o ora para uma ação incidental (vejam-se, *e.g.*, os embargos do devedor nas execuções de títulos extrajudiciais), ora para uma ação independente, de caráter geral ou especial (o que se dá, *e.g.*, nas ações possessórias, nas ações de desapropriação e outrora na busca e apreensão do DL n. 911/1969).

O próprio legislador federal ordinário poderia regular tais hipóteses com maior regularidade e generosidade, visando um sistema processual infraconstitucional mais compromissado com a celeridade e a efetividade. É, aliás, precisamente essa a sede onde os princípios constitucionais – na espécie o devido processo legal, na sua dimensão substantiva (modulando a dimensão adjetiva) – cumprem melhor o seu papel *normogenético*. O mesmo se esperaria, outrossim, nas chamadas "tutelas de evidência": fere a razoabilidade e o próprio princípio da cooperação processual que, sendo evidente o direito e a sua violação, goze ainda o devedor do direito de somente ser instado a honrá-lo após deduzir toda a sua defesa, com todos os *"recursos a ela inerentes"* (art. 5º, LV, da CRFB), a despeito do tempo que assim se consumirá. No processo laboral brasileiro, é o que hoje se vê em relação a empresas tomadoras de serviço que se recusam a quitar o débito rescisório líquido, por um suposto benefício de ordem (v. Súmula n. 331, IV, do TST), embora em audiência já admitam a demissão do empregado, a inadimplência rescisória e o estado pré-falimentar da empresa prestadora[(5)].

Não parece ser esse, entretanto, um caminho convicto para o legislador brasileiro. Vejamos.

2. O CONTRADITÓRIO NO NOVO CÓDIGO DE PROCESSO CIVIL (I): AVANÇO OU RETROCESSO?

Em 17 de dezembro de 2014, aprovou-se em definitivo, no Senado Federal, o **novo Código de Processo Civil** – Lei n. 13.105/2015 –, a partir do PLS n. 166/2010 (que, na Câmara dos Deputados, tramitara como PL n. 6.025/2010).

Entre alguns ganhos "ideológicos" do novo CPC, realce-se a assimilação da simplicidade e da informalidade processual, na linha do que sempre vigorara no âmbito do processo laboral, desde a década de quarenta do século passado (veja-se, por todos, a expressa redação do art. 840, § 1º, da CLT, e compare-se, p.ex., com a redação do art. 282 do Código Buzaid). Nessa linha, elimina-se grande número de incidentes processuais previstos no Código de 1973. De outra parte, sedimentam-se claras regras de valorização do resultado do processo, conferindo concreção aos princípios constitucionais da efetividade e da celeridade processual.

De outro turno, no que respeita às tutelas provisórias, o novo Código sistematiza-as como tutelas de urgência e de evidência, prevendo mecanismos de estabilização das medidas de antecipação liminar satisfativas, por um lado, e retirando-se a autonomia do processo cautelar, por outro. As medidas cautelares passam a ser concedidas, de modo antecedente ou incidental, no bojo do processo principal, i.e., daquele em que se discutem as pretensões ao bem da vida.

---

(4) *Idem*, p. 153.

(5) Em casos como esse, no exercício da jurisdição, temos invocado a norma do art. 273, I, do CPC para determinar à empresa tomadora, em prazo curto e razoável, o depósito judicial do valor da rescisão, para imediata liberação ao trabalhador, sob pena de constrição patrimonial antecipada para esse fim (inclusive com bloqueio eletrônico de contas correntes bancárias). Cf., *e.g.*, o Processo n. 00561-2008-009-15-00-0, da 1ª Vara do Trabalho de Taubaté/SP, e tantos outros semelhantes, em que figurava como empregadora a empresa Estrela Azul Serviços de Vigilância, Segurança e Transporte de Valores Ltda. – então em fase de recuperação judicial (i.e., estado pré-falimentar) – e como tomadores de serviços diversas instituições bancárias estabelecidas na jurisdição. Em grau de recurso ou *mandamus*, o tribunal regional ora manteve tais decisões, ora as reformou, total ou parcialmente; e, quando as reformou, não raro o fez ao argumento singelo de que a execução provisória, no processo do trabalho, vai apenas até a penhora (art. 899 da CLT e Súmula n. 417, III, do TST)...

E, conquanto exatamente neste ponto – tutelas provisórias – veja-se, no novo texto legislativo, autorização para diferimento do contraditório, chama a atenção o fato de que, em vários outros contextos (que podem envolver similar grau de urgência ou evidência, ainda que não deduzidas nesses termos), a opção legal tenha sido pelo *resguardo dogmático e inflexível do contraditório*, para além do razoável, retrocedendo em relação ao padrão de instrumentalidade do próprio Código Buzaid (com o risco de transtornar ambientes processuais particularmente dinâmicos, como é o processo do trabalho, jungido à subsidiariedade do Código de Processo Civil, seja pelos termos do art. 769 da CLT, seja pelos termos do art. 15 do novel CPC).

Já era assim, ademais, no texto aprovado pela Câmara dos Deputados. O PL n. 6.025/2010 introduzia no sistema processual civil brasileiro a obrigatoriedade de se oportunizar a manifestação prévia da parte interessada *antes de qualquer decisão judicial que possa afetar o seu interesse* (vide os respectivos arts. 9º, 10, 301, 469, par. único etc.[6]), *inclusive* em casos de matéria de cognição incondicionada (= conhecimento *"ex officio"*). Onde o contraditório fora até então *diferido* (à luz do CPC de Buzaid), sem quaisquer transtornos (mesmo porque, em residuais hipóteses de nulidade, sempre houve a possibilidade de recurso à instância seguinte), passa a ser, agora, um contraditório *obrigatório, prévio* e *pleno*. Outra vez o fenômeno da "ordinarização" procedimental (i.e., da "normalização" dos diversos ritos procedimentais pela régua do procedimento ordinário), agora no regime jurídico da solução das objeções processuais, tornando o processo civil *mais burocrático* e *menos efetivo*, ao menos nesta parte.

Faz todo sentido pensar em contraditório obrigatório, prévio e pleno antes da aniquilação objetiva de direitos materiais, mormente em sede de tutela de direitos humanos fundamentais. Mas torná-lo regra quase absoluta, ao ensejo de qualquer ato judicial decisório – ainda que sobre matéria processual –, parece conter desproporcionalidades. A simples positivação do princípio da cooperação (art. 5º do projeto) comandaria melhor a questão, sem necessidade de quaisquer outros preceitos, apreciando-se caso a caso a necessidade de um contraditório prévio eventual.

3. O CONTRADITÓRIO NO NOVO CÓDIGO DE PROCESSO CIVIL (II): APEGOS LIBERAIS

Em verdade, todas essas dificuldades de concepção residem na cultura judiciária dominante, que apenas se reflete na resistência do legislador ordinário. Isso porque haveria muitos caminhos hermenêuticos para "redescobrir" um processo civil liberto das amarras liberais; a questão maior será saber como – e se – ganharão força e ensejo.

Com efeito, a concepção do direito liberal-formal coloniza o pensamento jurídico a partir das universidades e das próprias escolas de magistratura. Forma-se o *juiz enunciador da lei*, que não precisa e nem quer buscar alternativas para o modelo tradicionalmente dado, e que não tem maiores compromissos com a renovação da ordem jurídica processual para a efetiva garantia da ordem jurídica material. *Apesar* da tutela processual interdital introduzida pela Lei n. 8.952/1994 no CPC, na nova redação do art. 273 do Código Buzaid, apta à concessão *"in limine litis"*, não eram poucos os juízes convictos em *jamais* a deferir antes de aparelhar o contraditório (o que significava, também ali, "ordinarizar" a tutela preventiva ou de evidência)[7], perfilhando pontos de vista restritivos que ecoaram até mesmo no STF[8]. Da mesma forma, *apesar* do poder geral de cautela conferido pelos arts. 798 e 799 do CPC de 1973, juízes tinham inapelável preferência pelas *ações cautelares nominadas* – porque a descrição legal dos pressupostos facilita o trabalho intelectivo, reduzindo-o à

---

(6) Os preceitos citados reproduziam, por sua vez, a redação aprovada primeiramente no Senado Federal (PLS n. 166/2010, na primeira votação perante o Senado). No art. 10, *e.g.*, lê-se que "[o] *juiz não pode decidir, em grau algum de jurisdição, com base em fundamento a respeito do qual não se tenha dado às partes oportunidade de se manifestar, ainda que se trate de matéria sobre a qual tenha que decidir de ofício*". Essa redação foi parcialmente atenuada no relatório-geral do Senador VALTER PEREIRA (PMDB), que propôs acrescentar, em parágrafo único, os seguintes dizeres: "*O disposto no caput não se aplica aos casos de tutela de urgência e nas hipóteses do art. 307*". Não se resolve, porém, a questão das objeções processuais.

(7) Para BERMUDES, "[o] *juiz, todavia, em nenhuma hipótese a concederá liminarmente, ou sem audiência do réu, que terá oportunidade de se manifestar sobre o pedido, na contestação, caso ele tenha sido formulado na inicial, ou no prazo de cinco dias (art. 185), se feito em petição avulsa*" (Sérgio Bermudes, *Inovações do CPC*. 2. ed. Rio de Janeiro: Forense, 1995, p. 13).

(8) O finado Min. MENEZES DIREITO, antes de ser nomeado para o STF, assim decidira no STJ: "*Ainda que possível, em casos excepcionais, o deferimento liminar da tutela antecipada, não se dispensa o preenchimento dos requisitos legais, assim a "prova inequívoca", a "verossimilhança da alegação", o "fundado receio de dano irreparável", o "abuso de direito de defesa ou o manifesto propósito protelatório do réu", ademais da verificação da existência de "perigo de irreversibilidade do provimento antecipado", tudo em despacho fundamentado de modo claro e preciso. O despacho que defere liminarmente a antecipação de tutela com apoio, apenas, na demonstração do 'fumus boni iuris' e do 'periculum in mora' malfere a disciplina do art. 273 do CPC, à medida que deixa de lado os rigorosos requisitos impostos pelo legislador para a salutar inovação trazida pela Lei n. 8.952/1994. Recurso especial não conhecido*" (STJ, REsp n. 131.853, 3. T., rel. Min. CARLOS ALBERTO MENEZES DIREITO).

mera subsunção formal –, ao passo que diversos juristas sequer concebiam a possibilidade de o poder geral de cautela ser exercitado *"ex officio"* (o mesmo se dando com a tutela antecipada, mesmo em casos de incontrovérsia real ou ficta do pedido, e apesar do que dispôs o § 6º do art. 273 do CPC de 1973, sob a redação da Lei n. 10.444/2002).

O perfil do juiz enunciador da lei corresponde, afinal, àquele perfil que ROMANI identificou como o do "juiz dogmático": o seguidor do método do culto ortodoxo da lógica formal-abstrata ditada pelo legislador, que – na dicção do autor – *"em nada contribui para o Direito novo, próprio do pretor urbano da antiga Roma, mais próximo a cada tempo da verdadeira justiça, aquela coerente com os direitos naturais do povo, que é o mais legítimo credor da prestação jurisdicional"*[9]. Mesmo na análise constitucional, guia-se amiúde – disso consciente ou não – pela *hermenêutica originalista* da tradição norte-americana (a que metodologicamente corresponde, *grosso modo*, a "teoria da interpretação lógica ou mecanicista do direito" de BOBBIO[10]), que pressupõe **(i)** o absoluto respeito à letra do texto constitucional e à vontade histórica do constituinte; **(ii)** o exclusivo manejo, pelo intérprete/aplicador, de "princípios neutros" – dir-se-ia quase formais –, como o princípio da legalidade estrita e o princípio da isonomia formal, que não lhe impõem acessar elementos extrassistemáticos (como imporiam, *e.g.*, princípios ou fundamentos como "valor social do trabalho", "dignidade da pessoa humana" ou "democracia econômica e social"); **(iii)** a circunscrição tópica da atividade hermenêutica ao previsto como possível pelo constituinte histórico, sob pena de malferimento à soberania popular (que acometeu às assembleias constituintes – e não aos tribunais – a elaboração da Constituição); e **(iv)** a renúncia à ideia de discricionariedade hermenêutica (i.e., o juiz não tem "vontade" no ato de julgar, nem lhe é dado modificar ou "atualizar" os textos constitucionais)[11].

Tal perspectiva reverencia um mundo estereotipado que arrebatou o pensamento político até os oitocentos, mas depois foi superado. Deste ponto, convém sacar a crítica específica.

4. A *"DUE PROCESS CLAUSE"* ENTRE A JUSTIÇA E A DEMOCRACIA

Antes de seguir com a análise do princípio do contraditório – e de acenar com as soluções para o modelo de clausura que o novo CPC anuncia –, convirá uma reflexão de ordem jurídico-filosófica

Como disséramos alhures, noutros escritos, todo ato de julgar consubstancia um *ato de vontade comunicativa* (e, mais, um *ato de criação*), em que o juiz externaliza inclusive as suas convicções e ideologias (ainda que essa ideologia seja o entendimento de que deve apenas "reproduzir" a vontade histórica do legislador). A dicção da chiovendiana "vontade concreta da lei" depende da *vontade subjetiva* do magistrado, o que explica e justifica as inflexões do *"procedural due process"*. muitas das quais já assimiladas ou em vias de assimilação pela jurisprudência dos tribunais superiores, em moldes que jamais se veriam há trinta ou cinquenta anos. E, diga-se, inflexões hermeneuticamente plasmadas sob as mesmas leis que regiam o processo àquela altura.

Daí porque aderíamos a ARTHUR KAUFMANN e recusávamos a hipótese do "juiz autômato da lei", destituído de vontade juridicamente relevante. Isso porque a hipótese é fenomenicamente *impossível*: há que reconhecer, com BOBBIO, que

> "a interpretação do direito feita pelo juiz não consiste jamais na simples aplicação da lei com base num procedimento puramente lógico. Mesmo que disto não se dê conta, para chegar à decisão ele deve sempre introduzir avaliações pessoais, fazer escolhas que estão vinculadas ao esquema legislativo que ele deve aplicar"[12].

E destacávamos, no mesmo encalço, que a *segurança jurídica* não se obtém com a automatização dos juízos, mas com o reconhecimento dogmático dos *limites* do sistema, a serem esclarecidos e estabilizados de modo racional e discursivo, sem prejuízo da mobilidade e da abertura sistêmicas. Daí ser dado ao magistrado expressar-se como ser sociopolítico, sem renunciar às suas convicções pessoais e aos elementos de cultura que configuraram sua visão de mundo. É um seu *direito*:

---

(9) ROMANI, Dagoberto. "O juiz, entre a lei e o direito". In: *Revista dos Tribunais*. São Paulo: Revista dos Tribunais, jul. 1998, n. 633, p. 236.

(10) BOBBIO, Norberto. *O positivismo jurídico: lições de Filosofia do Direito*. Tradução de Márcio Pugliesi, Edson Bini, Carlos E. Rodrigues. São Paulo: Ícone, 1995, p. 211-222 e 237. Com BOBBIO, bem se entende que essa perspectiva – comum ao conceitualismo e aos vários positivismos – reconhece na jurisprudência *"atividade puramente declarativa ou reprodutiva de um direito preexistente, isto é, no conhecimento puramente passivo e contemplativo de um objeto já dado"* (p. 211). De nossa parte, ajustar-nos-íamos ao que BOBBIO designa como "gnoseologia de tipo *realista*" (porque tributária do "realismo jurídico"): o ato de julgar *"consiste numa atividade que é também criativa ou produtiva de um novo direito, ou seja, no conhecimento ativo de um objeto que o próprio sujeito cognoscente contribui para produzir"* (p. 211-212).

(11) Cf. Néstor Pedro Sagüés, *La interpretación judicial de la Constitución*. Buenos Aires: Depalma, 1998. p. 101.

(12) BOBBIO, Noberto. *O positivismo...*, p. 237.

"los miembros de la judicatura gozarán de las **libertades de expresión, creencias,** asociación y reunión, con la salvedad de que, en el ejercicio de esos derechos, los jueces se conducirán en todo momento de manera que preserve la dignidad de sus funciones y la imparcialidad e independencia de la judicatura" (princípio n. 08 dos *Princípios* Básicos relativos à *Independência da Judicatura* – ONU, 1985 [g.n.]).

E, em certo sentido, é também um seu *dever*. Isto porque **o seu "sentimento de direito" ("*Rechtsgefühl*") deve provir de sua visão de mundo, para transparecer como tal, no plano discursivo, ao tempo e modo da decisão que prolata** (art. 93, IX, da CRFB). Eis, afinal, o que assegura ao Poder Judiciário o seu gradiente de *democracia*, notadamente nos países em que o ingresso na Magistratura não se dá por eleições gerais (como em geral nos países de *"common law"*, sob mandatos vitalícios ou temporários), mas por concursos públicos ou outros modos seletivo-meritórios de acesso (como em geral nos países de *"civil law"*, em que de regra se seguem carreiras profissionais).

A concepção do *"judicial law-making"* não é, de resto, antimajoritária ou antidemocrática, como geralmente se supõe e inclusive se sustenta em espaços acadêmicos[13]. As orações acima negritadas já revelam os elementos pelos quais a atividade jurisdicional logra democratizar-se e reinventar-se a todo tempo:

(a) a **liberdade de convicção técnico-jurídica** (a Democracia pressupõe a pluralidade, e o que garante ao cidadão que o mais humilde juiz do mais distante rincão não estará tecnicamente vinculado à visão de mundo e direito que domina na mais alta corte judiciária do país é a sua liberdade de convicção técnico-jurídica: suas decisões não se sujeitam a um modelo autocrático e antidemocrático de reprodução mecânica de súmulas de jurisprudência, a não ser por expressa ressalva constitucional[14]);

(b) a **publicidade das decisões** (a Democracia pressupõe a possibilidade de controle público da autoridade constituída, para cujo fim não há melhor instrumento que a irrestrita publicidade dos atos de império, vicejante em praticamente todos os sistemas judiciários, a não ser por expressa ressalva constitucional[15]);

(c) a **fundamentação das decisões** (a Democracia pressupõe informação e contraditório, para o que é indispensável, nos sistemas judiciários em geral, que os interessados conheçam e compreendam as razões pelas quais a pretensão deduzida foi ou não acolhida).

Observe-se que todos os atributos acima reportados – liberdade de convicção técnico-jurídica (vinculada à própria ideia de independência judicial), publicidade processual e fundamentação judicial – são corolários do *"procedural due process"*. Não é demais afirmar, portanto, que a *"due process clause"* é, por assim dizer, uma das vigas-mestras de sustentação dos regimes democráticos contemporâneos.

Mas não é só. Contrapondo essa mesma objeção acerca do caráter antidemocrático e antimajoritário de um sistema judiciário com aptidões criativas (aliás, *"a mais grave de todas"*), CAPPELLETTI vai além e esclarece, a propósito, o seguinte:

(d) a rigor, mesmo os poderes normativos exercitados pela Administração Pública e pelos parlamentos não gozam, em termos realmente autorais, de plena legitimidade democrática, já que geralmente a atividade normativa é capitaneada por "colégios de burocratas" e condicionada por uma série de alianças e subserviências políticas que não têm qualquer respaldo no voto popular (sequer indiretamente, já que são funções constitucionais indelegáveis). São os juízes, ao revés, os que em tese logram guardar dessas ingerências políticas e burocráticas a distância mais segura, já que pouco dependem de conjunturas políticas e arranjos administrativos (ao menos nos países com carreiras de magistratura) e podem se manter à margem de tais influências sem quaisquer prejuízos;

(e) a absoluta hegemonia da vontade das maiorias será, as mais das vezes, um grave sintoma *antidemocrático* (vejam-se, p.ex., os episódios de totalitarismo[16] e de populismo caudilho do século XX). São os juízes, ao revés, os que têm a missão constitucional de resguardar os direitos

---

(13) Cf., *e.g.*, John Hart Ely, *Democracry...*, 1980, *passim*; ou ainda, Ran Hirschl, *Towards Juristocracy, passim*.
(14) Como se deu, no Brasil, com o advento da EC n. 45/2004 e a instituição das súmulas vinculantes no âmbito do STF (art. 103-A da CRFB).
(15) No Brasil, art. 5º, LX, da CRFB, conferindo legitimidade ao art. 155 do CPC.
(16) A respeito, veja-se, por todos, Hanna Arendt, *As Origens, passim*.

e interesses das *minorias* – particularmente no que diga respeito às dimensões da jusfundamentalidade –, de modo a poder *"frustrar o ramo político quando este, por estar muito ligado ao sentimento majoritário, atropela certos direitos fundamentais dos indivíduos ou das minorias"*[17];

(f) a própria *acessibilidade* dos juízes à população, institucional e sociologicamente, seja por imperativo constitucional (art. 5º, XXXV, da CRFB) ou pela maior capilaridade orgânica dos corpos judiciários, tende a tornar o Judiciário um poder mais democrático e dialógico, desde que obviamente haja permeabilidade pessoal e cultural a essas experiências[18].

Em realidade, o que distingue a atividade legislativa da atividade judicante não é a sua criatividade substancial, mas o *modo* como ela é engendrada[19]. Os parlamentos legislam a partir de *inputs* de diversas naturezas (políticos, sociais, econômicos), mas tendencialmente *difusos* e *abstratos* (na medida da sanidade do próprio sistema legislativo, i.e., da sua maior ou menor suscetibilidade à ação de corruptores, *lobbys* e grupos de interesses não classistas). Os juízes, ao contrário, desenvolvem o *"judicial law-making"* a partir de *focos concretos* (modelo de *"cases and controversies"*) e em *"regime de soberania vinculada"* (CARNELUTTI), o que implica, segundo CAPPELLETTI, (i) uma perspectiva inercial (*"nemo iudex sine actore"*); (ii) uma perspectiva de limitação objetivo-subjetiva ao âmbito de controvérsia definido pelas próprias partes (*"ne eat iudex ultra petita a partibus"*); e (iii) uma perspectiva necessariamente dialética (*"audiatur et altera pars"*)[20].

Mais uma vez, aparecem os atributos clássicos do *"procedural due process"*, desdobrando uma importante constatação: **os conteúdos formais da *"due process clause"* constituem, a um tempo, a substância que dá *identidade* à atividade judicial "criativa"** (em relação p.ex. à legislação) **e também aquela que, dimensão política, *justifica-a* democraticamente.**

Para a Democracia, portanto, o devido processo legal cumpre concomitantemente – mas não exclusivamente, por óbvio – os papéis de *causa eficiente* (porque a sustenta endógena e exogenamente), de *causa formal* (porque justifica-a e nela se justifica) e de *causa final* (porque deve ser dela um objetivo).

A hipótese de um Poder Judiciário não criativo, com um corpo de magistrados que apenas repita os textos de lei e adapte a vontade histórica do legislador aos casos concretos, em modo de pura subsunção formal, não atende aos pressupostos políticos do Estado Democrático de Direito. Sob tais circunstâncias, torna-se irrelevante a maior ou menor acessibilidade à população (instrumental ou sociologicamente). A Magistratura torna-se incapaz de refletir a diversidade e a pluralidade do pensamento jurídico. E é menos apta a preservar as minorias contra os ímpetos das maiorias políticas, que ditam os textos de lei. É que tampouco a "lei" é um fenômeno empiricamente abstrato ou neutro, na exata medida em que *"[o] Estado, nos seus vários níveis, não é neutro. Ele sofre pressão de grupos extremamente fortes que atuam dentro das burocracias estatais, nas secretarias, nas assembleias [...]"*[21]. Daí porque, estresindo SCHWARTSMAN, *"[u]ma boa receita para produzir o pior dos mundos é aplicar com máximo zelo todas as leis vigentes"*[22].

Assim, reservar ao juiz o papel de mero enunciador da lei é, na verdade, retirá-lo do jogo de *"checks and balances"*, vergastando um dos mais importantes mecanismos da forma republicana de governo. E, mais que

---

(17) CAPPELLETTI, Mauro. *Processo...*, p. 22.

(18) CAPPELLETTI reproduz dizeres de S. M. HUFSTEDLER, no sentido de que, *"enquanto resulta quase impossível a muitos não potentados o acesso aos gabinetes dos parlamentares ou às salas deliberativas de muitos órgãos administrativos, 'a chave para abrir a porta de um Tribunal' consiste num simples ato de citação"* (*Processo...*, p. 22). Não se trata aqui, obviamente, do paradigma do "juiz que vai às ruas" (ultimamente muito festejado, mas ainda incongruente com realidades sociológicas de juízes encastelados nos fóruns ou entrincheirados em corporações). Trata-se, sim, de uma estrutura pensada para fazer vir o grito das ruas aos recintos dos tribunais, sobretudo mais recentemente, como resultado do movimento pelo acesso à Justiça (cf., por todos, Cappelletti, Garth, *Acesso à Justiça*, p. 31 e ss., com as três "ondas" do enfoque do acesso à justiça).

(19) Cf. Otto Bachof, *"Der Richter als Gesetzgeber?"*, in *Tradition und Fortschritt im Recht: Festschrift zum 500jährigen Bestehen der Tübinger Juristenfakultät*, Tübingen, J.C.B. Mohr, 1977, p. 177-192. Problema que, a propósito, o autor reconhece como *universal* (p. 178), paralelo àquele mesmo da eficácia declaratória ou constitutiva (*"deklaratorische oder konstitutive Wirkung"*) das decisões que reconhecem, em caráter *"principaliter"*, a inconstitucionalidade de normas infraconstitucionais (p. 187).

(20) CAPPELLETTI, Mauro. *Processo...*, p. 17.

(21) KOWARICK, Lúcio. Centro de cobiça. In: *O Estado de S. Paulo*, 29.01.2012, p. J-3.

(22) SCHWARTSMAN, Hélio. Tão perto, tão longe. In: *Folha de S. Paulo*, 27.01.2012, p. A-2. Adiante, por constatar que *"a aplicação mecânica de regras (ainda que razoáveis) pode engendrar verdadeiros absurdos"*, o articulista pontua, sobre os paradoxos entre a lei formal e a realidade em seu entorno, que *"[a] solução [...], além de rever e aprimorar continuamente os protocolos, é deixar que as pessoas usem o seu bom-senso. Na média, ele mais acerta do que erra. [...] Essa ao menos foi a aposta da natureza, ao dotar os humanos de cérebros capazes de comportamento flexível, isto é, de responder de forma diferente a diferentes situações"*.

isso, é manietar o próprio *"procedural due process"*, por combalir a independência judicial. Afinal,

> "a independência do juiz há de ser compatível com sua configuração humana como sujeito de capacidade plena, de preocupações pela justiça que vão além de seu exercício profissional, e como titular de todos os direitos que a lei não lhe restrinja ou suprima em atenção a razoáveis medidas de incompatibilidade. Falamos, pois, de **um juiz não facilmente domesticável, não mudo, nem mais diminuído em seus direitos do que o indispensável**"[23].

Ademais, é seguro que o postulado *"in claris cessat interpretatio"* já não se põe, em absoluto, no direito contemporâneo. Não há lei, por mais clara ou detalhada que seja, capaz de recusar ao intérprete/aplicador um mínimo exercício de criatividade e construção semântica. O que se deve discutir hoje, afinal, já não é a *legitimidade* da criação judiciária, mas – seguindo ainda CAPPELLETTI – o *grau*, o *modo*, os *limites* e a própria *aceitabilidade social* da criação do Direito pelas cortes judiciais[24]. O que significa discutir, no marco desta Tese, *como* e *quanto* o *"substantive due process"* pode, em "criando", *infletir* o *"procedural due process"*.

5. REPENSANDO O CONTRADITÓRIO EM PERSPECTIVA JUSFUNDAMENTAL

Nessa ordem de ideias, e especialmente no âmbito do processo do trabalho, parece claro que, sobre se aplicar a concepção hodierna de contraditório – pela qual *"cada parte processual é chamada a apresentar as respectivas razões de facto e de direito, a oferecer as suas provas ou a pronunciar-se sobre o valor e resultado de umas e outras"*, em todas as fases do processo, sob estruturação dialética, pela qual todo movimento realizado por uma parte abre ao *"ex adverso"* a possibilidade de realizar um outro, de igual relevância, tendente a contrariar os efeitos do precedente[25] –, é preciso também pensar seus contextos de exceção.

O contraditório assegura, inequivocamente, o *direito de influenciar* e o *ônus de debater*; e, para mais, pressupõe o acesso à mais ampla *informação processual*[26]. O novo CPC claramente incorpora essas dimensões, por exemplo, no novo *incidente de desconsideração da personalidade jurídica* do art. 77 e ss. (o que passa a constituir um *procedimento cível especial,* incidental aos ritos de cumprimento da sentença, já não bastando a "mera" decisão judicial fundamentada). Veja-se, p.ex., a previsão pela qual, "[r]*equerida a desconsideração da personalidade jurídica, o sócio ou o terceiro e a pessoa jurídica serão citados para, no prazo comum de quinze dias, se manifestar e requerer as provas cabíveis"*; oportunizam-se, é claro, outras "providências" de caráter defensivo, como, v.g., o esvaziamento das contas bancárias pessoais e familiares, antecipando penhoras eletrônicas...

Ora, em especial no processo do trabalho, "avisar" previamente os sócios da provável desconsideração da personalidade jurídica da respectiva sociedade empresarial corresponderá, amiúde, ao comprometimento de todos os esforços executivos da parte ou do juiz. Então, cabe perguntar: a despeito da letra fria da lei, e tendo em conta as necessidades concretas do caso, *o que substancialmente não pode ser infletido, sob pena de agressão à garantia constitucional do contraditório?* Ou, noutras palavras, **o que compõe o *núcleo essencial irredutível* (= *"Wesenskern"*) da garantia constitucional do contraditório?**

Pois bem. À luz das convenções internacionais e do marco civilizatório ditado pelas constituições contemporâneas mais influentes, pode-se aprioristicamente indicar quatro elementos mais íntimos, componentes do *"Wesenskern"* da garantia do contraditório:

> **(a)** a oportunidade formal de contraditório mínimo (independentemente do seu momento, desde que possa ser útil);
>
> **(b)** a possibilidade formal de informação mínima (o que abrange, portanto, o dever de motivação dos principais atos decisórios judiciais);
>
> **(c)** o caráter acusatório do devido processo penal;
>
> **(d)** o direito à defesa técnico-jurídica (exclusivamente no processo penal).

---

(23) Francisco Tomás y Valiente. "Independencia judicial y garantía de los derechos fundamentales". In: *Constitución*: Escritos de introducción histórica. Madrid: Marcial Pons, 1996. p. 163 (*g.n.*).

(24) CAPPELLETTI, Mauro. *Processo...*, p. 16. Pouco antes dizia que "[e]*ssas reflexões, que poderiam, talvez, parecer revolucionárias há mais de um século, hoje não apresentam nada de novo"*.

(25) GERALDES, Abrantes. *Temas...*, p. 75 (citando BALTAZAR COELHO). O novo CPC rende homenagem a esse conceito pleno.

(26) Ou, com GALANTINI: *"partecipazione"*, *"contrapposizione"* e *"comunicazione"*. Cf. Novella Galantini, *"Limiti e deroghe al contraddittorio nella formazione della prova"*, in *Il contraddittorio tra Costituzione e legge ordinaria: Atti del convegno (Ferrara, 13-15 ottobre 2000)*, Associazione tra gli studiosi del processo penale, Milano, Giuffrè, 2002, p. 81).

Respeitados, então, esses limites, e tendo em mira sobretudo o processo não-penal (e particularmente o processo do trabalho), *quando e o que se pode infletir?*

De regra, admite-se que *a lei* possa infletir a garantia do contraditório. Trata-se, pois, de aspecto obviamente sujeito ao poder de conformação do legislador ordinário, observados os metalimites imanentes já apontados. Assim, *e.g.*, o art. 3º, 2, do CPC de Portugal (anteriormente à reforma de 2013), após dispor que "[o] *tribunal não pode resolver o conflito de interesses que a acção pressupõe sem que* [...] *a outra* [parte] *seja devidamente chamada para deduzir oposição*", registrava de plano a possibilidade de inflexão legal, segundo as ponderações materiais que o legislador oportunamente fizer, desde que em caráter excepcional:

> "Só nos **casos excepcionais previstos na lei** se podem tomar providências contra determinada pessoa sem que esta seja previamente ouvida" (g.n.).

Na sequência (n. 3), concretizava uma das dimensões do princípio do contraditório, não sem novamente o excepcionar:

> "O juiz deve observar e fazer cumprir, ao longo de todo o processo, o princípio do contraditório, não lhe sendo lícito, **salvo caso de manifesta desnecessidade**, decidir questões de direito ou de facto, mesmo que de conhecimento oficioso, sem que as partes tenham tido a possibilidade de sobre elas se pronunciarem" (g.n.).

Está claro, portanto, que a ordem jurídico-processual portuguesa admitia, como ainda admite, as figuras do *contraditório mitigado*, do *contraditório eventual* e do *contraditório diferido*, que são todas inflexões formais da garantia do contraditório. É também o que sempre se passou no Brasil (conquanto sem tanta clareza legislativa[27]) e, de regra, em todos os países cujos sistemas processuais admitem, em alguma hipótese, provimentos judiciais de urgência. *"De lege ferenda"*, aliás, o que recentemente se debateu no parlamento brasileiro foi precisamente a *justa medida* da intervenção do juiz para garantir o contraditório nos processos judiciais: se haverá de fazê-lo indiscriminadamente, como regra, ou se o interesse do Estado-juiz em promover o contraditório limitar-se-ia às situações de "hipossuficiência técnica"[28].

Mas descrevamos, ainda que brevemente, as três hipóteses-paradigmas de inflexão do contraditório. Como explicado alhures, o juiz está autorizado, no *contraditório diferido*, a julgar de plano o mérito da causa ou da questão, por meio de decisão provisória, com uma adequada inversão de fases: a parte afetada poderá exercer o contraditório, mas somente após a decisão tomada, podendo o juiz revê-la adiante. É o regime de contraditório reservado para as técnicas de *antecipação de tutela* (v.g., art. 273 do CPC). No *contraditório eventual*, de outra parte, não se invertem as fases processuais, mas as próprias posições das partes no processo: elimina-se o contraditório do interior de um certo procedimento, transferindo-o para uma ação incidental (como se dá com os embargos do devedor nas execuções de títulos extrajudiciais) ou para uma ação independente, de caráter geral ou especial (como se dá, p.ex., nas ações de desapropriação[29]).

Convém ainda reconhecer, ademais, a figura do *contraditório mitigado*. Em algumas hipóteses, tendo em conta a natureza dos interesses materiais envolvidos no litígio e/ou a urgência da decisão final, o legislador *limita* as matérias fáticas ou jurídicas passíveis de controvérsia processual. Engendram-se normalmente situações jurídicas muito delicadas, não raro suscitando dúvidas de constitucionalidade; mas, ainda assim, são em tese possíveis. No Brasil, p.ex., o DL n. 911/1969, ao regular aspectos materiais e processuais do contrato de alienação fiduciária em garantia no mercado financeiro e de capitais[30] (art. 66-B da Lei n. 4.728/1965) e da respectiva propriedade resolúvel (arts. 1361 a 1368-A do NCC),

---

(27) Na verdade, o atual Código de Processo Civil brasileiro *desconhece* o vocábulo "contraditório", que não tem lugar ao longo de seus 1.220 artigos. Promulgado no início da década de setenta (1973), o Código Buzaid foi sobretudo pensado na perspectiva da segurança jurídica e do procedimento, sem maior pendor para enfatizar a perspectiva das garantias processuais fundamentais. Vale lembrar que, em 1973, o Brasil vivia o auge de sua ditadura militar, sob a presidência do General-de-Exército Emílio Garrastazu Médici.

(28) O art. 7º do projeto estatuía, na redação original (anteprojeto), que "[é] *assegurada às partes paridade de tratamento em relação ao exercício de direitos e faculdades processuais, aos meios de defesa, aos ônus, aos deveres e à aplicação de sanções processuais, competindo ao juiz velar pelo efetivo contraditório em casos de hipossuficiência técnica*" (g.n.). Já no relatório-geral do Senador VALTER PEREIRA para o PLS n. 166/2010, a expressão "*em casos de hipossuficiência técnica*" desapareceu, disso resultando que, ao menos literalmente, ao juiz competiria velar pela efetividade do contraditório *em qualquer circunstância*. Até meados de 2012, o projeto ainda tramitava na Câmara dos Deputados. Aprove-se, porém, com ou sem a expressão, é provável que esses movimentos suscitem ulteriores debates doutrinários acerca dos *limites da disponibilidade do contraditório* no âmbito do processo civil. Ganhar-se-á, de resto, em um ponto: o princípio do contraditório passará a ter positividade no Código de Processo Civil brasileiro.

(29) Veja-se o art. 20 do DL n. 3.365/1941: "*A contestação só poderá versar sobre vício do processo judicial ou impugnação do preço; qualquer outra questão deverá ser decidida por ação direta*" (g.n.).

(30) E, no que diz com o procedimento especial de busca e apreensão, também para a propriedade fiduciária constituída para garantir débitos fiscais ou previdenciários, nos termos do art. 8º-A, "*in fine*", do DL n. 911/1969 (com a redação da Lei n. 10.931/2003).

dispôs originalmente que *"na contestação [da ação de busca e apreensão do bem alienado fiduciariamente] só se poderá alegar o pagamento do débito vencido ou o cumprimento das obrigações contratuais"* (art. 3º, § 2º), e nada mais; não se poderia opor à pretensão de busca e apreensão, p.ex., a nulidade do contrato de alienação fiduciária. Mitigava-se, por força de lei, o contraditório possível[31]; e mitigava-se mal. Daí que, por razões várias (envolvendo inclusive o critério da devida proporcionalidade, mal resolvido pelo legislador de antanho), sustentamos a inconstitucionalidade dessa mitigação[32]. Hoje, melhor diríamos: havia inconstitucionalidade por malferimento dos *metalimites dialógicos* das inflexões formais do processo. Com efeito, o decreto-lei de 1969 restringiu o direito de defesa para privilegiar o crédito das instituições bancárias e financeiras, então os credores fiduciários por excelência. Logo, na contraposição concreta dos interesses materiais subjacentes (i.e., no juízo concreto de proporcionalidade), a solução legislativa carece do elemento da *proporcionalidade em sentido estrito*: no fim das contas, sacrificava-se uma garantia individual do consumidor – geralmente hipossuficiente econômico em face do banco fiduciário – em prol do direito creditício-patrimonial de uma pessoa jurídica. E de fato, trinta e cinco anos depois, tais limitações ao contraditório foram finalmente *revogadas*, por força da Lei n. 10.931/2004.

Haverá ensejos, ademais, em que duas ou mais técnicas de inflexão do contraditório serão combinadas. No processo laboral brasileiro, p.ex., reza a CLT que, uma vez garantida a execução trabalhista ou penhorados bens a tanto bastantes, o executado terá cinco dias para apresentar os seus embargos à execução, sendo certo que "[a] *matéria de defesa será restrita às alegações de cumprimento da decisão ou do acordo, quitação ou prescrição da dívida*" (art. 884, § 1º). Admitindo-se, na esteira do que se passa no processo civil, que esses embargos à execução têm natureza de *ação autônoma de impugnação*, exsurge que o contraditório em sede de execução trabalhista exerce-se, nessa condição, de modo *eventual* (i.e., por meio de uma ação incidental) e *mitigado* (i.e.,

atendo-se a certas matérias). Outra vez, porém, objeções de constitucionalidade têm sido esgrimidas; e, por conta delas, são feitos naturais esforços de interpretação conforme. TEIXEIRA FILHO[33] a propósito obtemperou – e com ele concordamos – que,

> "[p]revalecesse o senso exclusivamente literal do preceito normativo trabalhista, *sub examen*, haveríamos de concluir que ao embargante seria lícito, apenas, alegar cumprimento do acordo ou da decisão, quitação ou prescrição da dívida, porquanto *restringir* significa limitar, circunscrever. A interpretação literal é, no entanto, a mais pobre das técnicas hermenêuticas, seja no particular ou no geral. Seria insensato supor, p.ex., que ao embargante fosse defeso alegar a inexigibilidade do título, a ilegitimidade de parte, a incompetência do juízo, o impedimento ou a suspeição do juiz, o excesso de execução e o mais, como se esses fatos não existisse no mundo jurídico. A riqueza e a amplitude da realidade prática não podem ser confinadas nos estreitos limites do art. 884, § 1º, da CLT, sob pena de perpetrar-se, com isso, odiosa ofensa a direitos [fundamentais] legítimos do devedor. Se, para alguns, a particularidade de o legislador trabalhista haver pretendido limitar as matérias a serem suscitadas pelo embargante àquelas mencionadas no texto deveu-se à sua preocupação de permitir que a execução tivesse curso célere, para nós o fato deve ser atribuído a uma visão simplista (ou estrábica) da realidade em que o processo se desenvolve. **O processo do trabalho pode ser simples sem ser simplório, assim como pode perseguir o ideal de celeridade sem sacrifício de certos direitos constitucionais essenciais à defesa dos interesses das partes.** [...] A praxe, mais sábia que o legislador, vem permitindo que o embargante alegue matéria não relacionada no art. 884, § 1º, da CLT, mas de alta relevância para o processo e para o próprio Judiciário" (g.n).

---

(31) OVÍDIO BAPTISTA (*Processo e Ideologia*, p. 153 e ss.) compreendia ser esse um dos casos de *contraditório eventual* (e não meramente mitigado), de modo que os vícios do contrato de alienação fiduciária em garantia poderiam ser discutidos em ação autônoma (como se dá, p.ex., com as ações de desapropriação do DL n. 3365/1941). De se ver, porém, que (a) o § 2º do art. 3º do DL n. 911/1969, na redação original, *não previa "in expressis verbis"* a possibilidade de se discutirem outras questões contratuais *"por ação direta"* (i.e., autônoma); e (b) ainda que se admitisse essa possibilidade, como um consectário inapelável do próprio sistema processual (*ut* art. 5º, XXXV, da CRFB), haveria sério risco de que, ao tempo do contraditório ampliado (em "ação direta"), o bem dado em garantia fiduciária já houvesse sido apreendido e vendido. Logo, ante os efeitos muitas vezes irreversíveis da sentença no procedimento especial (à vista, p.ex., da alienação do bem para terceiros de boa-fé), melhor era mesmo reconhecer, na hipótese, a figura do contraditório *mitigado*, aquém do contraditório eventual.

(32) Cf. G. G. Feliciano, *Tratado..., passim*.

(33) TEIXEIRA FILHO, Manoel Antonio. *Curso...*, v. III, p. 2255-2256.

Revelam-se, outra vez, os metalimites dialógicos, desta feita pelo desatendimento do elemento da *necessidade*: para concordar praticamente a garantia do contraditório do réu e o direito do autor à efetividade executiva, com a fruição mais pronta possível de seus créditos alimentares (o que TEIXEIRA FILHO traduziu, no excerto, como "ideal de celeridade" do processo do trabalho), não é realmente *necessário* que as matérias de defesa se resumam àquelas do art. 884, § 1º, da CLT, já que até mesmo as defesas mais fadigosas na prática – aquelas que exigem prova de fatos (com a oitiva de testemunhas) – estão tacitamente admitidas pela lei (§ 2º[34]). Se até essas são cabíveis, fere a lógica do razoável que se suprimam do conteúdo dos embargos matérias eminentemente jurídicas ou aritméticas – ilegitimidade de parte, incompetência do juízo, excesso de execução, decadência, compensação tardia, inexigibilidade do título (matéria hoje obliquamente admitida no § 5º, por força da MP n. 2.180-35/2001[35]) etc. – que, a rigor, não exigem mais do que alguns parágrafos a mais de reflexão ao tempo da decisão judicial. Noutros termos, se é do devido processo substantivo que ninguém será privado de seu direito à vida, à liberdade ou à propriedade, ou dos demais direitos fundamentais que dimanam destes (como é o *contraditório*, sem o qual não é dado privar pessoa alguma de seus bens ou liberdade[36]), *sem a devida proporcionalidade*, então a restrição do art. 889, § 1º, da CLT restringe o *"procedural due process"* desproporcionalmente e, por consequência, não é possível interpretá-lo na sua estrita literalidade.

6. À GUISA DE CONCLUSÃO

Resulta certo, portanto, que *o legislador* pode em tese *dimensionar o contraditório*, com maior ou menor liberdade. Pode diferi-lo, mitigá-lo e/ou condicioná-lo, conforme as características das pretensões materiais hipoteticamente tensionadas.

É de rigor concluir, ademais, que, não o fazendo adequadamente o legislador (como parece ter sido o caso, no NCPC), e disso derivando prejuízo concreto a outros direitos e interesses jusfundamentais envolvidos (o que somente se aferirá *"in casu"*), o *juiz* poderá fazê-lo (i.e., infleti-lo: mitigá-lo, diferi-lo, condicioná-lo), *"secundum legem"*, *"praeter legem"* ou mesmo *"contra legem"*, mas sempre à vista dos interesses materiais em jogo, em juízos concretos de ponderação.

É como pensamos. E é como haverá de ser, tanto mais quando se lida com um processo que, para se servir subsidiariamente dos ditames do novo Código, terá de supor *compatíveis* as normas episodicamente incorporadas. Porque, afinal, não se deu, em relação ao art. 769 da CLT, qualquer derrogação, e tanto menos a sua ab-rogação. Que tampouco poderia se dar, a bem da autonomia dogmática do Direito Processual do Trabalho.

7. REFERÊNCIAS BIBLIOGRÁFICAS

ARENDT, Hanna. *As Origens do Totalitarismo*. Tradução de Roberto Raposo. 6. ed. São Paulo: Companhia das Letras, 2006.

BACHOF, Otto. "Der Richter als Gesetzgeber?" In: *Tradition und Fortschritt im Recht: Festschrift zum 500jährigen Bestehen der Tübinger Juristenfakultät*. Tübingen: J.C.B. Mohr, 1977.

BATISTA, Ovídio. *Processo e Ideologia*: o paradigma racionalista. 2. ed. Rio de Janeiro: Forense, 2006.

BERMUDES, Sérgio. *Inovações do CPC*. 2. ed. Rio de Janeiro: Forense, 1995.

BOBBIO, Norberto. *O positivismo jurídico*: lições de Filosofia do Direito. Tradução de Márcio Pugliesi, Edson Bini, Carlos E. Rodrigues. São Paulo: Ícone, 1995.

CAPPELLETTI, Mauro. *Processo, Ideologias e Sociedade*. Tradução de Elício de Cresci Sobrinho. Porto Alegre: Sergio Antonio Fabris Editor, 2008. v. I.

ELY, John Hart. *Democracy and Distrust*: A Theory of Judicial Review. Cambridge: Harvard University Press, 1980.

FELICIANO, Guilherme Guimarães. *Tratado de Alienação Fiduciária em Garantia*: Das bases romanas à Lei n. 9.514/97. São Paulo: LTr, 1999.

FILHO, Manoel Antonio Teixeira. *Curso de Direito Processual do Trabalho*. São Paulo: LTr, 2009. v. III.

GALANTINI, Novella. "Limiti e deroghe al contraddittorio nella formazione della prova". In: *Il contraddittorio tra Costituzione e legge ordinaria: Atti del convegno* (Ferrara, 13-15 ottobre 2000). Associazione tra gli studiosi del processo penale. Milano: Giuffrè, 2002.

GERALDES, António Santos Abrantes. *Temas da Reforma do Processo Civil*. 2. ed. Coimbra: Almedina, 1998. v. I.

---

(34) *"Se na defesa [i.e., nos embargos ou na sua contestação] tiverem sido arroladas testemunhas, poderá o Juiz ou o Presidente do Tribunal, caso julgue necessários seus depoimentos, marcar audiência para a produção das provas, a qual deverá realizar-se dentro de 5 (cinco) dias"* (g.n.).

(35) *"Considera-se inexigível o título judicial fundado em lei ou ato normativo declarados inconstitucionais pelo Supremo Tribunal Federal ou em aplicação ou interpretação tidas por incompatíveis com a Constituição Federal"*. Ver a respeito o § 32º, *infra*.

(36) Art. 5º, LIV e LV, da CRFB.

HIRSCHL, Ran. *Towards Juristocracy*: the origins and consequences of the new constitucionalism. Cambridge: Harvard University Press, 2004.

KOWARICK, Lúcio. "Centro de cobiça". In: *O Estado de S. Paulo*, 29.01.2012, p. J-3.

PEDRO SAGÜÉS, Néstor. *La interpretación judicial de la Constitución*. Buenos Aires: Depalma, 1998.

ROMANI, Dagoberto. "O juiz, entre a lei e o direito". In: *Revista dos Tribunais*. São Paulo: Revista dos Tribunais, jul./1998. n. 633.

SCHWARTSMAN, Hélio. "Tão perto, tão longe". In: *Folha de S. Paulo*, 27.01.2012, p. A-2.

TOMÁS Y VALIENTE, Francisco. "Independencia judicial y garantía de los derechos fundamentales". In: *Constitución: Escritos de introducción histórica*. Madrid: Marcial Pons, 1996.

A Tutela Antidiscriminatória e a Súmula n. 443 do TST

Hugo Carlos Scheuermann
Ministro do Tribunal Superior do Trabalho

"Presume-se discriminatória a despedida do empregado portador do vírus HIV ou outra doença grave que suscite estigma ou preconceito. Inválido o ato, o empregado tem direito à reintegração no emprego".

Na semana de 10 a 14 de setembro de 2012, os ministros do Tribunal Superior do Trabalho participaram de "Semana do TST" com o propósito de promover "uma ampla e profunda reflexão destinada ao aprimoramento institucional da Corte, sobretudo da sua prestação jurisdicional".

Os trabalhos desenvolvidos nesta semana incluem a análise e atualização da jurisprudência sedimentada em súmulas, orientações jurisprudenciais e precedentes normativos, cuja atividade decorre da função uniformizadora que cabe aos tribunais superiores.

A uniformização de jurisprudência é justificável e até mesmo uma necessidade do serviço público da jurisdição, pois o texto da lei nem sempre apresenta solução para o problema trazido no processo, competindo ao *juiz interpretar* e, portanto, atribuir à letra fria da lei a sua compreensão moderna, adaptar o seu sentido aos valores, princípios e normas constitucionais, reavivar sua aplicabilidade segundo o bem comum e o senso de justiça. Ampliada essa atividade interpretativa por milhares de ações judiciais que trazem as mesmas premissas fáticas e jurídicas, é imperativo que a prestação jurisdicional responda racionalmente e com rapidez aos anseios de solução, inclusive padronizando *a interpretação jurídica cabível*, representada pelas súmulas, orientações ou precedentes jurisprudenciais[1].

---

(1) MONTEIRO DE BARROS, Alice. Curso de Direito do Trabalho. São Paulo: LTr, 2005, p. 149-50: (...) queremos lembrar que a jurisprudência, como expressão do direito, deverá proporcionar a solução mais eficaz para os conflitos entre capital e trabalho. E essa eficácia é a sua adequação aos novos fatos da vida social, que o Direito visa a regular, em determinado momento histórico, político, econômico e cultural. Esses fatos, por sua vez, estão em constante mutação, a qual o direito codificado não consegue acompanhar, o que conduz, como salienta José Puig Brutau, a um anacronismo, ou seja, a cada nova necessidade acode-se quase sempre com a mesma normatividade idealizada para os casos passados, e essa é uma realidade que não podemos desconhecer para precisar o valor da jurisprudência como fonte do Direito. À luz da observação da realidade jurídica, é necessário que as decisões, sem desrespeitar o ordenamento jurídico vigente, resolvam a sua trajetória, indicando-se o caminho justo. Admitem alguns autores até mesmo que se "deforme a norma vigente para assentar o germe da norma vindoura". Sem chegarmos a esse extremo, reconhecemos que simples enunciados de leis são insuficientes para assumir a função que se lhes assina, até mesmo porque situações únicas ou novas não podem contar antecipadamente com a solução exigida. É imprescindível que os tribunais revejam os posicionamentos sempre que forem alterados os fatores que ensejaram a edição de um determinado enunciado de súmula ou orientação jurisprudencial, atentos para o fato de que o trabalho dos juízes não visa a substituir a atividade legislativa, "mas permitir-lhes certas liberdades com a lei, sem a ilusão de que as abstrações jurídicas ali contidas se revistam de exatidão matemática". Essa liberdade se acentua quando da interpretação das leis sociais, cujo "espírito jurídico deve ser temperado, juntando-lhe algumas gotas de espírito social, senão se arrisca sacrificar a verdade à lógica" (Henri Capitant).

Assim, por meio da Resolução n. 185/2012, publicada no Diário Eletrônico da Justiça do Trabalho nas datas de 25, 26 e 27 de setembro de 2012, foi criada a Súmula de Jurisprudência n. 443, com o seguinte teor:

> DISPENSA DISCRIMINATÓRIA. PRESUNÇÃO. EMPREGADO PORTADOR DE DOENÇA GRAVE. ESTIGMA OU PRECONCEITO. DIREITO À REINTEGRAÇÃO. Presume-se discriminatória a despedida do empregado portador do vírus HIV ou outra doença grave que suscite estigma ou preconceito. Inválido o ato, o empregado tem direito à reintegração no emprego.

Tal verbete expressa em seu bojo a compreensão das oito turmas julgadoras e da Subseção Especializada em Dissídios Individuais I do Tribunal Superior do Trabalho exarada nas últimas décadas em exame de inúmeros recursos de revista e embargos em recurso de revista que envolveu fatos relacionados à dispensa de empregado portador de vírus do HIV/SIDA e de doença grave, e sua (possível) caracterização como discriminatória, geradora da consequência jurídica da reintegração no emprego.

Os precedentes que originaram a referida súmula envolveram inúmeras ações trabalhistas individuais cujos casos concretos são do final da década de noventa, início dos anos dois mil até o presente ano de 2013, ou seja, contam com mais de uma década de profunda discussão nas diversas instâncias do Poder Judiciário Trabalhista na busca da interpretação jurídica cabível.

A temática do trabalhador portador do vírus HIV/AIDS – e depois, por simetria, do trabalhador portador de doença grave – veio a ser conhecida dos juízes e tribunais trabalhistas através dos inúmeros processos judiciais, em grande número pelas reclamatórias individuais, mas também pela via dos dissídios coletivos.

Com efeito, até o presente ano de 2013 não há norma jurídica que expressamente afirme estabilidade provisória ou garantia no emprego de trabalhador soropositivo para o vírus HIV/AIDS ou de portador de doença grave considerada estigmatizante. Imagine-se o panorama a partir do início dos anos noventa, quando as demandas trabalhistas começaram a ingressar e exigir uma resposta estatal acerca do conflito originado pelas despedidas dos trabalhadores portadores de HIV/AIDS.

Nas reclamatórias trabalhistas individuais, de um lado os argumentos dos empregadores, de que a despedida imotivada é a regra e direito potestativo (art. 7º, I, da Constituição), de inexistência de lei a amparar estabilidade (art. 5º, II, da Constituição), de não se tratar de doença originada no labor, tudo a enfraquecer suposta discriminação, cabendo então ao trabalhador demonstrar o fato constitutivo de suas alegações. De outro, os argumentos dos trabalhadores despedidos, de que a despedida em momento de fragilidade física configuraria tratamento discriminatório (art. 1º, III e IV, art. 3º, IV, art. 5º, *caput* I e XLI, art. 7º, I e XXX, art. 170 e 193, todos da Constituição e Lei n. 9.029/1995) e levaria à questão social de sérias dificuldades de reinserção no mercado de trabalho. Isso sem excluir o preconceito e o assédio moral praticados em face do trabalhador doente, gerando danos além da esfera trabalhista, atingindo o âmago da dignidade da pessoa humana do trabalhador.

No plano coletivo, a questão social gerada pelas despedidas dos trabalhadores aidéticos não passaram desapercebidas e inspiraram negociações coletivas e dissídios coletivos de manutenção do trabalhador no emprego, ao menos enquanto não houvesse o afastamento previdenciário em auxílio-doença, sinalizando-se, assim, que as categorias profissionais e econômicas iniciavam a entender que a despedida por força de preconceito devia ser evitada, para que o trabalhador pudesse manter suas condições de vida, de subsistência, até para fazer frente ao próprio tratamento (*v.g.* TST-RO-DC 89.574/1993, DJU 10.02.1995).

Os precedentes que foram levados à pauta da referida semana de estudos jurídicos pelos ministros do Tribunal Superior do Trabalho em setembro de 2012, nos permitem encontrar razões jurídicas que impulsionaram a edição da Súmula n. 443. Inicialmente, vejamos ementas de alguns dos precedentes, para depois passarmos ao exame da hermenêutica realizada.

> REINTEGRAÇÃO. EMPREGADO PORTADOR DO VÍRUS HIV. DISPENSA DISCRIMINATÓRIA. 1. Caracteriza atitude discriminatória ato de Empresa que, a pretexto de motivação de ordem técnica, dispensa empregado portador do vírus HIV sem a ocorrência de justa causa e já ciente, à época, do estado de saúde em que se encontrava o empregado. 2. O repúdio à atitude discriminatória, objetivo fundamental da República Federativa do Brasil (art. 3º, inciso IV), e o próprio respeito à dignidade da pessoa humana, fundamento basilar do Estado Democrático de Direito (art. 1º, inciso III), sobrepõem-se à própria inexistência de dispositivo legal que assegure ao trabalhador portador do vírus HIV estabilidade no emprego. 3. Afronta aos arts. 1º, inciso III, 5º, *caput* e inciso II, e 7º, inciso I, da Constituição Federal não reconhecida na decisão de Turma do TST que conclui pela reintegração do Reclamante no emprego. 4. Embargos de

que não se conhece. (RR – 439041/1998, Data de Julgamento: 05.05.2003, Relator Ministro: João Oreste Dalazen, Subseção I Especializada em Dissídios Individuais, Data de Publicação: DJ 23.05.2003).

RECURSO DE REVISTA. AÇÃO TRABALHISTA PROPOSTA POR EMPREGADO CONTRA EMPREGADOR. OBRIGAÇÃO INERENTE AO CONTRATO DE TRABALHO. DANO MORAL. COMPETÊNCIA DA JUSTIÇA DO TRABALHO. É competente a Justiça do Trabalho para apreciar lide entre empregado e empregador, visando ao pagamento de indenização por dano moral em razão de conduta discriminatória da empresa, que teria promovido a rescisão contratual por ser o autor portador do vírus da AIDS (art. 114 da Constituição Federal/1988). Recurso de revista não conhecido. REINTEGRAÇÃO NO EMPREGO. EMPREGADO PORTADOR DO VÍRUS HIV. DISPENSA DISCRIMINATÓRIA. O fato de, no sistema jurídico, não haver texto de lei prevendo a estabilidade de empregado portador do vírus HIV não impede a sua reintegração no serviço, uma vez constatada a dispensa discriminatória, em evidente afronta aos princípios gerais do direito, especialmente no que se refere às garantias constitucionais do direito à vida, ao trabalho, à dignidade da pessoa humana e à igualdade (arts. 1º, III e IV; 3º, IV; 5º, *caput* e XLI, 7º, I, 170 e 193 da Constituição Federal). Recurso de revista conhecido e não provido. (E-RR – 36600-18.2000.5.15.0021, Relator Ministro: Aloysio Corrêa da Veiga, Data de Julgamento: 30.11.2005, 5ª Turma, Data de Publicação: 24.02.2006)

RECURSO DE EMBARGOS EM RECURSO DE REVISTA. EMPREGADO PORTADOR DO HIV. DESPEDIDA DISCRIMINATÓRIA. PRESUNÇÃO RELATIVA. REINTEGRAÇÃO. A ordem jurídica pátria repudia o sentimento discriminatório, cuja presença na *voluntas* que precede o ato da dispensa implica a sua ilicitude, ensejando a sua nulidade. O exercício do direito potestativo de denúncia vazia do contrato de trabalho encontra limites na hipótese de ato discriminatório, assim em função do princípio da função social da propriedade (art. 170, III, da CF), bem como da dignidade da pessoa humana e dos valores sociais do trabalho (art. 1º, III e IV, da CF), por incompatibilidade dessa prática com a prevalência e a realização desses princípios. A jurisprudência desta Corte Superior evoluiu na direção de se presumir discriminatória a dispensa sempre que o empregador tem ciência de que o empregado é portador do HIV, e não demonstrou que o ato foi orientado por outra causa. Recurso de embargos não conhecido. (RR – 7608900-33.2003.5.02.0900 Data de Julgamento: 06.08.2007, Relatora Ministra: Rosa Maria Weber Candiota da Rosa, Subseção I Especializada em Dissídios Individuais, Data de Publicação: DJ 30.11.2007).

RECURSO DE REVISTA. EMPREGADO PORTADOR DO VÍRUS HIV. DISPENSA. DISCRIMINAÇÃO. CONFIGURAÇÃO. Na linha do entendimento consubstanciado nos precedentes desta Corte, tendo a reclamada ciência de que o empregado é portador do vírus HIV e dispõe de condições de trabalho, o mero exercício imotivado do direito potestativo da dispensa faz presumir a ocorrência de ato discriminatório e arbitrário. Recurso de revista conhecido e provido. (E-RR – 1400-20.2004.5.02.0037, Relatora Ministra: Dora Maria da Costa, Data de Julgamento: 07.112007, 1ª Turma, Data de Publicação: 07.12.2007)

NULIDADE DO ATO DEMISSIONAL. EMPREGADO ACOMETIDO DE DOENÇA GRAVE – NEOPLASIA NODULAR EPITELIOIDE. DISPENSA DISCRIMINATÓRIA E ARBITRÁRIA. 1. Não se reconhece ofensa aos arts. 7º, I, da Constituição da República e 10, II, do Ato das Disposições Constitucionais Transitórias em face de decisão por meio da qual se determinou a reintegração no emprego de empregado portador de doença grave – neoplasia nodular epitelioide, porquanto tais normas não outorgam permissão ao empregador para proceder a dispensa discriminatória e arbitrária de empregado portador de doença grave. Ao contrário, o legislador constituinte assegurou o direito à relação de emprego protegida contra dispensa arbitrária. A dispensa imotivada de empregado portador de doença grave autoriza presumir, em tese, seu caráter discriminatório e arbitrário, incumbindo ao empregador produzir prova da existência de outros motivos lícitos para a prática do ato, o que não ocorreu no caso em exame. 2. A circunstância de o sistema jurídico pátrio não contemplar a garantia provisória no emprego em tais hipóteses não impede o julgador de valer-se da prerrogativa consagrada no art. 8º da Consolidação das Leis do Trabalho para aplicar à espécie os princípios gerais do Direito, notadamente os princípios constitucionais assecuratórios do direito à vida, ao trabalho, à dignidade da pessoa humana e a não discriminação, insculpidos nos artigos 1º, III e IV, 3º, IV, 5º, cabeça e XLI, 170 e 193 da Constituição da República, além da previsão contida nos arts. 5º, cabeça e 7º, I, da Lei Magna, que vedam a despedida arbitrária. 3. Entendimento consentâneo com a normativa internacional, especialmente a Convenção n. 111, de 1958, sobre Discriminação em Matéria de Emprego e Ocupação (ratificada pelo Brasil em 26.11.1965 e promulgada mediante o Decreto n. 62.150, de 19.01.1968). 4. Frise-se, ademais, que a jurisprudência predominante no âmbito deste Tribunal Superior respalda tal entendimento, ao presumir arbitrária e discriminatória a demissão de empregado portador de moléstia grave (HIV/AIDS). 5. Recurso de revista de que não se conhece. (RR – 119500-97.2002.5.09.0007, Relator Ministro: Lélio Bentes Corrêa, Data de Julgamento: 03.08.2011, 1ª Turma, Data de Publicação: 23.03.2012)

A inexistência de lei estabelecendo a vedação à despedida de trabalhador portador de HIV/AIDS ou de doença grave, por si mesma, não é argumento que se sustente, diante do comando expresso do art. 8º da CLT, de que "(...) na falta de disposições legais ou contratuais, decidirão, conforme o caso, pela jurisprudência, por analogia, por equidade e outros princípios e normas gerais de direito, principalmente de direito do trabalho, e, ainda, de acordo com os usos e costumes, o direito comparado, mas sempre de maneira que nenhum interesse de classe ou particular prevaleça sobre o interesse público".

O dever do julgador de apresentar solução no conflito trabalhista permite que lance mão de todas as fontes de direito material, sem exceção, assim como de técnicas de interpretação que visem harmonizar o sistema jurídico como um todo. Considerando a geografia do ordenamento jurídico brasileiro e a hierarquia das fontes, necessário partimos da Constituição, considerada sua posição de supremacia, a conferir a máxima efetividade para as normas (princípios e regras) constitucionais.

É certo que a Constituição confere ao empregador, como regra geral, o poder de despedir sem justa causa ou imotivadamente (art. 7º, I), porque ainda não houve a edição de lei complementar para que a relação de emprego seja protegida contra a despedida arbitrária ou sem justa causa. Nada obstante, o poder de despedir sem justificar uma causa não autoriza todas as formas de rupturas. O empregador detém a prerrogativa de não justificar, mas não pode utilizar desse poder para praticar ato discriminatório, pois, se assim for, o ato jurídico é nulo de pleno direito.

De outra banda, chancelar a justificativa de que "não preciso justificar para despedir" em detrimento de um exame mais acurado do próprio *sentido da vontade de despedir* seria afrontar princípios constitucionais fundamentais, em especial no que diz respeito as garantias do direito à vida, ao trabalho e a dignidade da pessoa humana, além de desconsiderar um dos objetivos fundamentais da nossa república, que é o combate a todas as formas de discriminação (art. 3º, IV, da Constituição), expresso também no art. 5º, XLI, da Carta Magna, segundo o qual *"a lei punirá qualquer discriminação atentatória dos direitos e liberdades fundamentais"*. Essas normas constitucionais são de *eficácia social* plena e prospectiva, indicando o caminho a toda a sociedade. O juiz não poderia, como sujeito social que é, desconsiderar que deve se pautar pelo combate de todas as formas de discriminação o que lhe permite, também por expressa autorização do art. 8º da CLT, examinar o caso à luz da Lei n. 9.029/1995.

A Lei n. 9.029/1995 proíbe a adoção de qualquer prática discriminatória e limitativa para efeito de acesso à relação de emprego, ou a sua manutenção. Especifica no seu art. 2º o que materialmente configuram atos de discriminação passíveis de punição penal: a exigência de teste, exame, perícia, laudo, atestado, declaração ou qualquer outro procedimento relativo à esterilização ou a estado de gravidez; a adoção de quaisquer medidas, de iniciativa do empregador, que configurem; indução ou instigamento à esterilização genética; promoção do controle de natalidade, assim não considerado o oferecimento de serviços e de aconselhamento ou planejamento familiar, realizados através de instituições públicas ou privadas, submetidas às normas do Sistema Único de Saúde (SUS). Referida enumeração legal é *numerus clausus* para a materialidade penal, mas não para o Direito do Trabalho que, encontrando fatos de discriminação, por simetria, pode aplicar analogicamente a consequência jurídica do art. 4º da referida lei, de nulidade da despedida e reintegração ao emprego.

Ao lado de tal norma, a Constituição veda toda sorte de discriminação no ambiente de trabalho por motivo de sexo, cor, idade ou estado civil (art. 7º, XXX). Embora o inciso XXX do art. 7º não alinhe como motivo "estado físico", tal é inerente à pessoa humana do trabalhador. Considerando também que a ordem econômica brasileira é fundada na valorização do trabalho humano e na livre iniciativa para assegurar a todos existência digna, conforme os ditames da justiça social (art. 170, *caput*, da Constituição), em sintonia com os fundamentos da república, de dignidade da pessoa humana e dos valores sociais do trabalho (art. 1º, III e IV), o núcleo *dignidade da pessoa humana do trabalhador*[2] sobressai e serve como advertência e como limite para que o intérprete possa opor tal núcleo a salvo de qualquer ato tendente a maculá-lo.

Na mesma sintonia, o Brasil é signatário da Convenção n. 111 da Organização Internacional do Trabalho (OIT), internalizando esta norma em 24.11.1964 pelo Decreto Legislativo n. 104/1964 e Decreto n. 62.150/1968, comprometendo-se a promover a igualdade de emprego e profissão, com o objetivo de erradicar todas as formas de tratamento discriminatório nas relações de trabalho. Também é signatário da Convenção n. 117 da OIT, ratificando a norma internacional e trazendo-a para o plano interno pelo Decreto n. 66.496/1970, na qual o art. 14 pugna que os estados-membros se empenhem em construir uma política social que tenha por finalidade a supressão de todas as formas de discriminação, especialmente em matéria de legislação e contratos de trabalho e admissão a empregos públicos ou privados e condições de contratação e de trabalho.

Note-se que as Convenções n. 111 e n. 117 da OIT, trazidas ao ordenamento jurídico interno, são anteriores à Constituição de 1988 e seus valores impregnaram o espírito do constituinte originário, que lançou no corpo do texto constitucional normas (princípios e regras) garantidoras da igualdade fática e jurídica e espargiu o *valor igualdade* em inúmeros preceitos.

No tocante à igualdade jurídica x igualdade fática x não discriminação, matérias mais afetas ao estudo do princípio constitucional da igualdade e ações afirmativas, a doutrina e a jurisprudência têm assimilado a distinção entre a discriminação direta e a discriminação indireta. A primeira modalidade consiste na prática de ato desprovido de "véus da ilusão", resultando em franca e direta discriminação, como, por exemplo (mera suposição) no caso do estudante a quem é negada a matrícula em curso por ser de origem indígena. A segunda, de discriminação indireta, é a que interessa à esfera trabalhista, pois o ato da dispensa em si é aparentemente neutro, todavia suas consequências resultam em efeitos nocivos e desproporcionais para quem sofre o ato. Guardadas as devidas proporções, já que estamos longe de políticas públicas e o *locus* da lesão é sempre um contrato individual de trabalho, a dispensa do trabalhador portador de HIV/AIDS ou de doença grave consiste, sim, em uma discriminação indireta ofensiva ao direito fundamental de igualdade, pois, sob o manto da despedida sem justa causa, quem arca com o fardo social de se ver alijado do mercado de trabalho em momento de absoluta fragilidade é o trabalhador [3].

Portanto, constatado o impacto desproporcional ao trabalhador portador de doença grave ou estigmatizante,

---

(2) SILVA NETO, Manoel Jorge. *Direito Constitucional*. Rio de Janeiro: Lumen Juris, 2011, p. 254-255: (...) A dignidade da pessoa humana é o fim supremo de todo o direito; logo, expande os seus efeitos nos mais distintos domínios normativos para fundamentar toda e qualquer interpretação. É o fundamento maior do Estado brasileiro. Miguel Reale explica que "(...) o fato de poder e dever cada homem se realizar de conformidade com o seu ser pessoal, na condicionalidade de sua natureza e do meio histórico a que pertence, não exclui, mas antes exige o reconhecimento de ser ele partícipe de uma tarefa ou empenho comum a toda a espécie humana, ou, por outras palavras, de que os seus atos transcendem o círculo de seus interesses, ou dos grupos em que mais imediatamente se inserem, por serem, pura e simplesmente, atos humanos, suscetíveis de uma qualificação deontológica de alcance universal. Donde resulta a emergência de uma multiplicidade de ideologias, em função das quais cada um de nós situa e legitima as suas inclinações e esperanças". Todavia, "(...) a dignidade da pessoa humana não é uma criação constitucional, pois ela é um desses conceitos *a priori*, um dado preexistente a toda experiência especulativa, tal como a própria pessoa humana. A Constituição, reconhecendo a sua existência e a sua iminência, transforma-a num valor supremo da ordem jurídica, quando a declara como um dos fundamentos da Republica Federativa do Brasil constituída em Estado Democrático de direito".

(3) SARLET, Ingo Wolfgang; MARINONI, Luiz Guilherme; MITIDIERO; Daniel. *Curso de Direito Constitucional*. São Paulo: Revista dos Tribunais, 2012, p. 539-540: (...) A relação entre a igualdade jurídica e igualdade fática assume particular relevância no campo das atualmente disseminadas – embora em maior ou menor medida controversas – políticas de ações afirmativas. Neste contexto, tem sido amplamente aceita a distinção entre uma modalidade direta de discriminação e os casos da assim chamada discriminação indireta, no sentido de que ambas as formas de discriminação são, quando não justificáveis do ponto de vista constitucional, ofensivas ao princípio da igualdade. No caso da discriminação indireta, o que se verifica é que medidas aparentemente neutras sob o ponto de vista discriminatório, quando de sua aplicação resultam efeitos nocivos e particularmente desproporcionais para determinadas categorias de pessoas. Desenvolvida no âmbito da jurisprudência norte-americana, a assim chamada teoria do impacto desproporcional, levou à adoção gradativa de políticas de ações afirmativas, de modo especial na esfera da discriminação racial, ao passo que em outros ambientes, como foi o caso da Europa, se desenvolveu particularmente no campo da discriminação em razão do gênero, passando a ser adotada em outras áreas em que se registra o fenômeno. O que importa, ao fim e ao cabo, é que independentemente da demonstração da intenção de discriminar, o impacto real de medidas em si neutras não venha, de modo desproporcional, determinados grupos, colocando-os em situação de efetiva desvantagem em relação aos demais segmentos sociais, pena de tais medidas serem consideradas incompatíveis com o princípio da igualdade. Na esfera da jurisprudência do STF, a noção da discriminação indireta e a sua incompatibilidade com o princípio isonômico já foi objeto de consideração, destacando-se a decisão proferida na ADIn n. 1946/DF, na qual, ao examinar a constitucionalidade da incidência do limite estabelecido para os benefícios previdenciários pela EC n. 20 sobre o salário maternidade, o Tribunal entendeu que em virtude da aplicação do referido teto quem passaria a arcar com a diferença salarial seria o empregador, o que, por sua vez, levaria a uma redução da oferta de empregos (ou seja, a um impacto desproporcional) para mulheres, em outra palavras, levaria a um aumento da discriminação contra a mulher no mercado de trabalho.

como é o caso do trabalhador soropositivo, imprescindível que se promovam ações para corrigir essa desigualdade. Evidentemente, a melhor forma seria a promulgação de uma lei que tratasse do tema, definindo claramente os papéis de cada um dos atores sociais: trabalhador, empregador, INSS e Estado. No entanto, como já amplamente explicitado, o juiz do trabalho não se exime de dirimir o conflito e pode fazer interpretação do ordenamento jurídico atuando *afirmativamente* na tentativa de erradicar tratamento discriminatório nas relações de trabalho.

Antes de prosseguir no exame jurídico da questão, é importante esclarecer a atuação do vírus HIV no ser humano, para tecnicamente entendermos as fases da doença.

Segundo estudos médicos-científicos constantes dos informativos oficiais do Ministério da Saúde para a AIDS (site: <www.aids.gov.br>), *ser portador do vírus HIV é diferente de ter AIDS*. Isso porque o ser humano, ao contrair o vírus HIV – sigla para vírus da imunodeficiência humana – permanece em um "período de incubação", qual seja, a fase entre a entrada do vírus e o aparecimento dos primeiros sintomas. Nessa fase de incubação do vírus, o ser humano é soropositivo e está assintomático, ou seja, sem sentir qualquer sintoma. A partir do momento em que o vírus HIV avançou muito sobre o sistema imunológico e atingiu seriamente as células de defesa denominadas linfócitos, o ser humano passa a sofrer das doenças oportunistas, característica do diagnóstico da síndrome da imunodeficiência adquirida (SIDA). Nessa fase, o soropositivo está sintomático e vivendo com AIDS.

Essa distinção entre *soropositivo assintomático* (portador do HIV) e *soropositivo sintomático* (aidético) é fundamental, pois tem a ver com a capacidade laborativa do trabalhador com reflexos diretos no seu contrato de trabalho. Enquanto o trabalhador soropositivo estiver assintomático, de regra está fisicamente bem disposto, desempenhando normalmente sua rotina diária e suas atividades laborativas; mas se o trabalhador já tiver diagnosticada a síndrome (SIDA), estará mais debilitado e por vezes incapaz de realizar suas atividades rotineiras e laborativa[4].

No tocante ao alcance dos trabalhadores portadores do vírus HIV, o teor da súmula não faz distinção entre o soropositivo assintomático e o soropositivo sintomático, permitindo, assim, sua possível aplicabilidade para ambos os casos, a depender do que for apurado no caso concreto.

Quanto aos portadores de doença grave, a Súmula n. 443 do TST corretamente não elenca quais seriam as doenças graves tidas por estigmatizantes, para fins de aplicação da consequência jurídica da reintegração, já que, presente a *afirmação da igualdade*, estabeleceu um *conceito aberto* para enquadrar a doença que, além de grave, seja tida no caso concreto, ou seja, no exame caso a caso, como estigmatizante a ponto de causar preconceito e, assim, fragilizar a parte mais fraca na relação trabalhista, retirando seu meio de subsistência e de fazer frente à doença. Para tal enquadramento o julgador, no caso concreto, pode se utilizar inclusive de parâmetros estabelecidos em outras normas legais que procuram realizar a igualdade jurídica quando presente a desigualdade fática, como a norma tributária que estabelece isenção do imposto de renda aos portadores de doença grave (Lei n. 7.713/1988, art. 6º, XIV: AIDS, alienação mental, cardiopatia grave, cegueira, contaminação por radiação, osteíte deformante; doença de Parkinson, esclerose múltipla, espondiloatrose anquilosante, fibrose cística, hanseníase, nefropatia grave, hepatopatia grave, neoplasia maligna (câncer), paralisia irreversível e incapacitante, tuberculose ativa), bem como a Lei n. 8.036/1990, do FGTS, que permite o levantamento do saldo do fundo de garantia por tempo de serviço para fazer frente ao estágio terminal de doença grave, como neoplasia maligna (câncer) ou AIDS/SIDA, ou outra doença em estágio terminal, desde que identificada por laudo médico e CID. Nada obstante, a jurisprudência trabalhista já tem se debruçado no exame do enquadramento de doença grave geradora de preconceito, desvendando os limites da Súmula de Jurisprudência n. 443 do TST, assim classificando casos de neoplasia maligna (câncer), transtorno bipolar, hepatite C (v.g. RR 136-29.2011.5.04.0372, data de julgamento 08.05.2013, Relator Ministro Maurício Godinho Delago, 3ª Turma, DEJT 10.05.2013; RR 235400-84.2009.5.02.0070, data

---

(4) MONTEIRO DE BARROS, Alice. *Curso de Direito do Trabalho*. São Paulo: LTr, 2005, p. 1121: (...) A questão da AIDS apresenta repercussões no mundo do trabalho. Afirma-se que 90% das pessoas contaminadas ou que tenham contraído o vírus HIV encontram-se na faixa etária em que são capazes de integrar a população economicamente ativa, o que gera, a par de prolongados sofrimentos, consequência de ordem econômica, provocadas pela perda de mão-de-obra qualificada, pelos custos trabalhistas, pelo absenteísmo, pela perda da produtividade e pelo aumento dos custos da seguridade. Sob o prisma das relações de emprego, a questão da AIDS coloca em jogo direitos fundamentais: de um lado, o direito do cidadão a trabalhar, a não ser discriminado e a ter preservada a sua intimidade, impedindo que seja conhecido o seu estado de saúde, pelas graves consequências que tal conhecimento provoca, e, de outro lado, o direito da comunidade à saúde. Diante da contraposição desses direitos fundamentais, torna-se urgente a definição de políticas a serem adotadas pelo governo e por entidades sindicais para tornar efetivo o exercício desses direitos.

de julgamento 08.05.2013, Relatora Ministra Kátia Magalhães Arruda, 6ª Turma, DEJT 10.05.2013; RR 875000-13.2005.09.0651, data de julgamento 05.09.2012, Relatora Ministra Delaíde Miranda Arantes, 7ª Turma, DEJT 10.09.2012; RR 189000-12.2003.5.06.0005, data de julgamento 28.03.2012, Relator Ministro Renato de Lacerda Paiva, 2ª Turma. DEJT 13.04.2012).

Por oportuno, cabe destacar que há importantes abordagens a serem feitas em relação a questões que dizem respeito ao plano processual, como os efeitos da presunção relativa de discriminação prevista na súmula, bem assim a matéria acerca da prova e da inversão do seu ônus. Entretanto, sem desconhecê-las, não adentraremos em seu exame, vez que fogem da temática ora proposta.

Em conclusão, a razão de ser da Súmula n. 443 do TST é *afirmar* contra a discriminação de trabalhadores portadores do vírus HIV/AIDS e portadores de qualquer doença grave que suscite estigma ou preconceito. Ao transitar nas lacunas da lei e aplicar hermenêutica integrativa e harmonizadora do sistema jurídico, com prevalência para a supremacia e máxima efetividade da Constituição, alinhados aos preceitos da OIT de respeito, promoção e aplicação de um patamar mínimo de princípios e direitos nas relações de trabalho, que são fundamentais para os trabalhadores quanto ao princípio da não-discriminação em matéria de emprego ou ocupação, a Súmula n. 443 realiza tutela antidiscriminatória para nulificar ato de dispensa presumidamente discriminatória, determinar a reintegração no emprego, mantendo o posto de trabalho e as possibilidades de subsistência pessoal e familiar e de tratamento de saúde em momento de fragilidade humana.

REFERÊNCIAS BIBLIOGRÁFICAS

MONTEIRO DE BARROS, Alice. *Curso de Direito do Trabalho*. São Paulo: LTr, 2005.

SARLET, Ingo Wolfgang; MARINONI, Luiz Guilherme; MITIDIERO; Daniel. *Curso de Direito Constitucional*. São Paulo: Revista dos Tribunais, 2012.

SILVA NETO, Manoel Jorge. *Direito Constitucional*. Rio de Janeiro: Lumen Juris, 2011.

MORAES, Alexandre de. *Direito Constitucional*. São Paulo: Atlas, 2009.

DELGADO, Mauricio Godinho. *Curso de Direito Constitucional*. São Paulo: LTr, 2011.

ANEXOS

Reforma Trabalhista e Oito Documentos Atuais

A participação em evento na Escola Ajuris, sobre o tema, mantém aceso certos alertas. Igualmente, foi gratificante participar junto com o colega Francisco Rossal de Araújo.

Para tanto fiz a leitura e/ou releitura atenta de **alguns documentos recentes**. São sete, inicialmente:

1. PL n. 6.787 de 2016 denominado Subemenda substitutiva global;
2. PL n. 6.787 de 2016 em sua primeira versão, com apenas nove páginas ao invés das atuais vinte e duas, como se fosse possível um substitutivo ampliar os temas;
3. Projeto de Lei, de dezembro 2016, posteriormente, denominado mini reforma de dezembro 2016;
4. Lei n. 13.429 de 31 de março de 2017, sobre terceirização;
5. Projeto de Lei sobre terceirização, ainda tramitando no Senado Federal, sendo Relator Senador Paulo Paim, sob o número PLS 300 que na Câmara teve o número PL 4330, proposto pelo então Deputado Federal Sandro Mabel;
6. Quadro comparativo com do PL com a CLT; do Projeto de Lei da Câmara n. 38 de 2017 (n. 6.786-B, de 2016, na Casa de Origem), Reforma Trabalhista, elaborado pela Coordenação de Redação Legislativa da Secretaria Geral da Mesa do Senado Federal;
7. Nota Técnica do Dieese.

Um **oitavo documento**, posterior, merece registro, pela sua relevância. Em 24 de maio deste ano de 2017, foi entregue no Senado Federal um **estudo assinado por dezessete Ministros do Tribunal Superior do Trabalho**, sobre a atual pretendida reforma trabalhista.

Todos os documentos merecem melhor exame, inclusive nas áreas da economia e história do direito. Aqui, nestas linhas, o primeiro dele será objeto de considerações, ou seja, o Projeto de Lei n. 6.787, de 2016 denominado Subemenda substitutiva global.

Acaso seja aprovado, estaremos em situação bem diversa da atual. Pode-se imaginar **alguma comparação com a mudança do antigo regime de estabilidade decenal para o sistema do FGTS**, Fundo de Garantia por Tempo de Serviço, ao final dos anos sessenta, e a posterior e atual alta rotatividade da mão de obra.

Nos debates sobre este PL 6787, impõem-se dois cuidados, que aparentemente não foram observados, ao menos na Comissão do Senado Federal que examinou o tema:

a) **confronto comparativo com o atual artigo sétimo da Constituição**, na especificidade de cada tema, sob pena de que alguma alteração exija quorum mais qualificado para a tramitação legislativa;
b) lembrança de que o *caput* do mesmo **artigo sétimo da Constituição aponta** que *"são direitos dos trabalhadores urbanos e rurais, além de outros que visem à melhoria de sua condição social"* aqueles ali previstos, merecendo destaque a palavra *"melhoria"*.

O PL aqui comentado, de modo incipiente e não conclusivo, **limita a atuação da Justiça do Trabalho** ao exame da *"conformidade dos elementos essenciais do negócio jurídico, respeitado o art. 104"* do Código Civil. Trata-se de pretendida limitação, já presente na mini reforma, de dezembro de 2016, antes mencionada. Ora, desde logo, imagine-se se será possível, por exemplo, evitar o exame, em cada caso, das inúmeras disposições sobre o tema, no Código Civil, inclusive sobre os vícios de vontade. Se for o caso, de pouca valia terá a indicação apenas do art. 104, que abre o tema, no Código Civil. Assinale-se, ainda, que, no tema, existem contribuições vindas desde o direito romano e que têm sido úteis, ainda hoje, em inúmeros Países do Ocidente.

O **incentivo à negociação direta, coletiva**, há de cuidar de algumas novas realidades. Durante o trâmite legislativo e nos primeiros momentos das recentes duas leis de motoristas, percebeu-se que existe o interesse dos empregadores, dos trabalhadores empregados, dos trabalhadores autônomos e, mais ainda, da sociedade toda em não ter motoristas rodando em extensas jornadas nas estradas, públicas. No regime de 12x36, é conhecida a decisão do Supremo Tribunal Federal, no caso de trabalhadores bombeiros, os quais, todavia, tem jornada com intensidade bem menor do que outros trabalhadores. Neste momento, são desconhecidos os estudos mais cuidadosos sobre a qualidade dos serviços em hospitais, local de grande uso deste regime e assemelhados. Note-se de modo geral, que tem sido frequente a lembrança de que as extensas jornadas, em algumas categorias, pode ser uma das causas de altos números de acidentes e doenças do trabalho, em sobrecarga, até mesmo, para o orçamento da previdência social, pública.

É frequente o argumento de que a Consolidação das Leis do Trabalho estaria desatualizada, de pequena utilidade para os tempos atuais. Agora, sim, seria de pouco valia para o julgamento dos casos ocorridos nos dias atuais. Muito mais desatualizada, é redação proposta ao artigo segundo e parágrafos sobre "*grupo econômico*". A primeira leitura aparenta velhice e/ou introdução de requisitos de escassa utilidade.

Estamos todos ou quase todos convencidos do avanço civilizatório representado pela natureza laica do Estado. A proposta de que possa haver tempo nas dependências das empresas para "*práticas religiosas*" pode significar enorme atraso cultural. Imagine-se o risco de ser imposta a convicção religiosa do empregador, em desrespeito à diversidade de pensamento, inclusive o religioso.

O sistema de "*banco de horas*" é estimulado em termos bem amplos, para além da alteração da Lei n. 9.601 de 1998. Ignoram-se os debates ainda inconclusos da jurisprudência. Oportunamente, menciona-se aqui, levantamento estatístico divulgado pela Apejust – Associação dos Peritos da Justiça do Trabalho, no Rio Grande do Sul, sobre a prevalência absoluta de "*horas a mais*" e quase nunca "*horas a menos*", atestando a incorreção da denominação utilizada, a qual faria supor a existência das duas situações. Diz este estudo que:

> "*Na prática, o que normalmente ocorre é que o empregador, mesmo diante dos momentos de ociosidade de seus empregados, espera que ocorra um momento de pico para exigir trabalho além da jornada, para somente após a constituição de um grande crédito para o empregado passar a promover as suas dispensas do trabalho. (...) Se o empregador prefere antes exigir o trabalho extraordinário para depois conceder dispensa está dando a entender que o problema não é a ociosidade (...).*"

No tema dos **danos extrapatrimoniais** apresenta um pretenso **tabelamento**. Esta previsão, aparentemente, simplificadora, não tem tido acolhida na doutrina. Existe uma grande dificuldade de harmonização com os conhecimentos do direito civil sobre a reparação integral do dano. Ademais, o tabelamento pode sugerir uma maior facilidade de ajuizamentos de ações em número muito mais elevado, eis que já anunciado o ganho provável. Esta foi a consequência de experiência na Argentina, em temas de acidentes do trabalho, ao final do século passado e agora já abandonada.

Haveria a possibilidade de trabalho da **mulher gestante em atividade insalubre**, desde que um médico atesta-se que a ausência de prejuízo, à saúde. Ora, deveria ser um médico que não tivesse o estudo de lógica, para afirmar que um trabalho insalubre não causasse prejuízo à saúde. Registra-se que esta proposta foi objeto de "*destaque para votação*" que redundou em proposição de veto. Situação antes desconhecida, ou seja, o Parlamento não vota, todavia, aprova a sugestão de veto, posterior.

Os **Planos de Demissão Voluntária** passariam a ensejar quitação plena dos direitos decorrentes das relações de emprego. Nem mesmo é apresentado um detalhamento sobre as diferentes situações de empresas privadas e públicas, ou algum requisito de validade para tais Planos.

Para todos os contratos, haveria a previsão de **quitação anual das obrigações**. Ora, recorde-se o total insucesso de proposta semelhante aos trabalhadores rurais, que foi abandonada. Nos referimos ao art. 233 da Constituição, de 1988, revogado pela Emenda Constitucional n. 28, de 2000. Pouco provável imaginar sucesso desta proposição para trabalhadores urbanos.

Os sindicatos, certamente, estariam fragilizados em suas arrecadações, acaso a **contribuição sindical ficasse condicionada à autorização prévia e expressa** de cada trabalhador. Medite-se que tal autorização seria encaminhada ao empregador, o qual teria deste modo, automaticamente, o cadastro de quais de seus empregados são sindicalizados.

A remuneração fixa e conhecida é grande conquista do trabalho assalariado. Superou-se o sistema medieval e outros de ganhos em espécie e em **parcelas variáveis**. Agora, haveria grande estímulo ao ganho variável, que melhor pode existir como algo excepcional, sempre garantindo-se os ganhos fixos do trabalhador, para a segurança sua e da família.

A "*ultratividade*" das disposições de normas coletivas é afastada. Registre-se que a, agora denominada, mini reforma proposta ao final de 2016, era em sentido diverso. Ademais, o embate jurisprudencial, sobre a Súmula n. 277 do TST está inconcluso, eis que o STF tem a manifestação, apenas liminar, de um seus atuais Ministros.

A **correção monetária** estaria prevista na lei. Ora, a situação financeira dos tempos conhecidos não permite esta previsão de tanta estabilidade. Não se pode prever que uma taxa de previsão de juros seja suficiente e satisfatória diante de eventuais necessidades de correção monetária propriamente dita.

Entre as revogações mencionadas ao final estariam vários parágrafos do art. 896 da CLT, inseridos pela Lei n. 13.015, de 2014. Ora, qual **sistema recursal** teríamos ou voltaríamos a ter, sabendo-se que esta lei especial foi elaborada, após, com maior rapidez, e tem aprimoramentos para além do Novo Código de Processo Civil ?

Neste quadro são de todo oportunas as inúmeras manifestações do Presidente da Amatra-RS, Juiz Rodrigo Trindade de Souza, bem como da Anamatra – Associação Nacional dos Magistrados do Trabalho, entre outras entidades.

RICARDO CARVALHO FRAGA
Desembargador do Trabalho no TRT/RS
Blog Decisões: <http://decisoesjudiciais.zip.net/>
Blog Textos: <https://ricardocarvalhofraga.wordpress.com/>
Website: <http://www.angelfire.com/biz/DIREITO/index.html>
Facebook: <https://www.facebook.com/ricardo.carvalhofraga>
Twitter: <https://twitter.com/rifraga>

Dias Após
Lei n. 13.467 e seus primeiros momentos

Estas linhas foram elaboradas a partir de convite e presença em Evento da Agetra – Associação dos Advogados Trabalhistas do Rio Grande do Sul.[1]

Em outro texto comentou-se o que era o Projeto de Lei n. 6.787. Para a elaboração daqueles comentários, foram examinados oito documentos, anteriores à sanção presidencial, agora já existente. O texto anterior, com comentários a diversos artigos do então PL n. 6.787 foi enviado aos Senadores, antes da votação.[2]

O Senado limitou-se a sugerir vetos e eventuais Medidas Provisórias. Trata-se de situação curiosa. A casa legislativa atuou como se fosse órgão de assessoramento do Poder Executivo. Inexistiram os vetos anunciados no processo legislativo e, até o momento em que são escritas estas linhas, ainda não foi editada alguma Medida Provisória, com mitigação das alterações.

Existe atualidade em nossas críticas ao mencionado PL n. 6.787, antes mencionada. A Lei n. 13.467 é idêntica. Cabe aprofundar o exame e buscar a compreensão dos fatos e contexto que nos envolvem.

Todos sabemos que a Consolidação das Leis do Trabalho, de 1943, já tinha inúmeras modificações. Entre tantas modificações, está a figura do denominado "*banco de horas*", instituído pela Lei n. 9.601, acrescentando vários artigos na mesma Consolidação das Leis do Trabalho.[3]

Mesmo com os dados acima, impõe-se superar os argumentos de que temos e/ou tínhamos legislação com identificações não desejadas. Conhecemos os estudos da Juíza Magda Biavaschi sobre os embates travados aqui e as soluções originais construídas no Brasil.[4]

A análise da realidade da Itália, ao final das grandes guerras, merece cuidado. Havia, também lá, influência de diversos conjuntos de pensamentos. Interessante e incomum, entre nós, é certo estudo desta comparação, efetuado com documentos de lá.[5]

O que ocorre aqui nem sempre é igual ao que ocorre em outros Países. Ao menos a intensidade é peculiar. A partir de algum tempo, uma significativa dificuldade é a intensificação do que se tem denominada como fuga da legislação trabalhista.[6]

---

(1) O evento realizou-se em agosto de 2017, no auditório da Escola Judicial do TRT RS – Tribunal Regional do Trabalho, no Rio Grande do Sul. Participou do mesmo painel o advogado e Professor Mauricio Goes, estando na mesa o Presidente João Vicente Araujo e a representante da Satergs – Sociedade Advogados de Empresa no Rio Grande do Sul, Dra Marcia Somensi. Este texto tem a contribuição, acima de tudo, da assessora Cassia Rochane Miguel. Registro fotográfico em <https://www.facebook.com/photo.php?fbid=1433905480018726&set=a.456081321134485.1073741 827.100001978646727&type=3&theater>.

(2) Está disponível em outro capítulo deste livro.

(3) A Lei n. 9.601 é 21 de janeiro de 1988. Disponível em: <http://www.planalto.gov.br/ccivil_03/leis/L9601.htm>. Acesso em: agosto de 2017.

(4) BIAVASCHI, Magda. *O Direito do Trabaho no Brasil – 1930 – 1942 0- a construção do sujeito de direitos trabalhistas*. São Paulo: LTr e Jutra, 2007, valendo ainda o registro de entrevista em >http://www.redebrasilatual.com.br/trabalho/2013/04/modernizar-clt-canto-sereia-desastroso-pesquisadora/view>. Acesso em: agosto de 2017.

(5) BALBINOT, Camile. CLT – fundamentos ideológico-políticos: fascista ou liberal-democrata?. In: VARGAS, Luiz Alberto de; FRAGA, Ricardo Carvalho (Coords.). *Novos Avanços do Direito do Trabalho*. São Paulo: LTr, 2011.

(6) Em outro tema, este fenômeno também apareceu e com gravidade maior. Trata-se do livro "Dos acidentes de trabalho – sociedade de risco, proteção dos trabalhadores e direito criminal", Ney Fayet Junior com a colaboração de Ricardo Carvalho Fraga, Porto Alegre: Editora dos Advogados, 2016. p. 59 e ss.

Os pagamentos de parcelas variáveis, agora incentivados pela lei, e sua difícil verificação poderá ser grande obstáculo para a atuação do Poder Judiciário e, antes disto, para o exercício da advocacia, seja de trabalhadores e seja de empregadores.

Novos modos de atuação de juízes, advogados e todos profissionais da área serão necessários. Além das possíveis "*fugas*", antes mencionada e, ainda, eventuais fraudes, haverá a tarefa de elaboração de novos conceitos e, acima de tudo, a imperiosidade de aprofundamento da harmonia com a Constituição.

Roberto Aguiar, da Universidade de Brasília – UNB, havia sugerido novas formas de organização da advocacia, em tempo contemporâneo a nova Constituição.[7]

Muito maiores adaptações serão necessárias de hoje em diante. Ademais, muitos temas deverão ser reexaminados, entre eles o relativo à conciliação nos processos trabalhistas.[8]

Novas controvérsias surgirão, assim como novas exigências, entre as quais, até mesmo, alguma retomada de textos legislativos anteriores, especialmente sobre limites das horas trabalhadas no dia, na semana e outros. O documento elaborado pela Ordem dos Advogados do Brasil aponta sérios questionamentos sobre eventuais inconstitucionalidades, a merecer melhor exame, entre eles, acima de tudo, o conceito de trabalho intermitente.[9]

Antes mesmo da intensificação dos debates, poucos, sobre a atual reforma trabalhista, Sayonara Grillo Coutinho Leonardo da Silva apontou que os embates em busca da dignidade do trabalhador serão cada vez mais frequentes.

Diz a Professora e Desembargadora no Tribunal Regional do Trabalho do Rio de Janeiro, já propondo, que "*em face da sofisticação das técnicas de fiscalização do trabalhador pela empresa e da crescente exigência de adesão pessoal aos valores empresariais (...) refinamento normativo com o objetivo de moderação e racionalização do poder patronal*".[10]

Certamente, teremos maiores semelhanças com as controvérsias existentes nas relações de trabalho desenvolvidas nos Estados Unidos da América. O professor de direito constitucional Cassio Luis Casagrande, em data recente, divulgou estudos comparativos, quanto ao conteúdo e números.[11]

Antônio Gidi, desde mais tempo, tem estudos sobre as ações coletivas nos EUA.[12] Melhor poderemos estar se conseguirmos adaptar algumas experiências das soluções coletivas neste País, mais rico economicamente.[13]

Retornado, no âmbito do direito processual do trabalho, algum aprendizado haverá de ficar dos aproximados dois anos de uniformizações, trazidas pelo Novo Código de Processo Civil. Atente-se que a Lei n. 13.015, norma especial, lhe era melhor elaborada, ou, no mínimo, construída com maior detalhamente e cuidado, tendo tramitação legislativa mais abreviada e posterior.[14]

Com a possibilidade de muitos embates jurídicos serem levados ao Supremo Tribunal Federal, recorde-se de certo aprimoramento. Já se ouviu sobre a necessidade de melhor definição das pautas de julgamento do Supremo Tribunal Federal.[15]

RICARDO CARVALHO FRAGA
Desembargador do Trabalho no Tribunal Regional do Trabalho do Rio Grande do Sul

---

(7) AGUIAR, Roberto. Histórico e Proposta para Novas Práticas Jurídicas. Brasília: Editora UNB, *Revista Humanidades*, v. 8, n. 3, 1992, p. 505-507, obtida junta a Biblioteca do TRT RS e do Senado Federal, biblioteca@senado.gov.br em agosto de 2017.

(8) Oportuna a lembrança de publicação da Abrat, com texto de Magda Hruza de Souza Alqueres Ferreira, *A negociação na mediação de conflitos*. Belo Horizonte: Revista da Abrat, janeiro/dezembro 2016, p. 163-175. Antes deste, Ada Pelegrini Grinover, Revista da Escola Nacional da AMB, Brasilia: ano III, n. 5, maio de 2008. p 22-27, disponível também em Revista ENM 5.pdf acessado em agosto de 2014.

(9) Este documento da OAB Federal teve a coordenação do advogado Raimar Machado, estando disponível em <http://s.oab.org.br/arquivos/2017/06/reforma-trabalhista-preliminares-inconstitucionalidades.pdf>. Acesso em: agosto de 2017. O trabalho "*intermitente*" está apontado no item dez.

(10) SILVA, Sayonara Grillo Coutinho Leonardo da. *Relações Coletivas de Trabalho* – configurações institucionais no Brasil contemporâneo. São Paulo: LTr, 2008.

(11) Entre três textos, o primeiro: *A reforma trabalhista e o sonho americano*. Disponível em: <https://jota.info/artigos/a-reforma-trabalhista-e-o-sonho-americano-11062017>. Acesso em: agosto de 2017.

(12) GIDI, Antonio. *A Class Action como instrumento de tutela coletiva dos direitos*. São Paulo: Revista dos Tribunais, 2007 e http://www.gidi.com.br/.

(13) Entre nós, "Estudos e pareceres sobre livre-arbítrio, responsabilidade e produto de risco inerente: o paradigma do tabaco: aspectos civis e processuais", Coordenadora Teresa Ancona Lopes, "Da class action for damages à ação de classe brasileira: os requisitos de admissibilidade", Ada Pellegrini Grinover, Rio de Janeiro: Renovar, 2009.

(14) A afirmativa é de Fredie Didier em palestra perante a Escola do Tribunal Regional do Trabalho de Santa Catarina, em abril de 2015. Disponível em: <https://www.youtube.com/watch?v=Hv3Oel0Wm9M>. Acesso em: agosto de 2017.

(15) Trata-se de palestra de Joaquim Falcão, da Fundação Getúlio Vargas, no 10º Encontro Institucional do Tribunal Regional do Trabalho do Rio Grande do Sul, em 2015, "A Responsabilidade do Magistrado no Estado de Direito" 09 a 12 de setembro de 2015 – Canela/RS.

Espiral e História
Novos e ainda iniciais comentários à Lei n. 13.467, denominada reforma trabalhista[1]

Já foi dito que a humanidade avança em forma de espiral. Avança e retrocede, para novos avanços, superiores. Sempre foi assim, ao menos, até hoje, com alguns retrocessos e novos avanços, para patamares superiores, de civilização.[2]

A todos profissionais do direito, a partir de agora, se impõe a tarefa de buscar a linha e os pontos que nos levarão a novos avanços, ainda que invisíveis, no momento.

Mais do que desilusão imobilizante ou otimismo ingênuo, nos cabe o estudo sobre as novas controvérsias, resultantes da Lei n. 13.467.

Desde logo, diga-se que algumas controvérsias, próximas, já existiam antes e muitas outras serão criadas, exatamente, pela nova Lei.

É fácil antever **alguns intrincados debates sobre regularidade ou não nas práticas** de *"quitação anual"* e *"autorização prévia"*, para o desconto da contribuição sindical, entregue na empresa, com o posterior repasse ao sindicato. Não poderão tais documentos serem levados da empresa para o sindicato e vice-versa, na mesma viagem de ida e volta do mesmo *moto-boy*. Não poderão ser trocados por via eletrônica, com o uso da opção *"responder"*, devendo ser em outra mensagem eletrônica, em outro contexto. Em resumo, serão, acaso adotados em larga escala, atos e procedimentos bem diferenciados, inclusive no tempo.

Todos os **atos de conduta anti-sindical**, cada vez mais, deverão ser combatidos.[3] Não se consegue imaginar, em exemplo hipotético, ainda anterior a nova Lei, que mais de uma centena de *"exercício do direito de oposição"*, ao desconto, ocorridos em datas próximas, numa mesma categoria profissional, sejam espontâneos. Aqui, de modo bem mais urgente do que em outros temas, a intervenção do Ministério Público do Trabalho haverá de se fazer presente.[4]

Curioso é lembrar que a possibilidade de quitação, quinquenal, esteve prevista para os empregadores rurais e não se tornou frequente. Nos referimos ao art. 233 da Constituição que esteve vigente por doze anos, sendo revogado pela Emenda Constitucional n. 28, de 2.000.

Em salas de audiências, não poucas vezes, se viu o preposto dizer, com grande sinceridade, que desconhecia a prática de pagamentos *"por fora"*. E, efetivamente, tal prática lhe era desconhecida, porque ocorria em outras níveis da empresa. Estaremos em novo patamar de transparência? Difícil acreditar, com convicção profunda ou, no mínimo, é cedo para se antever. Poderá a

---

(1) As presentes linhas têm a contribuição da assessora Cassia Rochane Miguel e da assisntente Vania Damin. Foram escritas a partir de participação em debate com mais de duzentos sindicalistas presentes na 26ª Plenária da Executiva Nacional da União Geral dos Trabalhadores, em São Paulo, dia 23 de agosto de 2017. Notícias do Evento em <http://www.ugt.org.br/post/17405-Executiva-da-UGT-promove-debate-sobre-a-reforma-trabalhista-e-seus-efeitos>.

(2) Maiores detalhes desta observação com o Professor Moises Balestro, <http://brasilia.academia.edu/MoisesBalestro> em leituras do Capital volume 1, Grundisse bem como Dialética da Natureza e Anti-Duhring.

(3) Sobre os obstáculos ao combate aos atos anti-sindicais, registre-se o comentário inicial de Juliana Migot Miglioranzi e Raíra Tuckmantel Habermann, im *"Comentários à Reforma Trabalhista"*. São Paulo: Haberman, 2017. p. 24.

(4) A referência é aos arts. 507-B, 579 e 582.

quitação anual não se tornar a prática mais habitual. De qualquer modo, algumas irregularidades, lamentavelmente, poderão ocorrer, neste tema.

Do ponto de vista civilizatório, foi um enorme avanço o sistema do trabalho assalariado. Isto é reconhecido por todo observador da história, que tenha interesse por esta e tenha, também, um mínimo de respeito à cientificidade. Passou a existir um **ganho fixo conhecido antecipadamente e mensal**, salvo a prática mais recente da anualidade em alguns países. Superou-se a incerteza do trabalho no sistema feudal e outros ainda mais arcaicos.

O incentivo ao pagamento de parcelas variáveis contraria ou, no mínimo, enfraquece este aperfeiçoamento da retribuição ao trabalho humano. Ademais, pode vir a estimular as fraudes dos pagamentos *"por fora"*. Por si só, poderá representar menores recolhimentos previdenciários e fiscais.[5]

Para os trabalhadores ligados aos setores de vendas será mais útil o aconselhamento de um profissional da área contábil do que do direito, talvez. Aliás, este, igualmente, terá imensas dificuldades de atuação, assim, como o próprio Poder Judiciário e os demais profissionais do direito.[6]

É surpreendente a previsão de **multa por não registro de Carteira de Trabalho**, sem o menor indício de regulamentação ou detalhamento. Todas empresas que tenham esta prática serão multadas? Quais serão multadas por primeiro?

Não se está afirmando que a imposição destas elevadas multas necessitem de regulamentação. Se indaga, sim, de eventual necessidade de melhor detalhamento e regulamentação, para fins de melhor organização da fiscalização.[7]

O trabalho da **mulher gestante e da lactante** passa a ser vedado apenas quando houver atestado médico neste sentido. A contrário senso, quando inexistir este atestado médico, presume-se que o trabalho insalubre não seja prejudicial à saúde da mãe e do nascituro ou filho em amamentação. Piada de humor negro ou mesmo chacota seria imaginar uma trabalhadora não gestante recebendo adicional de insalubridade e sua colega, ao lado, não recebendo este adicional, porque grávida.[8]

As **dispensas imotivadas**, individuais, plúrimas ou coletivas não necessitam de autorização prévia sindical. Ora, não sendo obrigatória a ouvida prévia do sindicato, quais outras autoridades públicas ou organizações sociais, poderiam intervir neste momento? Ao se pretender que nenhuma atue, restará apenas uma, ou seja os órgãos policiais, acaso haja efetivo suficiente para tanto. Aqui, certamente, o bom senso haverá de prevalecer. A Justiça do Trabalho, seguramente, não negará sua contribuição, nos conflitos mais sérios, mesmo que sua atuação não seja obrigatória.[9]

Em flagrante descuido com a harmonia do texto todo, acaso haja algum pagamento, se poderá indagar se estará configurado algum **Plano de Demissão Voluntária ou Incentivada**, aí, sim, será necessária a previsão em norma coletiva? Em situação hilárica, ao cair uma moeda na mesa, passou a haver esta necessidade especial que a dispensa antes mencionada não exigia.[10]

A tentativa de limitar a atuação da Justiça do Trabalho aparece ainda na regra de interpretação das normas coletivas. Novamente, por segunda vez, aqui, é sugerida uma restrição ao art. 104 do Código Civil. Ora, esquecer os aprendizados do Código Civil da França e a revolução que lhe permitir vir a luz, bem como de alguns aprendizados desde o direito romano, nos levaria(á) ao tempo de quais civilizações? Foge ao conhecimento do autor destas linhas sobre o tratamento das regras de interpretação dos atos jurídicos ao tempo do Egito antigo.[11]

O **acesso à justiça** é grande conquista do mundo civilizado, desde o final das grandes guerras. No momento destas linhas ainda inexiste decisão do Ministro Luiz Barroso, relator na Ação Direta de Inconstitucionalidade n. 5.766. A cobrança de custas não pode ser motivo para dificultar este acesso. Tampouco pode a lei estar carregada de *"preconceito e ódio"*, como pondera, com lucidez, o Juiz Francisco Meton.[12]

---

(5) A referência é ao art. 457 § 2º, especialmente.
(6) Curioso mesmo foi a verificação, em determinado processo, de condomínio de praia, que passava valores e prêmios não aos seus empregados mas, sim, aos seus vizinhos, alguns empregados igualmente.
(7) A referência é ao art. 47.
(8) A referência é ao art. 394-A inciso III.
(9) A referência é ao art. 477-A.
(10) A referência é ao art. 477-B
(11) A referência é ao art. 611-A § 1º. A referência anterior ao art. 104 do Código Civil está no art. 8º § 3º.
(12) A referência é ao comentário de Francisco Meton Marques de Lima e Francisco Pericles Rodrigues Marques de Lima, in *"Reforma Trabalhista – entenda ponto por ponto"*. São Paulo: Ltr, 2017. p. 139, comentando o art. 473.

Sabe-se que a previsão de **súmulas**, vinculantes ou não, é incomum em outros sistemas e países. De qualquer modo, aqui, já se esboçava algum desenvolvimento e boa evolução no tema, especialmente, nas questões recursais e de uniformização. Agora, a edição de súmulas passa a ter requisitos que, na prática, as inibirão.[13]

A previsão, com escassa regulamentação, do trabalho "*intermitente*" faz lembrar alguns dados sobre **suicídios no emprego**.[14]

A imprensa leiga, com frequência, afirma que os embates ocorridos entre nós, inexistem em **outros Países**. Não é correto. Mesmo no tema sobre limitação da jornada e, inclusive, no subtema horas "*in ittinere*", existe muita similitude.[15]

Nos EUA, igualmente, existem números expressivos sobre os conflitos trabalhistas, conhecidos com pouco exatidão, aqui.[16]

No momento em que estas linhas são escritas, ainda inexiste a medida provisória anunciada e/ou prometida pelo Poder Executivo, ao tempo da rápida tramitação legislativa da Lei comentada. Por este motivo, nos reportamos a dois textos anteriores deste mesmo autor, sobre o Projeto de Lei e o texto final da Lei n. 13.467, aqui novamente analisada.[17]

Finalizamos, recordando observação atenta de colega integrante de mesma Turma julgadora: "*temos muito trabalho e um grande desafio pela frente; a história não terminou*".[18]

RICARDO CARVALHO FRAGA
Juiz do Trabalho no TRT/RS
<ricardocarvalhofraga@gmail.com>

---

(13) A referência é ao art. 702.

(14) Notícia recente do Japão, em <http://veja.abril.com.br/esporte/operario-da-toquio-2020-se-matou-por-excesso-de-trabalho/?utm_source=whatsapp&utm_medium=social&utm_campaign=barra-compartilhamento>. Acesso em: agosto de 2017. Aqui, pode-se retroceder muito em termos de organização da sociedade, conforme estudo inicial de economista. Disponível em: <http://www.redebrasilatual.com.br/trabalho/2017/07/contrato-intermitente-cria-o-boia-fria-do-meio-urbano>.

(15) Caso concreto da Espanha, examinado com repercussão para toda a Europa, acessado em agosto de 2017 e divulgado em <http://nomadesdigitais.com/tribunal-europeu-decide-que-tempo-gasto-indo-e-voltando-do-trabalho-deve-contar-tambem-como-horas-trabalhadas/>.

(16) Um, dentre tres, texto do Prof de Direito Constitucional Cassio Luis Casagrande. Disponível em: <https://jota.info/artigos/a-reforma-trabalhista-e-o-sonho-americano-11062017>.

(17) Texto resultante de palestra na Ajuris, Associação dos Juízes, RS, sobre PL n. 6.787, e o texto, resultante de palestra perante a Agetra – Associação Gaúcha de Advogados Trabalhistas, já, sobre a Lei n. 13.467, disponíveis em outros capítulos deste livro.

(18) Desembargador Claudio Antonio Cassou Barbosa em evento da OAB RS, noticiado em <http://www.trt4.jus.br/portal/portal/trt4/comunicacao/noticia/info/NoticiaWindow?cod=1503550&action=2&destaque=false>.

Produção Gráfica e Editoração Eletrônica: LINOTEC
Projeto de Capa: FABIO GIGLIO
Impressão: META SOLUTIONS

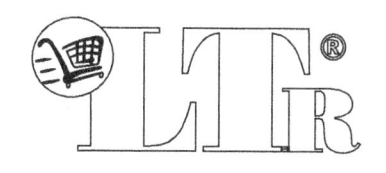

LOJA VIRTUAL
www.ltr.com.br

E-BOOKS
www.ltr.com.br